# Voilà!

Orders: please contact Bookpoint Ltd, 130 Milton Park, Abingdon. Oxon OX14 4SB. Telephone: (44) 01235 400414, Fax: (44) 01235 400454. Lines are open from 9.00-6.00. Monday to Saturday, with a 24 hour message answering service. E-mail address: orders@bookpoint.co.uk

*British Library Cataloguing in Publication Data*
A catalogue record for this title is available from The British Library

ISBN 0 340 62060 9

First published 1996
Impression number 12 11 10 9 8 7 6
Year 2004 2003 2002



Designed and typeset by Carla Turchini
Cover design by Sally Weight
Printed in Spain for Hodder & Stoughton Educational, a division of Hodder Headline Plc, 338 Euston Road, London NW1 3BH.

THE NEW COURSE IN

# FRENCH

FOR ADULT BEGINNERS

Hodder & Stoughton

A MEMBER OF THE HODDER HEADLINE GROUP

# Introduction

*Voilà* is a completely new course for adults starting French, or reviving their basic language skills, whether for leisure, business and/or as part of a course of study. It covers the skills, structures and topics required for NVQ level 1 or equivalent and is designed for use in class or for self-study. This coursebook is supported by a cassette set containing three hours of recorded material to help develop listening and speaking skills. The cassettes are accompanied by a booklet containing the answers to the exercises in the coursebook as well as full transcripts of the cassette material.

## Learning French with *Voilà* on your own or in class

The coursebook is divided into four sections, each with a specific theme: **Premiers Contacts** (*First Contacts*), **En Ville** (*In Town*), **Voyages et Rendez-vous** (*Travelling and Meeting People*) and **En visite** (*Visits*). Each section is made up of three thematic units (**unités**), which, through four or five two-or-three-page lessons, teach and practise specific communication aims, listed at the beginning of each unit. Full details of the study programme are given overleaf.

Each unit is made up of roughly twenty activities (**activités**) which develop and practise listening, speaking, reading and writing skills. New language points are usually introduced by means of a dialogue, which you can listen to on the cassette and/or read in the coursebook. Grammar boxes, indicated by a ! and vocabulary (***Mots-clés***) boxes, indicated by a key provide immediate help on new points.

Once you are confident about the new points, you should work through the practice exercises which follow, which give plenty of varied opportunities to use the new language. There are many different types of exercises, including:

**listening comprehensions**, where you listen to a recording, the text of which is not printed in the coursebook, and either answer questions or fill in a grid

**information gap activities**, where you work in pairs, each individual within a pair having information which the other has to discover by asking the right questions. The information for the second student, Student B, can be found on pages 238-45.

**role play activities**, where pairs and/or groups of students work together to practise the language used in various contexts

**activities on authentic materials**, where you work either individually or in groups to extract information from authentic French materials such as menus and brochures.

The type of exercise, and the skills it practises, is indicated by the icons in the margin, for example, the first icon on the left indicates that the activity is for you working in pairs, the second icon indicates that the activity includes recorded material on the cassette. A full list of icons, and their meanings, is given on p. viii. The instructions to the activities are given in French and English at the beginning of the book, with the English gradually being phased out as you get used to the French instructions. A list of the most frequent instructions, with their meanings, is given on p. viii. Answers to all the activities and exercises in Voilà are given in the booklet which accompanies the cassette and also contains transcripts of the recorded material.

If you have trouble with the grammar points introduced, the ! box refers to a fuller explanation at the end of the unit. These more detailed grammar notes include practice exercises to help reinforce the grammar points. Also at the end of each unit is a list of the key words encountered in that unit, grouped thematically. You should try to learn these so that you can steadily build up vocabulary as you work through the book. A longer glossary of useful vocabulary at the end of the book will help you with new words you might meet, especially in the authentic materials throughout the course.

*Voilà* gives you lots of opportunites to monitor your progress as you go. You are given the opportunity to check that you have learned the main language points of each unit at the end. There are also **Faisons le Point** sections every three units to help you practise, and, if necessary, revise any points you are finding difficult.

To give you a real taste of French life and French people as well as their language, you will encounter *info France* items throughout the book, both in English, and, as you get more confident, in French. Sometimes very short, sometimes up to two pages in length, these sections give you background information on aspects of France, the French people and their way of life and practical information if you are planning a visit.

## The authors

Jacqueline Gonthier and Crispin Geoghegan lecture in the language unit of Bournemouth University. Jacqueline, a French native speaker, is author and co-author of a range of language learning materials and teaches French and Italian. Crispin has taught both general and business French at all levels in Britain and France, has written over a dozen books and is a fellow of the Institute of Linguists.

# Study Programme

# Key to icons

activity includes use of the cassette

dialogue

reading activity

writing activity

pair work activity

group work activity

**Acknowledgements**

The authors would like to thank Helen Coward for the patience, energy and enthusiasm she devoted to this project. They would also like to thank Fleur, Laurie, Vincent and Ivey Geoghegan for their enthusiastic support of two hard working parent-authors.

The publishers would like to thank the authors and the very many people who helped with the photographs used in this book, and the following for the use of their copyright photographs: Barry Smith, pages 34, 226; Camera Press, page 207; Topham Picturepoint, page 27; Renault, page 230.

The publishers would like to thank the following for their illustrations: Katinka Kew; Fred Pipes; 1-11 line art; André Yaniw for the cover illustration.

Every effort has been made to trace and acknowledge ownership of copyright. The publishers will be glad to make suitable arrangements with any copyright holders whom it has not been possible to contact.

# Activity instructions

These expressions are used frequently in the instructions to the activities in Voilà. You will soon get to know them all as you work through the book, but we have listed them all here so you can quickly refer back if you need to.

| | |
|---|---|
| à la page ... | *on page ...* |
| les bonnes réponses | *the correct answers* |
| la cassette | *the cassette* |
| Choisissez ... | *Choose ...* |
| Cochez ... | *Tick ...* |
| Complétez ... | *Complete ...* |
| la conversation | *the conversation* |
| Demandez ... | *Ask ...* |
| les dialogues | *the dialogues* |
| Discutez ... | *Discuss ...* |
| Écoutez ... | *Listen ...* |
| en anglais | *in English* |
| Étudiez ... | *Study ...* |
| les légendes | *the captions* |
| Lisez ... | *Read* |
| les ***Mots-clés*** | *the key words* |
| la note sur ... | *the note on ...* |
| Posez des questions | *Ask questions* |
| puis | *then* |
| Regardez ... | *Look at ...* |
| Répétez ... | *Repeat ...* |
| Répondez ... | *Reply ...* |
| le tableau | *the table* |
| Tournez à la page ... | *Turn to page ...* |
| Travaillez ... | *Work ...* |
| Trouvez ... | *Find ...* |
| votre partenaire | *your partner* |

# Bonjour! Salut!

- Formal and informal greetings
- How are you?
- Showing someone round town
- Introducing family and friends
- Leaving, saying goodbye

## A Bonjour, monsieur! Bonjour, madame!

ACTIVITÉ 1

Lisez les ***Mots-clés***. Écoutez la cassette et lisez les dialogues 1, 2, et 3.

*Read the **Mots-clés** ('Key words'). Listen to the cassette and read dialogues 1, 2 and 3.*

**Formal greetings**

| | |
|---|---|
| Bonjour, monsieur<br>Bonjour, madame<br>Bonjour, mademoiselle | *Good morning, Good afternoon* |
| Bonsoir, monsieur/madame | *Good evening* |
| oui | *yes* |

1

07:30

– Bonjour, monsieur.
– Ah! Bonjour, Madame LeGoff.

2

13:50

– Madame Gonthier?
– Oui. Mademoiselle Brown?
– Oui! Bonjour, Madame Gonthier.
– Bonjour, Mademoiselle Brown.

3

19:00

– Bonsoir, monsieur.
– Bonsoir, monsieur.

ACTIVITÉ 2

**À vous!**

Your turn! Listen to the cassette, then exchange formal greetings with the person next to you.

Bonjour, mademoiselle
Bonjour, monsieur

Bonjour, madame
Bonjour, monsieur
Bonsoir, monsieur
Bonsoir, madame

## B Bonsoir! Salut!

ACTIVITÉ 3

Lisez les ***Mots-clés***. Écoutez la cassette et lisez les dialogues.

*Read the **Mots-clés**. Listen to the cassette and read the dialogues.*

– Bonsoir, monsieur. Bonsoir, madame.
– Bonsoir.
– Le menu, monsieur.

– Salut, Jean!
– Salut, Marie!
– Salut, Paul!

– Bonsoir!

**bonjour**

...et bonnes vacances

**Informal greetings**

| | |
|---|---|
| Bonjour | *Hello* |
| Salut! | *Hi!* |
| Bonsoir | *Good evening* |

**Salut**! is more relaxed than **Bonjour** and is also used on leaving: *'bye!*
Compare these greetings with the ones on the previous page.

| | |
|---|---|
| le menu | *the menu* |

### info France

**BONJOUR, BONSOIR**

In general the French are more formal than the English when first meeting or when dealing with customers. When you meet people for the first time, or people who are older, or more senior than you in a professional sense, add **monsieur, madame** or **mademoiselle** after **Bonjour.** The surname is not usually added. **Madame** is more frequent than **mademoiselle** which is used only for very young women or a woman who prefers to be known as an unmarried person. There is no equivalent for *Ms* in French. **Bonsoir** is used instead of **bonjour** after about 6 pm, and when leaving as well as greeting someone. **Bonjour** and **bonsoir** (without **monsieur,** etc.) are used informally, where we would say *Hello*.

ACTIVITÉ 4

Respond to these greetings.

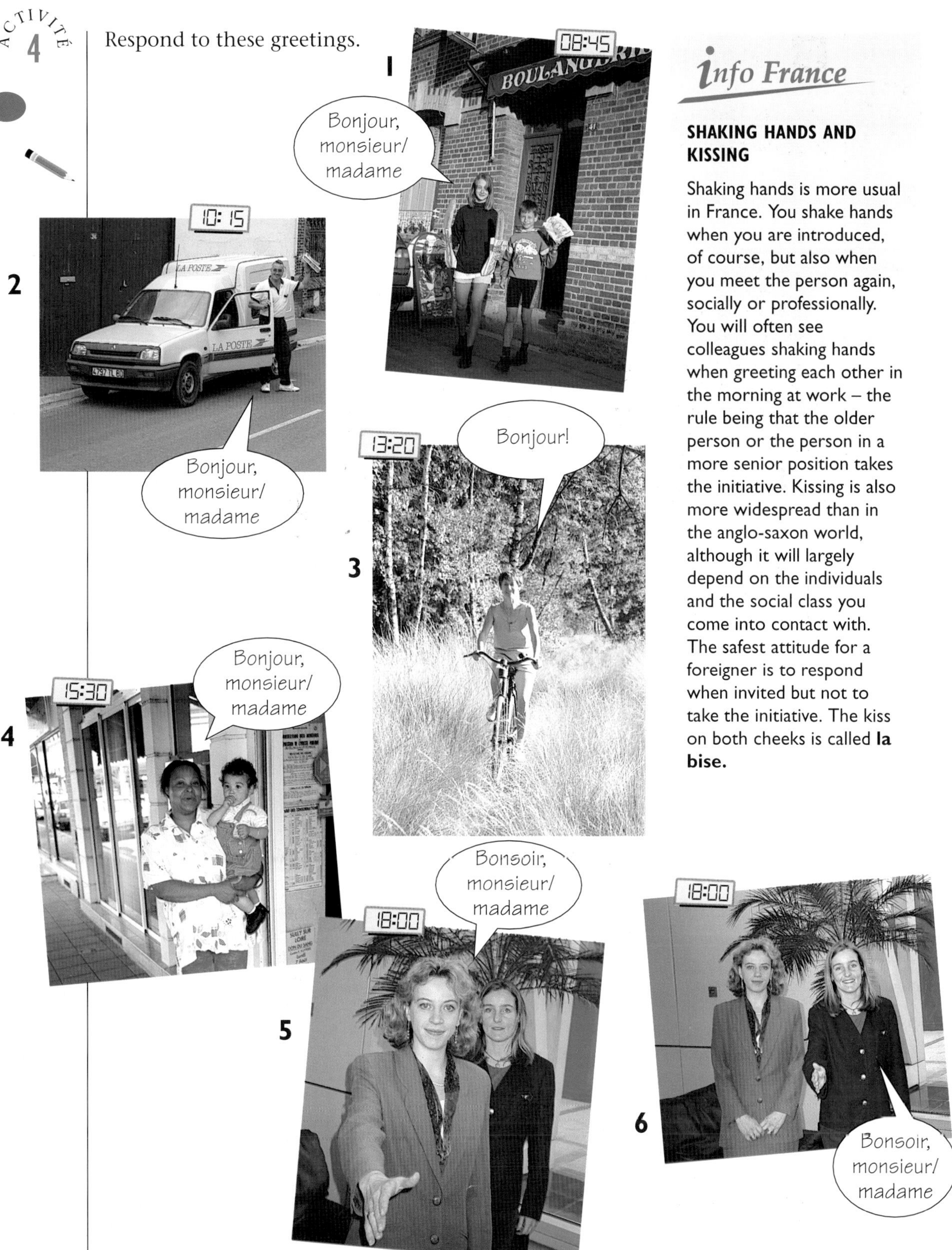
1
08:45
BOULANGERIE
Bonjour, monsieur/ madame
2
10:15
LA POSTE
Bonjour, monsieur/ madame
3
13:20
Bonjour!
4
15:30
Bonjour, monsieur/ madame
5
18:00
Bonsoir, monsieur/ madame
6
18:00
Bonsoir, monsieur/ madame

## Info France

### SHAKING HANDS AND KISSING

Shaking hands is more usual in France. You shake hands when you are introduced, of course, but also when you meet the person again, socially or professionally. You will often see colleagues shaking hands when greeting each other in the morning at work – the rule being that the older person or the person in a more senior position takes the initiative. Kissing is also more widespread than in the anglo-saxon world, although it will largely depend on the individuals and the social class you come into contact with. The safest attitude for a foreigner is to respond when invited but not to take the initiative. The kiss on both cheeks is called **la bise.**

## C Je m'appelle ...

ACTIVITÉ 5

Lisez les ***Mots-clés***. Écoutez et lisez les dialogues 1 et 2.

*Read the **Mots-clés**. Listen to and read dialogues 1 and 2.*

**1**

– Bonjour, je m'appelle Madeleine Juré. Et vous êtes ... ?
– Je suis Jacques Doucet.

**2**

– Bonjour, je m'appelle Béatrice Boulanger. Et vous êtes ... ?
– Enchanté, madame. Je m'appelle Christian Delecroix.
– Enchantée, monsieur.

ACTIVITÉ 6

Now, *you* are meeting someone. Listen to the tape and reply to each person in French.

– Je suis Bertrand Cellier.
– *(Say: 'Pleased to meet you.')*

– Je m'appelle Louise Tétu.
– *(Tell her you are pleased to meet her.)*

– Bonjour, je suis Christophe Degrave. Et vous êtes ...?
– *(Say who you are, and say you are pleased to meet him.)*

| | |
|---|---|
| je m'appelle ... | *my name is/I am called* |
| et | *and* |
| enchanté(e) | *pleased to meet you* |

A man says he is **enchanté;** a woman says she is **enchantée.**

➤ **page 21**

### À vous!

Your turn! Meet your group, introduce yourself to everybody formally. Use dialogue 2 as a model. **Enchanté! Enchantée!**

| | |
|---|---|
| je suis | *I am* |
| vous êtes | *you are* |
| vous êtes ...? | *you are ...?* |

➤ **page 21**

# D Bienvenue à Azay

*The people of Azay-l'Église are welcoming the delegation from their twin town.*

Écoutez le dialogue 1 à la cassette. Puis complétez les dialogues 2 et 3.

*Listen to dialogue 1 on the cassette. Then complete dialogues 2 and 3.*

| | |
|---|---|
| heureux/heureuse | *happy, pleased* |
| heureux de faire votre connaissance | *pleased to meet you (man speaking)* |
| heureuse de faire votre connaissance | *pleased to meet you (woman speaking)* |
| le maire | *mayor* |
| monsieur le Maire | *Mr Mayor* |
| Bienvenue à Azay | *Welcome to Azay* |

**1**

– Bonjour, madame! Je suis Jean Darant, Maire d'Azay-l'Église.
– Ah! Je suis Catherine Heathcote. Enchantée, Monsieur le Maire.
– Heureux de faire votre connaissance! Bienvenue à Azay-l'Église, madame.

**2**

– Bonjour! Je _______ Andrew. Et vous _______?
– Je __________________ Françoise. __________________.

**3**

– Bonjour, monsieur. __________________ Véronique.
– Je suis Nigel. __________________
– Je suis Thérèse. __________________ de faire _______. __________________.

Introduce yourself to the people beside you using **Je m'appelle** or **Je suis**. Ask their name: **Et vous êtes ...?** Say you are pleased to meet them, using **Heureux** ... or **Heureuse de faire votre connaissance**.

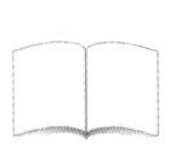

Complétez la conversation.

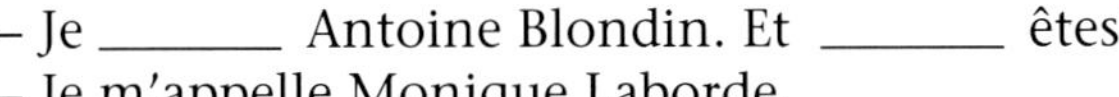

– Je _______ Antoine Blondin. Et _______ êtes?
– Je m'appelle Monique Laborde. _______________.
– Je suis __________________ de faire votre connaissance.

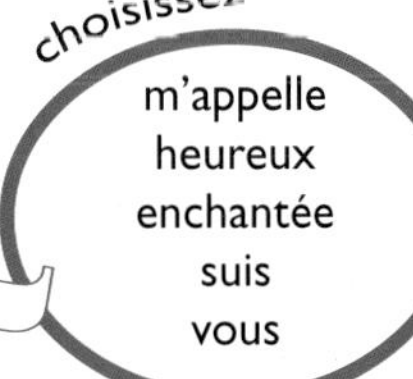

## E Voici...

Imagine you're being shown around Azay-l'Église. Read about a typical French town and study the extra words in the boxes on the opposite page. Listen to the tape. Then go through the pictures with a partner, saying what they show. Use **Voici** (*Here is* ...) and **le**, **la**, **l'** or **les**. E.g. **Voici la place**. Try out the other expressions: ... **et là, c'est l'église.**

### A TYPICAL FRENCH TOWN

A typical French town has often developed around a central tree-lined square (**la place**) and the church (**l'église**) which will often be on the side of the square. The parish or town hall (**la Mairie** in villages or **l'Hôtel de Ville** in towns) is usually close to the square. All small towns have at least one **café** and a post office (**le bureau de poste**). There will probably also be a police station (**la gendarmerie**, or **le commissariat** in larger towns). A petrol station (**la station d'essence** or **la station-service**) is not so common even though many small towns still have a small garage (**le garage**).

Among the typical shops will be a general self-service store (**la supérette**) and a baker's (**la boulangerie**). Nowadays, small baker's bake their own bread less and less, but they still sell a good range of their own pastries (**la pâtisserie**). There will also be a butcher's (**la boucherie**), a shop selling cooked cold meats, salads, etc. (**la boucherie-charcuterie**), which may be combined with the butcher's, and the chemist's (**la pharmacie**). The chemist's will have staff qualified to advise you on medicines to take for minor problems like tummy upsets, stings, bites or sunburn.

Larger towns will probably have a railway station (**la gare**, or **la gare ferroviaire**), and a bus station (**la gare routière**) where the town bus (**le bus**) and a longer distance coach (**le car**) will stop. Many towns are trying to attract companies to their area by setting up small business parks or industrial zones (**le parc d'activités** or **la zone industrielle**).

1

2

4

HOTEL le Stade

5

6

Voici les magasins ...

7

8

9

10

11

In French, nouns are either masculine or feminine.

| | |
|---|---|
| **le** | *the* (before a masculine noun): |
| le café | *the café* |
| **la** | *the* (before a feminine noun): |
| la gare | *the station* |
| **l'** | *the* (before a masculine or a feminine noun starting with a vowel (*a, e, i, o, u*) and some words starting with *h*): |
| l'hôtel (m.), l'église (f.) | |
| **les** | *the* (before a plural noun of either gender): |
| les magasins (m.) | *the shops* |
| les églises (f.) | *the churches* |

➤ **page 21**

| | |
|---|---|
| voici ... | *here is ... , here are ...* |
| voilà ... | *there is ... , there are ...* |
| là, c'est ... | *(over) there is ...* |
| ça, c'est ... | *that's ...* |
| l'hôtel (m.) | *the hotel* |
| l'Office du Tourisme (m.) | *the tourist information office* |
| bien | *well, good* |
| avec | *with* |
| la Mairie | *the Town Hall* |
| la poste / le bureau de poste | *the post office* |
| le café | *the café, the coffee* |
| le magasin | *the shop* |
| les magasins | *the shops* |
| la boulangerie-pâtisserie | *the bread and cake shop* |
| la supérette / le supermarché | *the supermarket* |
| la boucherie-charcuterie | *the butcher's and delicatessen* |
| la maison de la presse | *the newsagent's* |
| la quincaillerie | *the hardware shop* |

ACTIVITÉ 10

## À vous!

Take your partner (a French friend) on a quick tour of your town.

**expressions utiles**

voici ...
voilà ...
là, c'est ...
ça, c'est ...

## F Ça va?

ACTIVITÉ 11

Étudiez les ***Mots-clés*** et la note sur **ne ... pas.** Écoutez les dialogues et répétez.

*Study the key words and the note on* ***ne ... pas****. Listen to the dialogues, and repeat them.*

1

– Bonjour, monsieur.
– Bonjour, madame.
– Comment allez-vous?
– Très bien, merci. Et vous?
– Bien, merci.

2

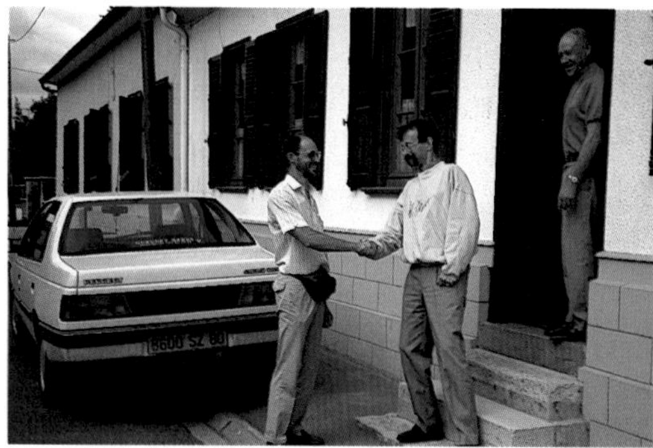

– Bonjour! Ça va?
– Oui, ça va. Et toi?
– Pas trop mal, merci.

3

– Madame Toutais?
– Oui, Bonjour, docteur.
– Bonjour, madame. Comment allez-vous?
– Oh, ça ne va pas bien, docteur.

| **Comment allez-vous?** | ***How are you?*** |
|---|---|
| (très) bien | *(very) well* |
| et toi? | *and you?* (informal) |
| et vous? | *and you?* (formal) |
| ça va? | *how are you?* (informal) |
| ça va | *OK, fine* (informal) |
| pas trop mal | *not too bad* |
| merci | *thank you* |
| non | *no* |
| docteur | *doctor* |
| aujourd'hui | *today* |

**Negatives**

| **ne** + verb + **pas** = | *not* |
|---|---|
| ça va | *I am all right* |
| ça ne va pas | *I am not all right* |

➤ **page 22**

ACTIVITÉ 12

'Ça va?' Complétez ici et à la page 17.

1

Ça ne va pas aujourd'hui?

2

Comment allez-vous?

choisissez

Oui, ça va très bien!
Ça ne va pas bien.
Pas trop mal. Et toi?
Très bien, merci.

## G Je ne suis pas ...

ACTIVITÉ 13

Lisez les ***Mots-clés*** et les dialogues, et écoutez la cassette.

**1**

– Vous êtes Monsieur Grandet?
– Non, je ne suis pas Monsieur Grandet. Je suis Jean-Jacques Toubon.
– Pardon, monsieur.

– Vous êtes Monsieur Grandet?
– Oui, ah ... Madame Hart? Comment allez-vous?
– Ça va bien, merci. Et vous?
– Très bien, merci.

**2**

– Vous êtes Christophe Delecroix?
– Non, madame, je ne suis pas Christophe Delecroix. Je suis Fabien Donnet.
– Oh! pardon, monsieur.

ACTIVITÉ 14

### À vous!

Vous êtes ...? *Memory problems! Use the phrases above to check the names of people sitting near you. (Get some wrong on purpose!)*

*exemple:*
– Vous êtes Rachel Smith?
– Non, je ne suis pas Rachel Smith. Je suis ...

| | |
|---|---|
| je ne suis pas ... | *I am not ... , I'm not ...* |
| pardon! | *sorry! excuse me!* |

It is more polite to say, 'Pardon, monsieur/madame.'

# H La famille, les collègues

ACTIVITÉ 15

Lisez les ***Mots-clés*** et le dialogue. Écoutez la cassette et répétez le dialogue.

| | |
|---|---|
| *Jean* | Bonjour, Jacques! Voici Louise, ma femme. |
| *Jacques* | Enchanté! |
| *Louise* | Enchantée. |
| *Jean* | Et voici mes enfants: mon fils Vincent, ma fille Mélanie. |
| *Enfants* | Bonjour! |

*Voici ma maison et mon jardin, et voici ma femme et mes enfants.*

| | |
|---|---|
| la famille | *the family* |
| la femme | *the wife* |
| les enfants (m. pl.) | *the children* |
| le fils | *the son* |
| la fille | *the daughter* |
| la maison | *the house* |
| le jardin | *the garden* |
| l'ami (m.) | *the (male) friend* |
| l'amie (f.) | *the (female) friend* |

The word for *my* depends on the noun following it:
**mon** + a masculine noun: **mon fils**, *my son*
**ma** + a feminine noun: **ma fille**, *my daughter*
**mes** + a plural noun: **mes enfants**, *my children*

➤ **page 22**

ACTIVITÉ 16

Regardez la photo, puis écoutez la cassette et répondez.

*Look at the photo, then listen to the cassette and respond.*

Et voici ...

Regardez les photos 1 et 2 et étudiez les **Mots-clés**. Complétez les légendes 3 à 5.

*Look at photos 1 and 2 and study the* ***Mots-clés****. Complete captions 3 to 5.*

*exemple:*

– *It's my father, Pierre.* C'est mon père, Pierre.

**1**

my father, Pierre

1 C'est mon père, Pierre, et mon chien.

**2**

my mother, Sylvie

my wife, Jacqueline

2 C'est ma mère, Sylvie, et ma femme Jacqueline.

**3**

Charles, my friend

my husband, Michel

3 ______________________

**4**

my brother, Alex, and my sister, Anita

4 ______________________

**5**

My cat, Tomy

5 ______________________

| | |
|---|---|
| le mari | *the husband* |
| le frère | *the brother* |
| la sœur | *the sister* |
| le père | *the father* |
| la mère | *the mother* |
| le collègue | *the (male) colleague* |
| la collègue | *the (female) colleague* |
| le chat | *the cat* |
| le chien | *the dog* |

# I Au revoir!

ACTIVITÉ 18

Étudiez les ***Mots-clés***. Lisez les dialogues 1à 4 et écoutez la cassette.

| | |
|---|---|
| au revoir, madame | *goodbye (formal)* |
| au revoir, monsieur | *goodbye (formal)* |
| salut! | *goodbye (informal)* |
| à bientôt! | *(hope to) see you soon!* |
| bon voyage! | *have a good trip!* |
| à demain! | *see you tomorrow! (informal)* |

**1**
– Au revoir, monsieur.
– Au revoir, madame.

**2**
– Bonsoir, madame. À bientôt.
– Bonsoir, madame.

**3**
– Au revoir, Gilles. Au revoir, Sylvie. Bon voyage!
– Au revoir, Michel, Anne. À bientôt!

**4**
– Salut!
– Salut! À demain!

ACTIVITÉ 19

## À vous!

**Au revoir, monsieur/madame. Salut!**
Écoutez la cassette et répondez.

*Don't forget to say* **Au revoir**, *or* **Bonsoir**, *and* **À bientôt** *to your group at the end of the class.*

**Au revoir** follows the same rules as **Bonsoir** and **Bonjour** (page 10): add **monsieur**, **madame**, **mademoiselle** in formal situations, use **Au revoir** on its own in relaxed situations, and **Salut!** only with friends.

# Grammaire

## Genders and plurals of nouns: *le, la, l', les*

**Café**, **gare** and **hôtel** are nouns. A noun is a word for a living being, a thing or an idea. In English, nouns do not have a gender. In French, nouns are either masculine or feminine. In the case of **le café**, **café** is masculine; in the case of **la gare**, **gare** is feminine.

Remembering the gender of a noun is largely a matter of usage. Make a note of the article, **le**, **la** or **l'**, when you come across a new noun. Do not worry too much about getting your genders wrong as you begin learning. In everyday French, a wrong choice of gender rarely makes it difficult for you to be understood.

When a noun begins with an unpronounced **h** or a vowel (**a**, **e**, **i**, **o**, **u**) the **le** or **la** often becomes **l'**. When this happens (e.g. **l'hôtel**, **l'église**), the gender of the noun is not obvious, and has been printed in brackets for you in the vocabulary lists.

In most cases when a noun becomes plural in French it gains an **s**. In the plural, **le**, **la** and **l'** all become **les**:

**les** cafés, **les** gares, **les** hôtels, **les** églises.

## Adjectives: *enchanté, enchantée, heureux, heureuse*

These are adjectives, 'describing words'. In English, *happy*, *fast* and *red* are all adjectives. English adjectives always keep the same spelling whether they describe one thing or many things. In French, adjectives agree with the noun they describe. When **enchanté** relates to a man, it has the masculine singular form. **Enchantée** relates to a woman and has the feminine singular form. Many feminine adjectives are formed by adding an **e** to the masculine form. But when the masculine form ends in **-eux** (e.g. heur**eux**), the feminine form ends in **-euse** (heur**euse**).

The plural forms of these adjectives are **enchantés**, **enchantées**, **heureux** and **heureuses**.

## *Je suis ... Vous êtes ... ?*

These are two parts of the verb **être**, *to be*.

**je suis** *I am* **vous êtes** *you are*

Use **Vous êtes...?** as a polite way of prompting someone to give you their name. In more formal situations, e.g. for administrative purposes, you can use the direct question **Comment vous appelez-vous?** or more simply **Votre nom?** (*Your name?*)

You will learn more about **être** in the next unit.

### The negative of a verb: *ne ... pas*

In English, the negative of a verb is made by adding *not*: I am → I am not, I'm not. In French, the negative is in two parts, **ne** and **pas**. These are placed on either side of the verb to make the meaning negative.

*Affirmative* je suis
*Negative* je **ne** suis **pas**

### Possessive adjectives: *mon, ma, mes*

In French, adjectives agree with the noun they describe, i.e. according to its gender (whether it is masculine or feminine), and whether it is singular or plural.

The word for *my* is **mon**, **ma** or **mes**, depending on the gender and number of the noun:

| | | |
|---|---|---|
| le mari (m.) | **mon** mari | *my husband* |
| la femme (f.) | **ma** femme | *my wife* |
| les enfants (m. pl.) | **mes** enfants | *my children* |
| les sœurs (f. pl.) | **mes** sœurs | *my sisters* |

Note: **Mon** is always used if the noun is singular and begins with **h** or a vowel: **mon hôtel** (m.), **mon amie** (f.).

## En pratique

1 Add the correct article (**le**, **la** or **l'**) to the following nouns. Check the gender in the glossary if necessary.

a) ________ place
b) ________ hôtel
c) ________ Office du Tourisme
d) ________ Mairie
e) ________ magasin
f) ________ poste

2 Turn these nouns and their articles into plurals:

a) la boulangerie ____________________
b) la boucherie ____________________
c) le café ____________________
d) l'hôtel ____________________

3 Add **mon**, **ma** or **mes** to the following nouns. Check the gender of the nouns in the glossary if necessary.

a) ________ hôtel
b) ________ sœur
c) ________ amis
d) ________ magasin
e) ________ ami
f) ________ maison
g) ________ amies
h) ________ jardin
i) ________ fils
j) ________ collègues
k) ________ femme
l) ________ mari
m) ________ amie
n) ________ filles
o) ________ chien

Now you have completed Unit 1, can you:

*tick*

1 Greet someone formally or informally? ☐
*See pages 9 – 10.*

2 Say what your name is and ask someone else for their name? ☐
*See pages 12 – 13 and the note on page 21.*

3 Name the main shops and the other features in a small French town? ☐
*See pages 14 – 15 and the note on page 21.*

4 Introduce colleagues, friends and members of your family? ☐
*See pages 18 – 19 and the note on page 22.*

5 Say goodbye? ☐
*See page 20.*

# Vocabulaire

GREETINGS

| | |
|---|---|
| Bonjour | *Good morning, Good afternoon* |
| Bonsoir | *Good evening* |
| Enchanté(e) | *Pleased to meet you* |
| je m'appelle ... | *my name is ...* |
| je suis ... | *I am ...* |
| vous êtes ...? | *you are ...?* |
| Comment allez-vous? | *How are you?* |
| ça va | *OK, fine, I am all right* |
| Salut! | *Hi!, 'Bye!* |
| Au revoir! | *Goodbye!* |
| À bientôt! | *See you soon!* |
| À demain! | *See you tomorrow!* |
| Bon voyage! | *Have a good trip!* |

IN TOWN

| | |
|---|---|
| le café | *the café* |
| l'hötel (m.) | *the hotel* |
| la boucherie | *the butcher's* |
| la charcuterie | *(roughly) the delicatessen* |
| la boulangerie | *the baker's* |
| la gare | *the train station* |
| la gare routière | *the bus station* |
| le magasin | *the shop* |
| la supérette<br>le supermarché | *the supermarket* |
| la gendarmerie<br>le commissariat | *the police station* |
| la Mairie | *the town hall* |
| l'Office du Tourisme (m.) | *the tourist information office* |
| la poste | *the post office* |
| le parc d'activités | *the business park* |
| la zone industrielle | *the industrial estate* |

MEMBERS OF THE FAMILY

| | |
|---|---|
| la famille | *the family* |
| la femme | *the wife* |
| la mère | *the mother* |
| la fille | *the daughter* |
| la grand-mère | *the grandmother* |
| le mari | *the husband* |
| le père | *the father* |
| le fils | *the son* |
| le grand-père | *the grandfather* |
| les enfants (m. pl.) | *the children* |
| le chat | *the cat* |
| le chien | *the dog* |

PEOPLE YOU MEET

| | |
|---|---|
| l'ami (m.) | *the friend (male)* |
| l'amie (f.) | *the friend (female)* |
| le collègue | *the colleague (male)* |
| la collègue | *the colleague (female)* |

OTHER WORDS AND PHRASES

| | |
|---|---|
| aujourd'hui | *today* |
| bien | *good, well* |
| ça, c'est ... | *that's ...* |
| deux | *two* |
| et | *and* |
| et toi | *and you (informal)* |
| heureux (m.), heureuse (f.) | *happy, pleased* |
| là, c'est ... | *(over) there is ... (e.g. a place)* |
| merci | *thank you* |
| mon, ma, mes | *my* |
| non | *no* |
| oui | *yes* |
| pardon | *sorry, excuse me* |
| pas trop mal | *not too bad* |
| voici | *here is, are* |
| voilà | *there is, are* |
| vous | *you* |

# 2 Sans frontières

- Talking about where you come from
- Numbers 1-60
- Age
- Jobs and professions
- Informal questions

## A Vous êtes anglais?

ACTIVITÉ 1

Étudiez les ***Mots-clés***. Écoutez et lisez le dialogue.

| | |
|---|---|
| sans | *without* |
| une bière | *a beer* |
| un coca | *a Coca-Cola* |
| anglaises (f. pl.) | *English* |
| nous sommes américaines (f. pl.) | *we are American* |
| français (m.) | *French* |
| italien (m.) | *Italian* |
| mais | *but* |
| il est | *he is* |
| elle est | *she is* |

– Une bière?
– Non, merci.
– Un coca?
– Euh ... oui. Merci.
– Vous êtes anglaises?
– Non, nous sommes américaines. Et vous, vous êtes français?
– Oui, je suis français, mais mon ami est italien.

**Some adjectives of nationality**

| **il est ...** | **elle est ...** | |
|---|---|---|
| allemand | allemande | *German* |
| américain | américaine | *American* |
| anglais | anglaise | *English* |
| canadien | canadienne | *Canadian* |
| écossais | écossaise | *Scottish* |
| espagnol | espagnole | *Spanish* |
| français | française | *French* |
| gallois | galloise | *Welsh* |
| irlandais | irlandaise | *Irish* |
| italien | italienne | *Italian* |
| japonais | japonaise | *Japanese* |
| portugais | portugaise | *Portuguese* |
| suisse | suisse | *Swiss* |

➤ **pages 37–38**

Like *the*, the French word for *a* changes according to the gender of the noun following it:

| | |
|---|---|
| **un** | *a* (with a masculine noun): |
| un coca | *a Coca-Cola* |
| **une** | *a* (with a feminine noun): |
| une bière | *a beer* |

➤ **page 37**

ACTIVITÉ 2

Étudiez les cartes, et la liste des nationalités. Demandez à votre partenaire la nationalité des six personnes.

*Study the maps and the list of nationalities. Ask your partner the nationalities of the six people.*

*exemple:*
- Antonia est espagnole?
- Non, elle est italienne.

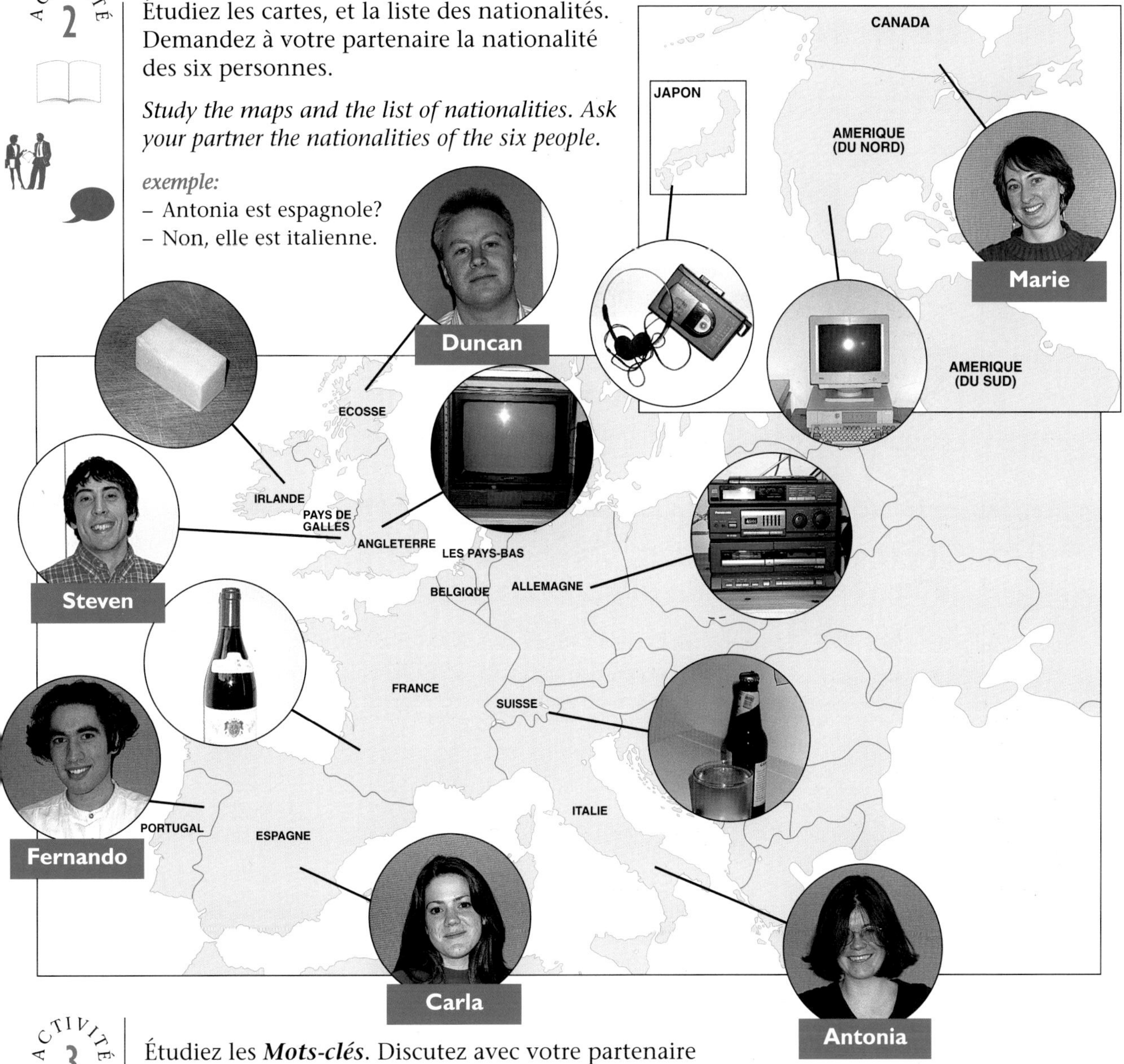

ACTIVITÉ 3

Étudiez les ***Mots-clés***. Discutez avec votre partenaire l'origine des objets et des personnes sur les cartes.

*Discuss with your partner where the eight objects on the map come from.*

*exemple:*
L'ordinateur est américain mais le baladeur est japonais.

| | |
|---|---|
| l'ordinateur (m.) | *the computer* |
| le vin | *the wine* |
| la bière | *the beer* |
| le fromage | *the cheese* |
| le baladeur | *the walkman* |
| le téléviseur | *the television set* |
| la hi-fi | *the hi-fi* |
| la voiture | *the car* |

## Et vous?

Vous êtes ... anglais(e), écossais(e) ...?

## B Je viens de ...

ACTIVITÉ 4

Écoutez le dialogue et complétez le tableau.

- Bonjour mademoiselle, vous êtes anglaise?
- Bonjour. Oui, je m'appelle Sandra et je suis anglaise. Je viens de Manchester.
- Et vous, mademoiselle, vous êtes ...
- Je suis Carole et je suis française. Je viens de Marseille.
- Et vous, Maria, vous êtes italienne?
- Oui, je suis italienne, j'habite Bari.

| NAME | NATIONALITY | TOWN OF ORIGIN |
|---|---|---|
| Sandra | | |
| | | Bari |
| | French | |

ACTIVITÉ 5

**Dans le train**. Écoutez la cassette, et répondez.

*Where do the other people in the carriage came from?*

**Saying where you come from**

| | |
|---|---|
| de | *of, from* |
| je suis de | *I am from* |
| vous êtes de | *you are from* |
| je viens de | *I come from* |
| j'habite | *I live in* |
| j'habite Bari | *I live in Bari* |

Remember:

| | |
|---|---|
| je ne suis pas français | *I am not French* |

Je m'appelle ...
Vous êtes américain?
Non, je suis ...
Je viens de ...
Nous sommes de ...
J'habite ...

ACTIVITÉ 6

## C Je suis célibataire

*Listen to Jean, Marc and Marie talking about themselves. Are they single? Separated?*

Cochez les bonnes réponses dans le tableau.

*Tick the correct answers in the table.*

| | |
|---|---|
| la situation de famille | *marital status* |
| marié(e) | *married* |
| célibataire | *single* |
| divorcé(e) | *divorced* |
| veuf (m.), veuve (f.) | *widowed* |
| fiancé(e) | *engaged* |
| séparé(e) | *separated* |

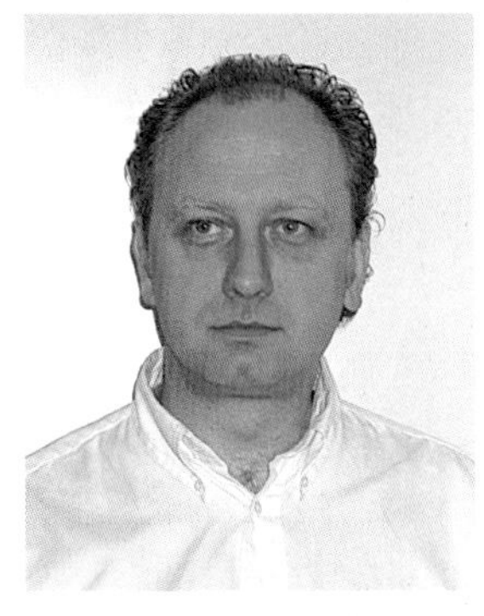

| | marié(e) | célibataire | divorcé(e) | veuf/veuve | fiancé(e) | séparé(e) |
|---|---|---|---|---|---|---|
| Jean | | | | | | |
| Marc | | | | | | |
| Marie | | | | | | |

ACTIVITÉ 7

**Marié(e)? Divorcé(e)?**

*exemple:*
– Le président est marié.

## D J'ai ... Vous avez ...

ACTIVITÉ 8

Étudiez la note sur **avoir**, et les nombres de 1 à 20. Puis écoutez et lisez les trois conversations.

*Study the notes on* **avoir**, *and the numbers 1 to 20. Then listen to, and read, the three conversations.*

| **avoir** | ***to have*** |
|---|---|
| j'ai ... | *I have ... , I've got ...* |
| vous avez ... | *you have ...* |
| Vous avez ...? | *Do you have ...?* |
| | *Have you got ...?* |
| J'ai **des** frères | *I have (some) brothers* |
| J'ai deux frères | *I have two brothers* |
| Je **n'**ai **pas de** frères | *I have no brothers,* |
| | *I don't have any brothers* |

➤ **pages 37, 39**

**1**

- Vous avez *Le Monde*, madame?
- Non, mais j'ai *Le Figaro*.

**2**

- Vous avez des enfants?
- Oui, j'ai trois filles et un fils.

**3**

- Vous avez des frères ou des sœurs?
- Je n'ai pas de frères mais j'ai deux sœurs.

### Et vous!

Posez des questions à votre partenaire sur sa famille.

*Ask your partner some questions about his/her family.*

*exemple:*

- Vous avez des sœurs?
- Oui, j'ai deux sœurs.

| | | | |
|---|---|---|---|
| 1 | un | 11 | onze |
| 2 | deux | 12 | douze |
| 3 | trois | 13 | treize |
| 4 | quatre | 14 | quatorze |
| 5 | cinq | 15 | quinze |
| 6 | six | 16 | seize |
| 7 | sept | 17 | dix-sept |
| 8 | huit | 18 | dix-huit |
| 9 | neuf | 19 | dix-neuf |
| 10 | dix | 20 | vingt |

## E Je n'ai pas de ...

Travaillez avec un partenaire. Partenaire B, tournez à la page 238.

*Work with a partner. Partner B, turn to page 238. Partner A, you are considering a house swap for your next holiday. Does your partner have a house which will suit you and will you have one that will suit your partner?*

*exemple:*

*B.* Vous avez un téléviseur?
*A.* Oui, j'ai un téléviseur et un magnétoscope.
*B.* Vous avez des chats?
*A.* Non, je n'ai pas de chat.

Partenaire A, voici votre salon. Étudiez les ***Mots-clés*** et relisez la note sur **avoir**. Répondez aux questions de votre partenaire et posez des questions sur le salon de votre partenaire.

*Here is your living room. Study the* ***Mots-clés*** *and re-read the note on* **avoir**. *Answer your partner's questions and ask questions about your partner's living room.*

| | |
|---|---|
| le salon | *living room* |
| un magnétoscope | *a video player/recorder* |
| un téléphone | *a telephone* |
| un répondeur automatique | *an answering machine* |
| un bureau | *a desk* (also *an office*) |

# F Sa femme a 25 ans

ACTIVITÉ 10

Étudiez les ***Mots-clés***, la note sur l'âge, et les nombres 21 à 60. Lisez les paragraphes 1 à 5 et complétez le tableau en anglais.

*Study the **Mots-clés**, the note on age, and the numbers 21 to 60. Read paragraphs 1 to 5 and complete the table in English.*

| | |
|---|---|
| le concurrent<br>la concurrente | *the competitor* |
| il/elle vient de | *he/she comes from* |
| un professeur | *a teacher, a lecturer* |
| une étudiante | *a student (female)* |
| petit(e) | *small* |
| sa femme | *his wife* |
| elle habite ... | *she lives in ...* |
| près de ... | *near ...* |
| ils ont ... | *they have ...* |
| elles ont ... | *they (all female) have ...* |

## LE JOURNAL SANS FRONTIÈRES

1 **Le concurrent allemand**
Helmut Theiss est allemand. Il vient de Dortmund. Il a vingt-six ans. Il est marié à une Française; ils ont deux enfants de six et trois ans.

2 **Le concurrent anglais**
Michael Mason vient du Dorset, en Angleterre. Il a trente ans et il est professeur d'anglais à l'Université de Bournemouth. Sa femme a vingt-cinq ans; ils n'ont pas d'enfants.

3 **Le concurrent français**
Arnauld Dupré est de Lyon. Il a trente-trois ans. Il est séparé de sa femme, Christine, championne internationale de ski. Ils ont trois filles de neuf, sept et cinq ans.

4 **La concurrente espagnole**
Julia Tenorio est espagnole. Elle habite un petit village près de Madrid. Elle a vingt et un ans, et elle est célibataire. Elle est étudiante.

5 **La concurrente canadienne**
Andrée Pascal, vient de Montréal. Elle a quarante-cinq ans, divorcée, avec un fils de vingt-deux ans.

| | | | |
|---|---|---|---|
| 21 | vingt et un | 29 | vingt-neuf |
| 22 | vingt-deux | 30 | trente |
| 23 | vingt-trois | 31 | trente et un |
| 24 | vingt-quatre | 32 | trente-deux |
| 25 | vingt-cinq | 40 | quarante |
| 26 | vingt-six | 50 | cinquante |
| 27 | vingt-sept | 60 | soixante |
| 28 | vingt-huit | | |

!

**Using *avoir* to give age**

| | |
|---|---|
| un an | *a year* |
| j'ai trente ans | *I am thirty (years old)* |
| il a sept ans | *he is seven (years old)* |
| elle a vingt-deux ans | *she is twenty-two* |
| ils ont deux et six ans | *they are two and six years old* |

➤ page 39

| | 1 | 2 | 3 | 4 | 5 |
|---|---|---|---|---|---|
| Prénom | | | | | |
| Âge | | | | | |
| Nationalité | | | | | |
| Enfants | | | | | |
| Âge(s) des enfants | | | | | |
| Situation de famille | | | | | |

ACTIVITÉ 11

Étudiez les ***Mots-clés***. Écoutez le dialogue et cochez les bonnes réponses.

*Tick the correct answers.*

| | |
|---|---|
| Eh bien | *So, Well* |
| belge | *Belgian* |
| la Belgique | *Belgium* |
| Ah bon! | *Really!* |
| Tiens! | *Well! Fancy that!* |
| Nous avons | *We have* |

| | | | | | | |
|---|---|---|---|---|---|---|
| Jacques is | English | ☐ | French | ☐ | Belgian | ☐ |
| Yves is | English | ☐ | French | ☐ | Belgian | ☐ |
| Jacques' wife is | English | ☐ | French | ☐ | Belgian | ☐ |
| Yves' wife is | English | ☐ | French | ☐ | Belgian | ☐ |
| Jacques has | 2 children | ☐ | 1 child | ☐ | 3 children | ☐ |
| Yves has | 2 children | ☐ | 1 child | ☐ | 3 children | ☐ |
| Jacques has a | boy aged 7 | ☐ | girl aged 6 | ☐ | 2 girls aged 4 and 6 | ☐ |
| Yves has a | boy aged 7 | ☐ | girl aged 6 | ☐ | 2 girls aged 4 and 6 | ☐ |

ACTIVITÉ 12

## Et vous?

Avec votre partenaire, faites des notes en français sur vous deux . Présentez-vous à votre groupe.

*With your partner, make some notes in French about the two of you. Introduce yourselves to your group.*

**expressions utiles**

Vous êtes de ...?
Vous êtes marié(e)/ célibataire/divorcé(e)?
Vous avez ... ?

il/elle habite
il/elle a ... ans
il/elle est ...
il/elle n'a pas de ...

je viens de ...
j'ai ... ans

ACTIVITÉ 13

Choisissez le bon verbe pour compléter les phrases.

*Choose the right verb to complete the sentences.*

| | |
|---|---|
| 1) nous → *exemple* → c) | a) avez des enfants? |
| 2) vous | b) sont en Angleterre |
| 3) je | c) sommes mariés |
| 4) mes enfants | d) avons deux chiens |
| 5) ma femme | e) est heureux |
| 6) nous | f) suis célibataire |
| 7) il | g) êtes M. Leblanc? |
| 8) vous | h) ai 40 ans |
| 9) j' | i) est italienne |

## G Elle est infirmière

ACTIVITÉ 14

You have contacted a French agency to arrange a holiday exchange of children. They have sent photos of families they have on file but mixed up the data. Which details go with which photos? Your children are a boy of fourteen and a girl of sixteen, and they love dogs. Which family would you choose? **Pourquoi?** *Why?* **Parce que** ... *Because ...*

*exemple:*
M. et Mme Goujon, parce que Sandrine a seize ans.
M. et Mme Benamou parce qu'ils ont un chien.

| | |
|---|---|
| un mécanicien | *a mechanic* |
| un(e) secrétaire | *a secretary* |
| une infirmière | *a nurse (female)* |
| un médecin | *a doctor* |
| un professeur | *a teacher, a lecturer* |

**a**

**b**

**c**

**d**

**Mme Vandeck** est de Bruxelles. Elle a deux fils, Simon et Bruno. Ils ont quinze et dix-sept ans. Elle est infirmière, divorcée.

**M. et Mme Benamou** sont de Genève. Ils ont deux filles de huit et dix ans. M. Rosset est mécanicien et sa femme est secrétaire. Ils ont un chien, Charlot.

**M. et Mme Goujon** sont de Rouen. Ils sont médecins. Mme Goujon est italienne. Ils ont une fille, Sandrine. Elle a seize ans.

**M. Seyrac** est de Toulon. Il est professeur. Il a quatre enfants de dix à dix-neuf ans. Il est séparé de sa femme.

# info France

## LE TRAVAIL EN FRANCE

In 1800, 75% of the working population of France worked in agriculture; today only 4.5% of French people are farmers (**les agriculteurs**). There are fewer and fewer manual workers (**les cols bleus**) and more and more employees in the administrative and service sectors (**les cols blancs**). However, there is still a large number of traditional craftsmen (**les artisans**).

French companies which have more than 50 full-time employees are obliged to spend at least 1.1% of their payroll on training (**la formation**) and companies also make an obligatory contribution to the funding of vocational training (**la taxe d'apprentissage**). Obligatory funding encourages training and means that work placements, work experience and professional training courses (all known as **les stages**), are very popular in France. Many students are sent on brief in-company **stages** as part of their education.

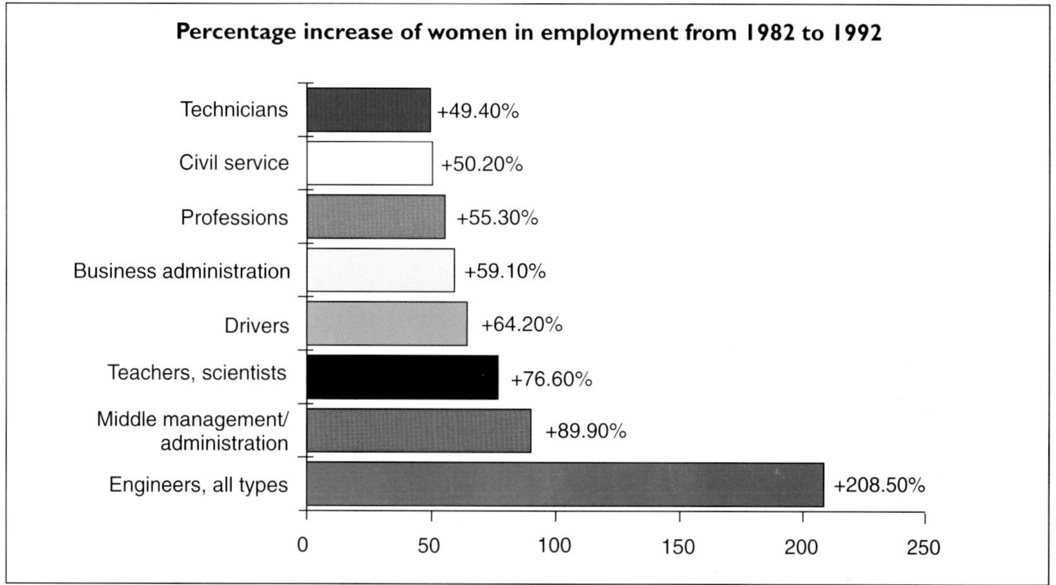


In 1992, 57.8% of men had a job compared to 42.2% of women. Since 1982, there has been a steady increase in the number of women in employment.

**Les emplois** — ***Jobs***

The word **un** or **une** is left out when describing a person's job or profession:

elle est infirmière — *she is a nurse*
il est professeur — *he is a teacher*

➤ **page 38**

The French state is the biggest employer in France. Over 2.5 million employees are classed as civil servants (**les fonctionnaires**). This figure includes most teachers (**les professeurs**) as well as lecturers in further and higher education.

A number of government-funded organisations have been established to help those who are looking for a job (**un emploi**). There are job centres in all large towns (**L'ANPE, L'Agence Nationale Pour l'Emploi**) and a number of government-funded magazines for job-hunters. Unemployment (**le chômage**) in France is relatively high, especially among the young and immigrants.

Étudiez les Mots-clés et la note sur les emplois. Écoutez la cassette et répétez.

Bonjour, je m'appelle Roger Plessier.
Bienvenue à Falquet. Voici l'équipe.
Monsieur Leblanc. Il est technicien.
Madame Dufour. Elle est secrétaire.
Madame Plantu. Elle est comptable.
Et je suis directeur de marketing.

| | |
|---|---|
| un(e) technicien(ne) | *a technician* |
| un(e) comptable | *an accountant* |
| un directeur | *a director* |
| un(e) représentant(e) | *a sales representative* |
| un ingénieur | *an engineer* |
| un(e) employé(e) de bureau | *an office worker* |
| un(e) retraité(e) | *a retired person* |
| un chômeur | *an unemployed man* |
| une chômeuse | *an unemployed woman* |
| une femme au foyer | *a housewife* |
| un homme au foyer | *a househusband* |

Regardez les photos et complétez les phrases.

Voici Jacques. Il est ...

Voici Jacqueline. Elle est ...

Voici Marie. Elle est ...

Voici Anne. Elle est ...

Voici Philippe. Il est ...

Voici Françoise. Elle est ...

Voici Simon. Il est ...

**Et vous?**

Vous êtes ... ?

ACTIVITÉ 17

You've been asked to recruit an international sales representative to work with the office in Le Havre. Which candidate fits the requirements best? (Try to work out the meaning of the words you don't know.)

Lisez les lettres et choisissez un candidat.

**Mozart SA**

ARE SEEKING

an international sales representative for their office in Le Havre
- 3 years' experience minimum
- Bilingual French/English + another language useful (preferably German)
- Marketing experience

1

Je suis représentante dans une grande entreprise de Lille depuis deux ans. J'ai vingt-huit ans et je suis célibataire. Je parle anglais et espagnol. Je n'ai pas d'expérience de marketing, mais je suis responsable des exportations de nos produits ...

2

Je suis représentant international en produits pharmaceutiques. J'ai cinquante ans, et je suis divorcé. Je suis basé dans la région parisienne. Je suis bilingue français / allemand ...

3

*J'ai trente ans. Je suis représentante depuis cinq ans dans une petite entreprise située à dix km du Havre et spécialisée dans le marketing et l'exportation des produits de luxe. Je parle anglais et allemand et j'ai des notions d'italien. Je suis mariée et j'ai deux enfants de huit et six ans ...*

| **tu** | ***you*** |
|---|---|

**Tu** is used when speaking to someone you know well or a child.

| | |
|---|---|
| tu es | *you are* |
| tu es ...? | *are you ...?* |
| tu as | *you have* |
| tu as ...? | *do you have ...?* |

➤ **page 37**

## H Tu es ... Tu as ...

ACTIVITÉ 18

Étudiez les ***Mots-clés*** et la note sur **tu**. Écoutez les dialogues.

– Tu as un frère?
– Non, j'ai une sœur, Aurélie.
– Elle est gentille?
– Aurélie? Non!

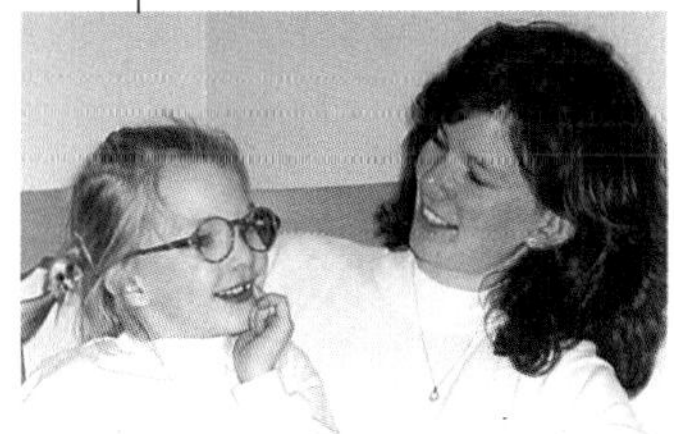

– Salut! Tu es française?
– Oui, et toi?
– Je suis belge. Je suis étudiante à l'université de Bruxelles.

| | |
|---|---|
| gentil(le) | *nice, kind* |
| là-bas | *over there* |
| l'université (f.) | *the university* |

# Grammaire

### *un, une, des, de*

The French for *a* or *an* has two forms: **un** when followed by a masculine noun and **une** when followed by a feminine noun:

| | |
|---|---|
| un frère | *a brother* |
| une voiture | *a car* |

With a plural noun, **un** and **une** both change to **des**:

| | | | |
|---|---|---|---|
| un ordinateur | *a computer* | des ordinateurs | *(some) computers* |
| une voiture | *a car* | des voitures | *(some) cars* |

In questions, **des** means *any*:

Vous avez des enfants? *Do you have any children?*

After a negative, **de** is used instead of **des**:

Je n'ai pas de sœurs. *I don't have any sisters./I have no sisters.*

Before a noun starting with an unpronounced **h** or a vowel, **de** becomes **d'**:

Nous n'avons pas d'enfants. *We don't have any children./ We have no children.*

### Nationality

Adjectives of nationality do not start with a capital letter: e.g. **je suis française, il est anglais**. When describing a feminine noun, an adjective becomes feminine too. The feminine of an adjective usually ends in **e**: **écossais** (m.), **écossaise** (f.). If an adjective ends in **e** in the masculine, the feminine form is the same: **suisse** (m.) **suisse** (f.).

Some feminine endings are irregular:

| | | |
|---|---|---|
| grec (m.) | grecque (f.) | *Greek* |
| italien (m.) | italienne (f.) | *Italian* |

Adjectives (like nouns) usually add **s** to make the plural:

| | | |
|---|---|---|
| un vin italien | des vins italiens | *some Italian wines* |

But if the adjective already ends in **s** (e.g. anglais, portugais, irlandais) it does not change in the plural:

| | | |
|---|---|---|
| un vin portugais | des vins portugais | *some Portuguese wines* |

Note that feminism has not changed the rules of French grammar! When you hear or read **nous sommes françaises**, you know that all the members of the group are female. When you hear **nous sommes français**, the group could be all male, or mixed; if there is only one man the adjective will be in the masculine!

Some names of countries are masculine, others feminine:

| *masculine* | | *feminine* | |
|---|---|---|---|
| le Canada | *Canada* | l'Afrique (f.) | *Africa* |
| les États-Unis (les USA) (m. pl.) | *USA* | l'Allemagne (f.) | *Germany* |
| le Japon | *Japan* | l'Angleterre (f.) | *England* |
| le Pays de Galles | *Wales* | la Belgique | *Belgium* |
| le Portugal | *Portugal* | la Chine | *China* |
| le Royaume-Uni | *UK* | l'Écosse (f.) | *Scotland* |
| | | l'Espagne (f.) | *Spain* |
| | | la France | *France* |
| | | la Grande-Bretagne | *Great Britain* |
| | | la Grèce | *Greece* |
| | | l'Irlande (f.) | *Ireland* |
| | | l'Italie (f.) | *Italy* |
| | | la Suisse | *Switzerland* |

### *Les emplois*

Many job titles have both masculine and feminine versions:

| | | | |
|---|---|---|---|
| un vendeur<br>une vendeuse | *a shop assistant* | un infirmier<br>une infirmière | *a nurse* |

while others don't change:

un(e) comptable *an accountant*

and a few have no separate feminine version:

| | | |
|---|---|---|
| un médecin | *a doctor (male or female)* | il/elle est médecin |
| un ingénieur | *an engineer (male or female)* | il/elle est ingénieur |
| un professeur | *a teacher (male or female)* | il elle est professeur |

(However, the abbreviations 'le prof' and 'la prof' are commonly used for **le professeur**.)

### You: *vous* or *tu*?

When you meet French people, use the polite form **vous** if you don't know them, or not very well. You can switch to **tu** if invited. You can say **tu** to children even if you don't know them. If you are young (a teenager or student), people of the same age will address you as **tu** quite naturally.

**Tu** is always followed by a verb:

tu as une voiture *you have a car*
Tu es français? *Are you French?*

**Toi** is used on its own, in direct questions or exclamations:

et toi? *and you?*

### *Avoir* and *être*

Here are all the forms of the verb **avoir**, *to have*, and **être**, *to be*, in the present tense:

| **avoir** to have | | | |
|---|---|---|---|
| *Singular* | | *Plural* | |
| **j'ai** | I have | **nous avons** | we have |
| **tu as** | you have *(familiar)* | **vous avez** | you have *(plural or polite singular)* |
| **il a** | he has | **ils ont** | they have |
| **elle a** | she has | **elles ont** | |

| **être** to be | | | |
|---|---|---|---|
| *Singular* | | *Plural* | |
| **je suis** | I am | **nous sommes** | we are |
| **tu es** | you are *(familiar)* | **vous êtes** | you are *(plural or polite singular)* |
| **il est** | he is | **ils sont** | they are |
| **elle est** | she is | **elles sont** | |

# En pratique

1 **Un** or **une**? Check the genders in the glossary at the end of the book if you need to.

a) ______ magasin
b) ______ ami
c) ______ maison
d) ______ femme
e) ______ boulangerie
f) ______ chat
g) ______ fille
h) ______ père
i) ______ boucherie
j) ______ jardin
k) ______ médecin
l) ______ famille

2 Fill in the correct form of the adjective. E.g. américai**n**, américai**ne**, américai**ns**, américai**nes**.

a) Mary est anglai__, mais Hugh est écossai__.
b) Nous, Carla et Maria, nous sommes italien__ et vous, vous êtes espagnol__?
c) Elle est grec__.
d) Fiona, vous êtes irlandai__?
e) Jean et Marie sont françai__.

3 Fill in **il est** or **elle est**.

*exemple:* Le magnétoscope est japonais. Il est japonais.

a) Paul est gallois. ______ ______ gallois.
b) Mon médecin est écossais. ______ ______ écossais.
c) Ma collègue est heureuse. ______ ______ heureuse.
d) Ma voiture est française. ______ ______ française.
e) Le directeur est veuf. ______ ______ veuf.
f) La bière est belge. ______ ______ belge.
g) Le baladeur est japonais. ______ ______ japonais.

4 How would you say these in French?

a) He is a teacher.
b) She is a doctor.
c) We are housewives.
d) I am a sales representative.
e) He is an accountant.
f) She is retired.

5 Complete these sentences, with the correct form of **avoir** or **être**.

a) Ma fille ______ huit ans.
b) Je ne ______ pas seule.
c) Nous ______ irlandais.
d) Tu ______ étudiante, Sophie?
e) Fleur et Vincent ______ étudiants.
f) Vous ______ un chien?
g) Il ______ soixante ans.
h) Elle ______ professeur.

Now you have completed Unit 2, can you:

| | | tick |
|---|---|---|
| 1 | Say your nationality and where you come from? *See pages 24–6 and the note on pages 36–7.* | ☐ |
| 2 | Talk about your age, your marital status and family? *See pages 27–31.* | ☐ |
| 3 | Say what job you do? *See pages 33–5 and the note on page 37.* | ☐ |

## Vocabulaire

JOBS AND PROFESSIONS

| | |
|---|---|
| l' emploi (m.) | *the job* |
| le chômage | *the unemployment* |
| le travail | *the work* |
| le/la dentiste | *the dentist* |
| le directeur | *the director* |
| l'employé(e) de bureau | *the office worker* |
| la femme au foyer | *the housewife* |
| l'homme au foyer | *the househusband* |
| l'infirmier (-ière) | *the nurse* |
| l'ingénieur (m.) | *the engineer* |
| le médecin | *the doctor* |
| le professeur | *the teacher, lecturer* |
| le chômeur, la chômeuse | *the unemployed person* |
| un(e) étudiant(e) | *a student* |

AGE AND MARITAL STATUS

| | |
|---|---|
| j'ai trente ans | *I am thirty (years old)* |
| célibataire | *single* |
| divorcé(e) | *divorced* |
| marié(e) | *married* |
| séparé(e) | *separated* |
| veuf, veuve | *widowed* |
| retraité(e) | *retired* |

EVERYDAY THINGS

| | |
|---|---|
| la bière | *the beer* |
| le bureau | *the office, the desk* |
| le fromage | *the cheese* |
| l'ordinateur (m.) | *the computer* |
| le magnétoscope | *the video player* |
| le salon | *the living-room* |
| le téléviseur | *the television set* |
| la voiture | *the car* |

OTHER WORDS AND PHRASES

| | |
|---|---|
| je viens de ... | *I come from ...* |
| j'habite ... | *I live in ...* |
| un homme | *a man* |
| une femme | *a woman* |
| alors | *well then* |
| depuis | *for, since* |
| de, des | *some, any* |
| là-bas | *over there* |
| mais | *but* |
| parce que ... | *because ...* |
| pourquoi? | *why?* |
| près de ... | *near ...* |
| sans | *without* |

# 3 En vacances

- Describing local facilities and things to do
- Talking about the weather, months of the year and seasons
- Numbers 61-100
- Telephone numbers

## A Il y a cinq cinémas ...

ACTIVITÉ 1

*Two business people have met at a conference.*

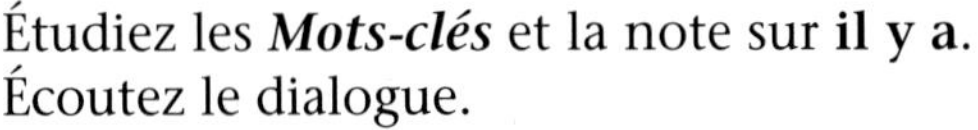

Étudiez les ***Mots-clés*** et la note sur **il y a**. Écoutez le dialogue.

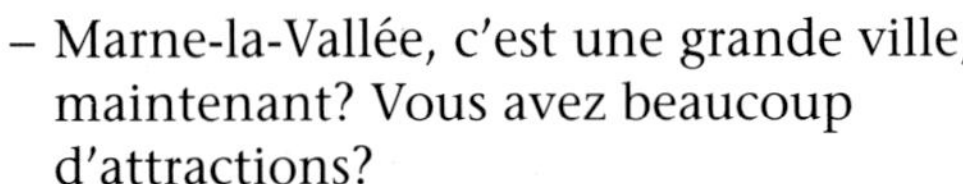

– Marne-la-Vallée, c'est une grande ville, maintenant? Vous avez beaucoup d'attractions?

– Ah oui! C'est formidable. Nous avons cinq cinémas en ville, il y a un centre de loisirs, trois golfs, une piscine, deux tennis ... Et il y a aussi Disneyland Paris, bien sûr! Et vous?

– Eh bien, à Redport nous avons six cinémas, deux piscines, sept tennis, un centre de loisirs ... oh, et il y a aussi la mer. Nous avons quatre plages.

| **Légende des attractions** | ***Key to entertainments*** |
|---|---|
| le cinéma | *the cinema* |
| le centre de loisirs | *the leisure centre* |
| le golf | *the golf course* |
| la piscine | *the swimming-pool* |
| le tennis | *the tennis court* |
| la plage | *the beach* |
| le parc | *the park* |
| le musée | *the museum* |
| l'aérodrome | *the aerodrome, airfield* |
| le restaurant | *the restaurant* |
| la forêt | *the forest* |

## Marne-la-Vallée

### Le parc d'attractions Disneyland Paris et ...

**1** centre de loisirs

**5** cinémas
**1** piscine

**2** tennis
**3** golfs
**8** restaurants

**1** forêt

**6** musées

| **Il y a** | ***there is, there are*** |
|---|---|
| il y a une plage | *there is a beach* |
| Il y a une plage? | *Is there a beach?* |
| il y a des musées | *there are some museums* |
| Il y a des musées? | *Are there any museums?* |
| il **n'**y a **pas de** cinéma(s) | *there isn't a cinema, there aren't any cinemas* |

➤ **page 52**

| | |
|---|---|
| grand(e) | *large, big* |
| en vacances | *on holiday* |
| maintenant | *now* |
| formidable | *great, wonderful* |
| en ville | *in town* |
| beaucoup de | *a lot of, many* |
| les attractions (f. pl.) | *entertainments, things to do* |
| bien sûr | *of course* |
| la mer | *the sea* |
| l'étoile (f.) | *the star* |

Activité 2

Relisez le dialogue et complétez la fiche en anglais.

*Read the dialogue again and complete the form in English.*

# Redport

__  ____________

__  ____________

__  ____________

**4**  museums

__  beaches

**1**  airfield

**3** 5 star restaurants

Activité 3

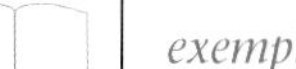

Étudiez les ***Mots-clés***. Avec votre partenaire, comparez les deux hôtels.

*exemple:*

– À l'hôtel Bellevue il y a 20 chambres et il y a ...

– À l'hôtel Olympique il y a beaucoup de chambres mais il n'y pas de ...

## Hôtel Le Chamonix ★★

*Propriétaire: G. Delay*

10, Place de la Gaule,

Sainte-Estelle.

Tél. 02 32 43 56 17

20 chambres

10 chambres avec télévision

bar

parking

1 tennis

## International Hôtel ★★★★

*Grand hôtel*

Rue de la Grenadière, Sainte-Estelle

Tél. 02 32 43 21 30

55 chambres avec télévision

piscine

3 bars

restaurant

parking privé

plage privée

| | |
|---|---|
| la chambre | *the bedroom* |
| la télévision | *the television* |
| le bar | *the bar* |
| le parking | *the car park* |
| le propriétaire | *the owner* |
| privé(e) | *private* |

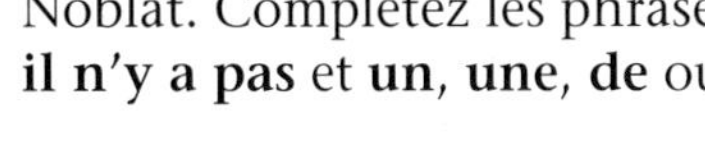

Étudiez la publicité pour Saint Léonard de Noblat. Complétez les phrases avec **il y a**, **il n'y a pas** et **un**, **une**, **de** ou **des**.

À Saint Léonard ...

1 ____________ ______ parc.
2 ____________ ______ tennis.
3 ____________ ______ musées.
4 ____________ ______ plage.

**Légende**

| | | |
|---|---|---|
| | le château | *the castle, chateau* |
|  | le camping | *the campsite* |
|  | le gîte | *the self-catering cottage or flat* |
|  | les circuits (m. pl.) de randonnée | *circular walks, rambles* |
|  | le monument historique | *the historical monument* |

Collégiale classée Monument Historique
Site inscrit du Pont de Noblat
Halte de Saint-Jacques itinéraire culturel européen
Musée Gay-Lussac - Musée Historail du Chemin de Fer
Visites guidées

**Station verte de Vacances**
Camping *** et Parc de Loisirs de Beaufort
Pêche en rivière, canoë. Base de randonnées
Piscine chauffée. Tennis

Renseignements : 87400 ST-LEONARD-DE-NOBLAT
O.T.S.I. ☎ 55 56 25 06 - MAIRIE ☎ 55 56 00 13 - Fax 55 56 98 01

Travaillez avec un partenaire. Partenaire B, tournez à la page 239.

*Work with a partner. Partner B, turn to page 239.*

**Partenaire A**
Lisez votre publicité sur Peyrat-le-Château. Cochez les attractions sur votre liste (page 43).

*Read your advertisement on Peyrat-le-Château. Tick the features on your list (page 43).*

Posez des questions sur les attractions à Rochechouart.

*Ask questions about the attractions at Rochechouart.*

- 2 plages surveillées
- 3 terrains de tennis
- Tous sports nautiques
- Pêche
- Circuits de randonnée
- Centre distractif
- Halte-Garderie
- Tous services et tous commerces
- **6 hôtels-restaurants**
- **4 terrains de camping**
- **Gîtes - Meublés**
- **Village de 20 gîtes**

L'OFFICE DE TOURISME
Vous accueille toute l'année
Tél. 55.69.48.75

*exemple:*
– **À Rochechouart, il y a des tennis?**
– Non, il n'y a pas de tennis ☐, ou
– Oui, il y a des tennis ☑

| Peyrat | | Rochechouart |
|---|---|---|
| ☐ | | ☐ |
| ☐ | | ☐ |
| ☐ | | ☐ |
| ☐ | | ☐ |
| ☐ | | ☐ |
| ☐ | | ☐ |
| ☐ | | ☐ |

En vacances!
Écrivez une carte postale à un(e) ami(e) français(e) .

*On holiday!*
*Write a postcard to a French friend.*

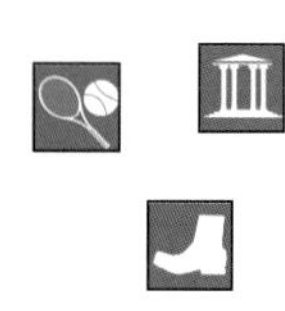

Cher ________________,

____________________,

c'est formidable! Il y a ...

## B Avez-vous une piscine?

ACTIVITÉ 7

Étudiez la note sur **Des questions**.

Comparez deux villes. Utilisez **Avez-vous?**

*exemple:*

– À Newham, avez-vous un centre de loisirs?
– Oui, nous avons un centre de loisirs, et il y a aussi une piscine. Mais il n'y a pas de parc.

**Des questions**

*Two ways of forming a question:*
Vous avez un bar?
Avez-vous un bar?

➤ **page 52**

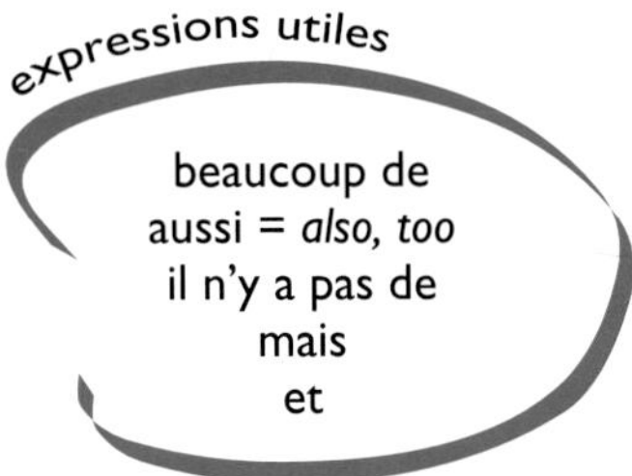

expressions utiles
beaucoup de
aussi = *also, too*
il n'y a pas de
mais
et

ACTIVITÉ 8

After an overnight drive you've decided to stop for breakfast and book in at a bed and breakfast (**une chambre d'hôtes**) and explore the area. The owner is giving you coffee and croissants while his wife writes down your details in the reservations book. Listen to the questions and reply with your details.

– Bonjour, monsieur, madame. Je suis Paul Richard, le propriétaire. Ma femme Régine est là-bas. Vous êtes ... ?
– *(Introduce yourself and your partner.)*
– Vous êtes américains?
– *(Say yes or no, and where you come from.)*
– Ah bon! Et c'est votre fille?
– *(Say, yes, this is Emma.)*
– Oui, elle s'appelle Emma. Avez-vous un fils?
– *(Say, yes, you have one son, Peter. He is not here.)*
– Oui, ils ont un fils, mais il n'est pas là.
– *(Ask whether they have a leisure centre in town.)*
– Oui, nous avons un centre de loisirs avec une piscine et un golf.

– *(Ask if there are any restaurants.)*
– Oui, nous avons deux restaurants avec bar.
– *(You want to know if there is a cinema.)*
– Ah non, nous n'avons pas de cinéma ici, mais il y a deux cinémas à Meung ...

# C Il fait beau!

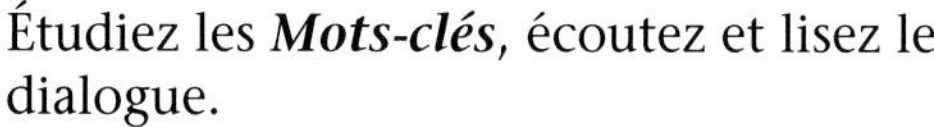

Étudiez les ***Mots-clés***, écoutez et lisez le dialogue.

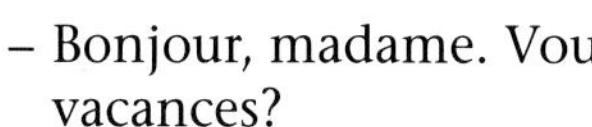

– Bonjour, madame. Vous êtes en vacances?
– Ah non, je suis en déplacement pour affaires. Il fait beau aujourd'hui!
– Oui, très beau, il fait toujours beau ici en été.
– Et en hiver?
– Oh, en hiver il fait froid. Mais il ne pleut pas beaucoup. Vous êtes anglaise, madame? Il pleut beaucoup en Angleterre?
– Ah, il pleut en hiver, mais aussi en été!

| | |
|---|---|
| il fait beau | *it is fine, sunny* |
| en déplacement pour affaires | *on a business trip* |
| ici | *here* |
| toujours | (here) *always* |
| en été | *in summer* |
| en hiver | *in winter* |
| il fait froid | *it's cold* |
| il pleut | *it rains, it is raining* |
| la pluie | *the rain* |
| beaucoup | *a lot* |
| aussi | *too, as well* |
| il fait (très) chaud | *it is (very) hot* |
| la température | *the temperature* |
| la (température) moyenne | *the average (temperature)* |
| moyen(ne) | *average* |

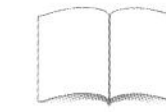

Étudiez la note sur **Le temps**. Puis étudiez les diagrammes et écrivez une phrase sur le temps pour chaque ville.

*Study the note on the weather. Then study the diagrams and write a sentence about the weather for each town.*

*exemples:*
À Marseille il fait très chaud en été.
Il ne pleut pas beaucoup à Nice en hiver.

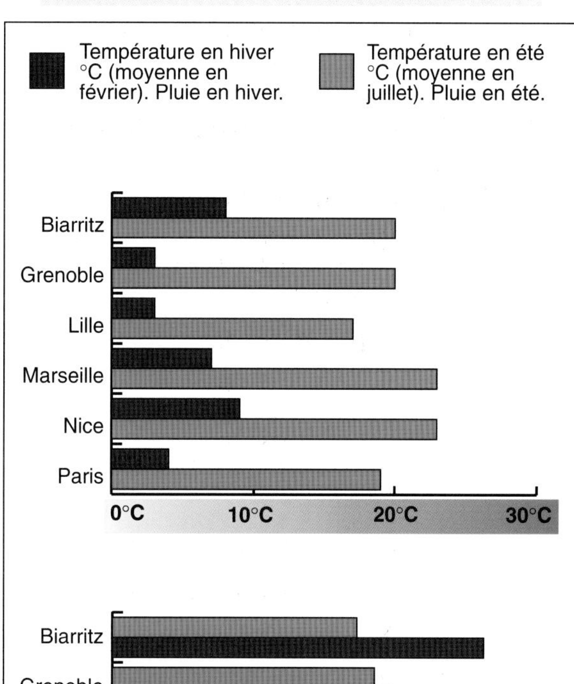

**Le temps** | ***The weather***

Quel temps fait-il? — *What's the weather like?*
il fait + beau / chaud / froid — *it's fine / hot / cold*

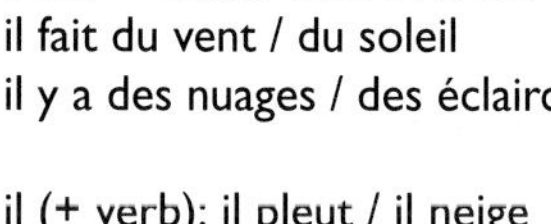

il fait du vent / du soleil — *it's windy / sunny*
il y a des nuages / des éclaircies — it's cloudy / *there are sunny periods*
il (+ verb): il pleut / il neige — *it's raining / it's snowing*

**ne ... pas**

il ne fait pas beau
il ne fait pas **de** vent
il n'y a pas **de** nuages
il ne pleut pas

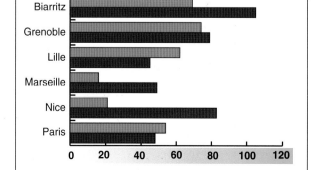

## D Quelle est la température?

Étudiez la note sur **La température**. Écoutez la météo (the weather forecast) et cochez les bonnes réponses.

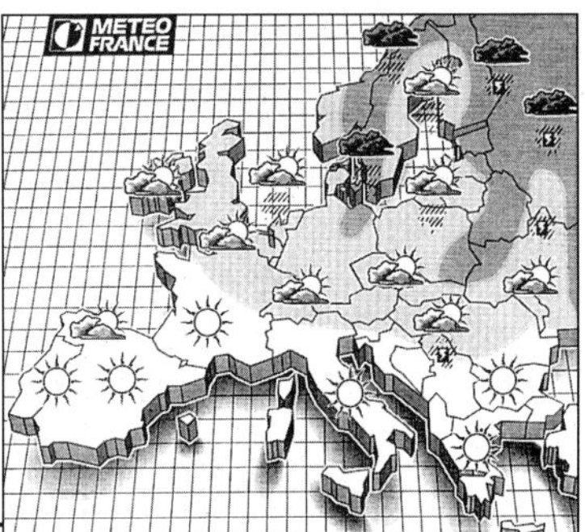


| PARIS | | LONDRES | | BORDEAUX | | ROME | |
|---|---|---|---|---|---|---|---|
| chaud | ☐ | chaud | ☐ | chaud | ☐ | chaud | ☐ |
| froid | ☐ | froid | ☐ | froid | ☐ | froid | ☐ |
| pluie | ☐ | pluie | ☐ | pluie | ☐ | pluie | ☐ |
| soleil | ☐ | soleil | ☐ | soleil | ☐ | soleil | ☐ |
| neige | ☐ | neige | ☐ | neige | ☐ | neige | ☐ |
| vent | ☐ | vent | ☐ | vent | ☐ | vent | ☐ |
| *température* 15º ☐ 16º ☐ | | *température* 10º ☐ 12º ☐ | | *température* 21º ☐ 22º ☐ | | *température* 25º ☐ 26º ☐ | |

| | |
|---|---|
| janvier | *January* |
| février | *February* |
| mars | *March* |
| avril | *April* |
| mai | *May* |
| juin | *June* |
| juillet | *July* |
| août | *August* |
| septembre | *September* |
| octobre | *October* |
| novembre | *November* |
| décembre | *December* |

**La température**

| | |
|---|---|
| Quelle est la température? | *What is the temperature?* |
| il fait dix degrés | *it's ten degrees* |
| la température est de 25° | *the temperature is 25°* |

**à, en**

*towns:*

| | |
|---|---|
| à Londres | *in London* |
| à Paris | *in Paris* |
| à Rome | *in Rome* |

*countries (f.):*

| | |
|---|---|
| en Angleterre | *in England* |
| en France | *in France* |
| en Italie | *in Italy* |

*months and seasons:*

| | |
|---|---|
| en janvier | *in January* |
| en juillet | *in July* |
| en été | *in summer* |
| en hiver | *in winter* |

➤ **page 52**

Travaillez avec un partenaire. Partenaire B, tournez à la page 239.

**Partenaire A**
Regardez votre carte de l'Europe. Posez des questions à votre partenaire pour compléter le tableau et répondez aux questions de votre partenaire.

*Look at your map of Europe. Ask your partner questions to fill the gaps in the table and reply to your partner's questions.*

*exemple:*
Quel temps fait-il à Rome en hiver?
Quelle est la température à Paris en été?

**LES TEMPS RECORD EN FRANCE**

- La température la plus basse: en janvier 1985 à Mouthe (dans le département du Doubs), −41°C.
- La température la plus élevée: +44°C au mois d'août à Toulouse.
- Les vents les plus forts: au Mont Ventoux en 1967 avec 320 km/h.
- Avec 3144 heures de soleil en 1961, Toulon bat le record d'insolation annuelle en France.



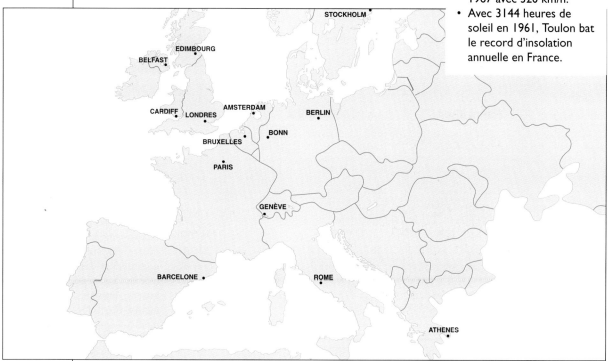

| | hiver | °C (moyenne) | été | °C (moyenne) |
|---|---|---|---|---|
| Rome | | 11 | | |
| Londres | | | | 22 |
| Paris | | 4 | | 19 |
| Barcelone | | | | |
| Bonn | | 4 | | 25 |

À vous! Quel temps fait-il ici aujourd'hui?

*What is the local weather like today?*

Travaillez avec un(e) partenaire. Trouvez la température en degrés Fahrenheit ou Celsius.

*exemple:*
– Il fait froid à Biarritz en hiver?
– Il fait huit degrés Celsius.
– Alors, en Fahrenheit c'est **?** degrés.

expressions utiles

Quelle est la température ... ?
il ne fait pas chaud
il fait chaud
en été

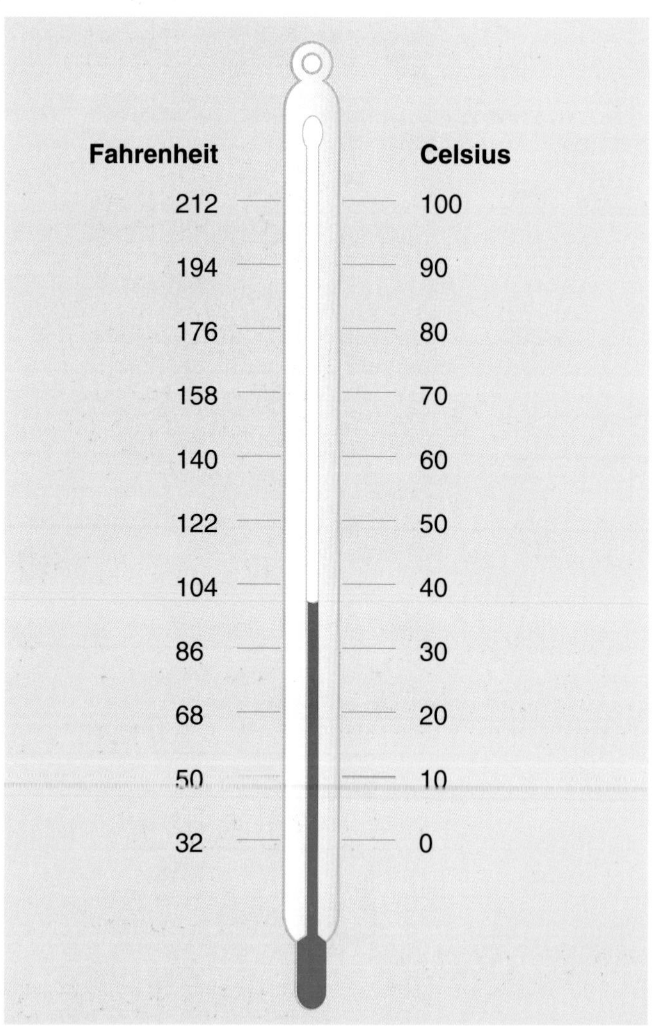


| | |
|---|---|
| 61 | soixante et un |
| 62 | soixante-deux |
| 63 | soixante-trois |
| 70 | soixante-dix |
| 71 | soixante et onze |
| 72 | soixante-douze |
| 73 | soixante-treize |
| 74 | soixante-quatorze |
| 75 | soixante-quinze |
| 76 | soixante-seize |
| 77 | soixante-dix-sept |
| 78 | soixante-dix-huit |
| 79 | soixante-dix-neuf |
| 80 | quatre-vingts |
| 81 | quatre-vingt-un |
| 82 | quatre-vingt-deux |
| 83 | quatre-vingt-trois |
| 84 | quatre-vingt-quatre |
| 85 | quatre-vingt-cinq |
| 86 | quatre-vingt-six |
| 87 | quatre-vingt-sept |
| 88 | quatre-vingt-huit |
| 89 | quatre-vingt-neuf |
| 90 | quatre-vingt-dix |
| 91 | quatre-vingt-onze |
| 92 | quatre-vingt-douze |
| 93 | quatre-vingt-treize |
| 94 | quatre-vingt-quatorze |
| 95 | quatre-vingt-quinze |
| 96 | quatre-vingt-seize |
| 97 | quatre-vingt-dix-sept |
| 98 | quatre-vingt-dix-huit |
| 99 | quatre-vingt-dix-neuf |
| 100 | cent |

# E C'est quel numéro?

ACTIVITÉ 15

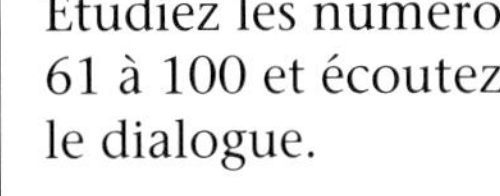

Étudiez les numéros 61 à 100 et écoutez le dialogue.

– Christophe, tu as le numéro de Jean-Claude?
– Oui, c'est le 05 33 08 73 14.
– Et le numéro de Marielle?
– Euh, oui, c'est le 05 33 29 82 93. C'est le numéro de son mobile.
– Merci. Oh, et tu as le numéro du restaurant *Chez Marcel*?
– Oui, bien sûr. C'est le 05 33 67 88 75.

## *info France*

**TELEPHONING IN FRANCE**

When quoting a phone number (**un numéro de téléphone**), use **C'est le ...** . French speakers give the number in sets of double figures: **C'est le zéro deux, soixante et un, quarante-neuf, quatre-vingt-douze, zéro trois**. (02 61 49 92 03). You can give the individual numbers if you prefer: **C'est le zéro, deux, six, un, quatre, neuf ...** . Don't be afraid to ask someone to repeat the number for you: **vous pouvez répéter, s'il vous plaît?**

ACTIVITÉ 16

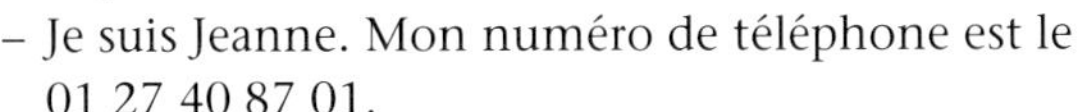

Écoutez la cassette du répondeur automatique et trouvez les numéros de téléphone.

*exemple:*
– Je suis Jeanne. Mon numéro de téléphone est le 01 27 40 87 01.

Michelle

Jean-Marc

Sandrine

01 33 40 87 01

02 44 22 43 78

02 44 88 33 62

05 36 21 65 90

03 77 45 53 11

04 38 62 12 03

04 22 62 85 31

03 22 62 85 31

# Grammaire

### *Il y a*

**Il y a** does not have a plural and means *there is* or *there are*. Notice that in the negative the **ne** drops its **e** before **y** as it would before a vowel or unpronounced **h**: **il *n'*y a pas.** In the negative **Il y a une plage** becomes **Il *n'*y a pas *de* plage**.

### Negative sentences

**Un**, **une** and **des** all change to **de** in a negative sentence:

- **Il y a *une* piscine? → Non, il n'y a pas *de* piscine.**
- **Vous avez *des* piscines? → Non, nous n'avons pas *de* piscine(s).**

**De** becomes **d'** before a vowel or unpronounced **h**:
Il y a des églises? Non, il n'y a pas **d'**églises.

### Questions: *Quel temps fait-il?*

In French, you can turn a statement into a question simply by raising the intonation:

- **Vous avez un bar.** *You have a bar.*
- **Vous avez un bar?** *Do you have a bar?*

It is also possible to form a question by inverting the word order:

- **Avez-vous un bar?** *Do you have a bar?*

Note the presence of the hyphen between **avez** and **vous.**

This way of forming questions is only possible when the subject is a personal pronoun (**tu**, **il**, **elle**, **nous**, **vous**, **ils**, **elles**):

- **Sont-ils français?** *Are they French?*
- **Êtes-vous Monsieur Leblanc?** *Are you Mr Leblanc?*

If two vowels would come together, a **t** is added to ease pronunciation:

- **A-t-elle une piscine?** *Does she have a swimming-pool?*
- **Y a-t-il une plage?** *Is there a beach?*

Note the hyphens.

### Some prepositions: *à, en, dans*

**En** and **dans** both usually mean *in*:

**dans le jardin** *in the garden*
but:
**en juillet** *in July* **en ville** *in town* **en France** *in France*

In some set expressions the French use **en** where we would say *on*:
**en vacances** *on holiday*

À usually means *at* or *to*, but when you want to say *in* + the name of a town or city, use **à**:

**à Edimbourg** *in, at or to Edinburgh*

# En pratique

1 Reply in the negative.

e.g. **Il y a un golf à Peyrat? Non, il n'y a pas de golf à Peyrat.**

a) Il y a un cinéma en ville?
b) Il y a un bar ici?
c) Il y a une plage?
d) Il y a des tennis là-bas?
e) Vous avez une piscine? (*Use* **Je** ...)
f) Avez-vous des gîtes en hiver? (*Use* **Nous** ... )

2 Add the correct word: **en**, **dans**, or **à**.

a) Je suis _______ Londres.
b) Il y a un tennis _______ le parc.
c) Avez-vous des cinémas _______ ville?
d) J'ai une piscine _______ le jardin.
e) Il y a un aérodrome _______ Dijon?
f) Nous avons des forêts _______ Allemagne.

3 Write a sentence to describe the weather in each month.

e.g. November: **Il fait du vent en novembre**.

a) July
b) March
c) January
d) April
e) May
f) October

4 Turn the following into questions using inversions.

e.g. Il est en vacances? → **Est-il en vacances?**

a) Ils ont des enfants?
b) Il y a une plage?
c) Il fait beau à Dijon?
d) Elles sont Italiennes?
e) Vous avez un centre de loisirs?

Now you have completed Unit 3, can you:

| | | *tick* |
|---|---|---|
| 1 | Describe the facilities of your town or village?<br>*See pages 40–4 and the note on page 52.* | ☐ |
| 2 | Comment about the weather today and in general?<br>*See pages 45–8 and the note on page 52.* | ☐ |
| 3 | Take down a phone number and give your own?<br>*See pages 49.* | ☐ |

# Vocabulaire

FACILITIES

| | |
|---|---|
| il y a | *there is, there are* |
| il n'y a pas de ... | *there is/are no ...* |
| il n'y a pas de restaurant | *there is no restaurant* |
| le camping | *the camp site* |
| le centre commercial | *the shopping centre* |
| le centre de loisirs | *the leisure centre* |
| le château | *the castle* |
| le cinéma | *the cinema* |
| l'étoile (f.) | *the star* |
| un hôtel trois étoiles | *a three-star hotel* |
| la forêt | *the forest* |
| le golf | *the golf course* |
| la mer | *the sea* |
| le monument historique | *the historic monument* |
| le musée | *the museum* |
| le parc | *the park* |
| la piscine | *the swimming-pool* |
| la plage | *the beach* |
| les prestations | *the services, the facilities* |
| les randonnées | *the walks, rambles* |
| le restaurant | *the restaurant* |
| le tennis | *the tennis court* |
| touristiques | (here) *tourist* |

ACCOMMODATION

| | |
|---|---|
| la chambre | *the (bed) room* |
| la chambre d'hôte | *bed and breakfast* |
| le gîte | *the self-catering cottage or flat* |
| le parking | *the car park* |
| le propriétaire | *the owner* |
| le tarif | *the rate, the price* |
| la télé, la télévision | *the television* |
| privé(e) | *private* |

THE WEATHER

| | |
|---|---|
| le temps | *the weather* |
| chaud(e) | *hot* |
| froid(e) | *cold* |
| il fait froid/chaud | *it's cold/warm* |
| il fait 10º | *it is 10º* |
| il fait beau | *the weather is nice* |
| il fait très beau | *the weather is very nice* |
| la neige | *the snow* |
| il neige | *it snows, it is snowing* |
| la pluie | *the rain* |
| il pleut | *it rains, it is raining* |
| le vent | *the wind* |
| il fait du vent | *it is windy* |
| la température | *the temperature* |
| la température est de 25º | *the temperature is 25º* |

THE SEASONS

| | |
|---|---|
| l'été (m.) | *the summer* |
| en été | *in summer* |
| l'hiver (m.) | *the winter* |
| en hiver | *in winter* |

OTHER USEFUL WORDS AND PHRASES

| | |
|---|---|
| à | *at, to* |
| à Redport | *at, to Redport* |
| aussi | *also, too, as well* |
| beaucoup | *a lot* |
| beaucoup de | *a lot of* |
| bien sûr | *of course* |
| c'est | *it is* |
| c'est formidable | *it's great!* |
| C'est ...? | *Is it ...?* |
| C'est un ...? | *Is it a ...?* |
| grand(e) | *big, large* |
| petit(e) | *small* |
| C'est grand? | *Is it big?* |
| la carte | *the map* |
| cent | *a hundred* |
| Cher ..., Chère ... | *Dear ...* |
| dans | *in* |
| en ville | *in town* |
| la fiche | (here) *the form* |
| ici | *here* |
| maintenant | *now* |
| moyen(ne) | *average* |
| le numéro de téléphone | *the telephone number* |

# Faisons le point!

**Faisons le point** translates roughly as *Let's see where we have got to*. Check that you can do the following in French. You met all the vocabulary and grammar in the preceding three chapters. Check the answers with your tutor or at the end of the book.

**1** Can you do the following? Say your answers out loud.

| | *tick* |
|---|---|
| a) Introduce yourself? | ☐ |
| b) Give your nationality? | ☐ |
| c) Say where you come from? | ☐ |
| d) Give your age? | ☐ |
| e) Say whether you are married / single / separated / divorced? | ☐ |
| f) Say if you've got a husband / wife and whether (and how many) children you have? | ☐ |
| g) Say your telephone number? | ☐ |
| h) Say what your job is? | ☐ |
| i) Give a brief written or spoken description of your town? | ☐ |

---

**2** **Le**, **la**, **mon** ou **ma**? Cochez les bonnes réponses.

a) le ☐ / la ☐ café
b) ma ☐ / mon ☐ femme
c) mon ☐ / ma ☐ mari
d) les ☐ / l' ☐ enfants
e) mes ☐ / mon ☐ filles
f) mon ☐ / ma ☐ fils
g) un ☐ / une ☐ maison
h) une ☐ / deux ☐ chambres
i) votre ☐ / mes ☐ amis

---

**3** Match the persons (**nous**, **ils**, **je**...) with the phrases.

| | |
|---|---|
| a) nous | 1) ne sont pas heureuses |
| b) ils | 2) avons un jardin |
| c) je | 3) êtes veuves? |
| d) j' | 4) ont une maison à Nice |
| e) elles | 5) es étudiant? |
| f) vous | 6) est écossaise |
| g) il | 7) est espagnol |
| h) tu | 8) ai 24 ans |
| i) elle | 9) suis en vacances |

---

**4** Put these words into the correct order to make sentences.

a) ne / en / sommes / vacances / nous / pas
b) allemande / mais / bière / le français / vin / est / est / la
c) fille / 12 / ma / ans / a
d) Manchester / il pleut / à / beaucoup
e) a / y / deux / il / cinémas / mais / pas / piscine / de / n' / il / a / y

---

**5** Imagine you are corresponding with someone in your twin town in France. Can you translate this letter?

Je m'appelle Claude, et j'ai trente-cinq ans. Je suis française. Je viens de Toulouse, mais mon mari, Keith, est écossais. Je suis secrétaire et il est représentant. Nous avons deux enfants. Ils ont sept et dix ans.

Voici ma maison. Mon jardin est très grand mais il n'y a pas de piscine; ici il pleut beaucoup en hiver mais aussi en été, et il fait toujours froid!

---

**6** Write a paragraph describing what your town can / cannot offer to a visitor.

cinéma
piscine
restaurant
tennis
centre de loisirs
musée
golf
camping
monuments historiques

il y a ...
il n'y a pas de ...
nous avons ...
nous n'avons pas de ...
mais ...
aussi ...

# 4 Aux magasins

- Polite requests
- Choosing and paying in shops
- Food and clothes
- Likes, dislikes and preferences
- Colours and styles

## A Je voudrais six timbres à 3F 10

ACTIVITÉ 1

Étudiez les ***Mots-clés*** et la note sur **à** et **de**. Écoutez et lisez le dialogue. Répondez:

a) How many stamps does the customer buy?
b) How much was the packet of biscuits?
c) Where can you buy phonecards?

– Quatre cartes?
– Oui, et je voudrais six timbres pour l'Angleterre, s'il vous plaît.
– Alors, six timbres à trois francs dix ... voilà. C'est tout?
– Euh, non, je voudrais aussi un paquet de biscuits.
– À six francs ou à neuf francs?
– À six francs. Merci ... et ... vous avez des télécartes?
– Ah non, pas ici, sur la place là-bas.

| | |
|---|---|
| je voudrais | *I would like* |
| la carte | *the card,* (here) *the postcard* |
| le timbre / le timbre-poste | *the postage stamp* |
| s'il vous plaît | *please* |
| alors ... | (here) *so* ... |
| voilà | (here) *there you are* |
| un paquet de ... | *a packet of* ... |
| le biscuit | *the biscuit* |
| la télécarte | *the phonecard* |
| pas ici | *not here* |
| sur | *on* |
| sur la place | *on the square* |

| | |
|---|---|
| quatre timbres **à** 3F 10 | *four 3F 10 stamps; four stamps **at** three francs ten* |
| un paquet **de** biscuits | *a packet **of** biscuits* |

➤ **page 74**

## *info France*

### LES BARS-TABAC EN FRANCE

The **bar-tabac** is easily identified by the orange double-cone symbol familiarly called "**la carotte**" (*the carrot*). The special counter (usually nearest the entrance to the **bar-tabac**) provides some of the services of a small post office. You can buy postage stamps and phonecards at a **bar-tabac** but you can also buy postcards, sweets (**des bonbons**), and drinks (**des boissons**), including alcohol. You can also telephone from the phone at the bar counter but this is expensive. Prices for calls are higher in a **bar-tabac** than in simple cafés.

ACTIVITÉ 2

Il manque quelque chose! (*Something is missing!*) Étudiez les ***Mots-Clés***. Écoutez, vérifiez et cochez la liste.

*You've done the shopping for a friend. What did you forget?*

- la margarine ☑
- une bouteille de vin ☐
- les pâtes ☐
- une bouteille de lait ☐
- une boîte de petits pois ☐
- deux bouteilles de bière ☐
- deux paquets de thé ☐
- un paquet de biscuits ☐
- un paquet de café 'Nectar' ☐
- une bouteille de coca ☐
- un paquet de céréales Choco Pops ☐

| | |
|---|---|
| la bouteille | *the bottle* |
| la boîte | *the tin, the box* |
| le lait | *the milk* |
| le thé | *the tea* |
| le café | *the coffee* |
| les petits pois (m. pl.) | *the peas* (small) |
| les pâtes (f. pl.) | *pasta* |
| la margarine | *the margarine* |
| les céréales (f. pl.) | *the cereal* |

ACTIVITÉ 3

Votre amie est française. Écoutez la cassette et écrivez sa liste.

*Listen to the cassette and write out your friend's shopping list.*

expressions utiles

je voudrais ...
un paquet de ...
une boîte de ...
une bouteille de ...
à ... francs

## B Un kilo de pêches, c'est combien?

ACTIVITÉ 4

Regardez les fruits et les légumes et répétez.

*Before going to the market, practise the names of the fruit and vegetables you might want to buy.*

**Au marché ...**

un demi-kilo de haricots verts

une livre de raisin

un chou-fleur

une livre de tomates

un kilo de pommes

deux avocats

deux kilos de pommes de terre

une livre d'abricots

un demi-kilo de courgettes

un kilo de pêches

un melon

| | | | |
|---|---|---|---|
| un kilo(gramme) | *a kilogramme* (about 2 lb) | un chou-fleur | *a cauliflower* |
| un demi-kilo | *half a kilogramme* (about 1 lb) | un avocat | *an avocado* |
| une livre | *a pound* (1 lb) | un abricot | *an apricot* |
| une tomate | *a tomato* | un raisin | *a grape* |
| une pomme de terre | *a potato* | un melon | *a melon* |
| une courgette | *a courgette* | une pêche | *a peach* |
| un haricot vert | *a green bean* | une pomme | *an apple* |

Étudiez les ***Mots-clés*** à la page 59, et la note sur **Combien**. Écoutez et lisez le dialogue, et cochez la liste.

*Tick the correct answers.*

- Et madame?
- Je voudrais un melon, un gros melon.
- Oui, madame, j'ai un beau melon ici, regardez!
- Il est bien mûr? C'est pour aujourd'hui.
- Oui, voilà ... Avec ceci?
- C'est combien, les pêches?
- Huit francs ou dix francs soixante-quinze, le kilo.
- Alors, un kilo à dix francs soixante-quinze.
- C'est tout, madame?
- Oui, c'est tout.
- Alors, un gros melon, quinze francs, et un kilo de pêches à dix francs soixante-quinze ... ça fait vingt-cinq francs soixante-quinze en tout.
- Pardon, combien?
- Vingt-cinq francs soixante-quinze, madame.

| *How many does she buy?* | *How much does she pay?* |
|---|---|
| **des melons** | |
| ☐ pas de melons | ☐ 8F |
| ☐ trois | ☐ 10 F |
| ☐ 1 kilo | ☐ 10 F 75 |
| ☐ 1 gros | ☐ 13 F |
| ☐ 1 petit | ☐ 15 F |
| **des tomates** | |
| ☐ pas de tomates | ☐ 8F |
| ☐ trois | ☐ 10 F |
| ☐ 1 kilo | ☐ 10 F 75 |
| ☐ des grosses | ☐ 13 F |
| ☐ des petites | ☐ 15 F |
| **des pêches** | |
| ☐ pas de pêches | ☐ 8F |
| ☐ trois | ☐ 10 F |
| ☐ 1 kilo | ☐ 10 F 75 |
| ☐ des grosses | ☐ 13 F |
| ☐ des petites | ☐ 15 F |

| | |
|---|---|
| gros(se) | *large (used for fruit and vegetables)* |
| beau (m.), belle (f.) | *beautiful* |
| mûr(e) | *ripe* |
| bien mûr(e) | *good and ripe* |
| Avec ceci? | *Anything else?* |
| ça fait | *that's ..., that makes ...* |
| en tout | *in all* |
| pas de melons | *no melons* |

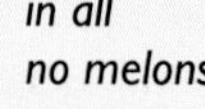

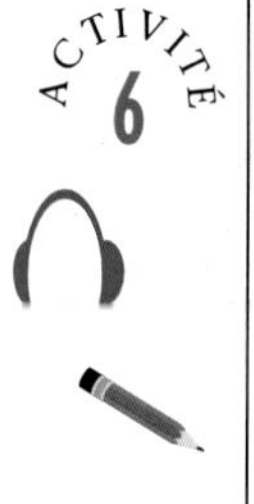


Écoutez le dialogue et écrivez les prix. Ça fait combien?

| | |
|---|---|
| 1 kg de tomates (bien mûres) | ______ F |
| 1 kg de pommes | ______ F |
| 1 kg de pêches | ______ F |
| 1 gros chou-fleur | ______ F |
| 3 kg de pommes de terre | ______ F |
| Total | ______ F |

| | |
|---|---|
| **Combien?** | ***How much? How many?*** |
| C'est combien? | *How much is it / are they?* |
| C'est combien, les poires? | *How much are the pears?* |

You will also hear **Elles sont à combien?** or **Elles font combien?**

Regardez et complétez: **petit / petite, gros / grosse** ou **grand / grande**?

1 une ____________ bouteille
2 une ____________ bouteille
3 une ____________ courgette
4 une ____________ courgette
5 deux ____________ pommes de terre
6 un ____________ chou-fleur
7 une ____________ boîte de haricots verts
8 un ____________ paquet de céréales
9 trois ____________ tomates
10 un ____________ paquet de biscuits

Travaillez avec un partenaire. Partenaire B, tournez à la page 240.

**Partenaire A**
Vous êtes le vendeur (*the seller*). Répondez aux questions de votre partenaire, le / la client(e).

*exemple:*
B. Vous avez des tomates?
A. Oui, monsieur / madame.
B. Je voudrais un kilo de tomates, s'il vous plaît. C'est combien?
A. Ça fait douze francs.

!

Remember how adjectives agree with the noun they describe:

un gros melon (m.)
une gros**se** pomme (f.)

➤ **page 72**

expressions utiles

Avec ceci?
C'est tout?
Ça fait ...
Voilà
... francs le kilo
en tout

*Now it's your turn to do the shopping. Prepare a short list, and then ask your partner whether they have what you want and how much it will cost.*

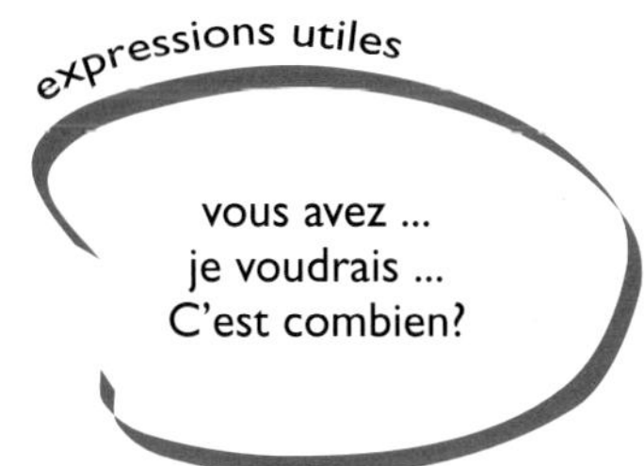

# C Vous avez de la monnaie, s'il vous plaît?

ACTIVITÉ 9

Étudiez les ***Mots-clés*** et la note sur **du, de la**, etc.
Écoutez et lisez le dialogue.
Cochez la phrase correcte.

**À la caisse d'une supérette ...**

**du, de la, de l', des** ***some, any***

Vous avez **du** Coca-Cola? (m.)
Vous avez **de la** monnaie? (f.)
Vous avez **de l'**eau? (before vowel)
Vous avez **des** journaux? (pl.)

After a negative:
Vous **n'**avez **pas de** monnaie?

➤ **pages 72–3**

– Pardon, vous avez des journaux anglais?
– Ah non, madame, pas ici. Il y a des journaux anglais au bar-tabac, sur la place.
– Et de l'eau? Vous avez des bouteilles d'eau gazeuse?
– Ah non, nous avons seulement de l'eau non-gazeuse, là-bas.
– Eh bien, c'est tout, merci.
– Alors, huit francs quarante-cinq.
– Voilà, cent francs.
– Vous n'avez pas de monnaie?
– Non, j'ai seulement un billet de cent francs. Excusez-moi.
– Alors, huit francs quarante-cinq, huit francs cinquante, neuf francs, dix, vingt, trente, quarante, cinquante, et cinquante, qui font cent. Merci!
– Merci, madame. Oh oui, euh, vous avez de la monnaie pour dix francs, s'il vous plaît? Je voudrais deux pièces de cinq francs.
– Bien sûr, madame. Voilà deux pièces de cinq francs.

| | |
|---|---|
| la caisse | *the cash desk, the check-out* |
| le journal | *the newspaper* |
| les journaux | *the newspapers* |
| l'eau (f.) | *the water* |
| seulement | *only* |
| la monnaie | *the change* |
| avoir de la monnaie | *to have change* |
| le billet | (here) *the (bank)note* |
| qui font cent | (colloquial) *which makes a hundred* |
| une pièce de 5F | (here) *a 5F coin* |
| pardon | *excuse me, sorry* |
| excusez-moi | (here) *I'm sorry* |
| faites l'appoint | *"tender exact money", no change given* |

**1**

a) ☐ Il y a des journaux anglais à la supérette.
b) ☐ Les journaux anglais sont au bar-tabac sur la place.

**2**

a) ☐ Il y a des bouteilles d'eau gazeuse et d'eau non-gazeuse.
b) ☐ Il y a seulement des bouteilles d'eau non-gazeuse.

**3**

a) ☐ La cliente a de la monnaie.
b) ☐ La cliente a seulement un gros billet.

## *Faites l'appoint!*

Pardon, monsieur/madame, vous avez de la monnaie, s'il vous plaît?

*Practise asking your friend for change.*

*exemple:*
Je voudrais deux pièces de cinq francs pour une pièce de dix francs, s'il vous plaît.

**LES MAGASINS EN FRANCE**

Les petites épiceries disparaissent des villages; les Français préfèrent maintenant faire leurs achats dans les grandes surfaces: les supermarchés et les hypermarchés. Les supérettes (des supermarchés de petite surface à prédominance alimentaire) remplacent de plus en plus les épiceries traditionnelles.

| | | | |
|---|---|---|---|
| Je voudrais ... | • deux pièces de cinq francs<br>• deux pièces de dix francs<br>• cinq pièces de vingt francs<br>• deux billets de cent francs | pour ... | • une pièce de dix francs<br>• une pièce de vingt francs<br>• un billet de cent francs<br>• un billet de deux cents francs |

... s'il vous plaît.

# Publicité HyperSup

## POUR LES VACANCES

★ les barbecues réussis

★ avec le lot de 12 bouteilles de Vin du Pays de Bourgogne

1 bouteille GRATUITE

AVANTAGE 450F PRIX

## OFFRES SPÉCIALES D'ÉTÉ

**Votre barbecue:**

**450F** seulement, accessoires compris

Pour les brochettes:

★ **du steak de première qualité**

★ **3 paquets de mini-saucisses pur porc**

**PLUS un paquet GRATUIT**

## OFFRES PROMOTIONNELLES

★ **Jeux vidéo pour les enfants**

**400F** TTC seulement au lieu de **450F**

★ **Calculatrices solaires**

**149F** TTC seulement au lieu de **263F**

★ **Répondeur téléphonique**

**690F** TTC seulement au lieu de **800F**

ACTIVITÉ 11

Étudiez les ***Mots-clés***. Lisez les publicités et trouvez le français pour:

1) free
2) special offer
3) a cool box
4) prices slashed
5) included
6) solar-powered calculator

gratuit(e)
prix écrasés
calculatrice solaire
une glacière
offre promotionnelle
compris(e)

## OFFRE SPÉCIALE D'ÉTÉ

**JUSQU'AU 1ER SEPTEMBRE**

Nous sommes là pour des offres spéciales à des prix **IMBATTABLES!**

Pour tout achat de **quatre chaises de camping** vous avez **EN CADEAU** une glacière.

Vous êtes en vacances, vous invitez des amis? Pourquoi ne pas faire un barbecue?

**Le barbecue HyperSup est à**

**450F SEULEMENT,** accessoires compris.

**OFFREZ À VOS AMIS DES BROCHETTES DÉLICIEUSES!**

**EN PROMOTION**

★ 1 kg de steak de bonne qualité
★ 1 sachet d'herbes de Provence
★ 3 poivrons
★ 6 tomates bien mûres

**TOTAL? 95F SEULEMENT!**

Demandez la recette gratuite au comptoir boucherie de HyperSup

**TOUS LES INGRÉDIENTS DANS NOTRE MAGASIN!**

| | |
|---|---|
| la publicité | *the advertisement, advertising* |
| le prix | *the price* |
| écrasé(e) | (literally) *crushed* |
| le steak | *the steak* |
| la brochette | *the kebab* |
| la saucisse | *the sausage* |
| le jeu | *the game* |
| TTC: Toutes taxes comprises | *VAT inclusive* |
| au lieu de | *instead of* |
| le poivron (vert) | *the (green) pepper* |
| la recette | *the recipe* |
| les ingrédients (m. pl.) | *the ingredients* |
| l'achat (m.) | *the purchase* |
| la chaise | *the chair* |
| le pique-nique | *the picnic* |
| jusqu'au | (here) *until* |
| en cadeau | *as a gift* |

ACTIVITÉ 12

Étudiez les publicités et répondez en anglais.

a) What do you receive when you buy four camping chairs?
b) What is included in the price of the barbecue?
c) How many packets of sausages will you get for 45F?
d) How much is the answerphone now?
e) What is included in HyperSup's special offer for kebabs?
f) Where will you find the recipe?

# D J'adore ... Je déteste ...

ACTIVITÉ 13

Étudiez les ***Mots-clés*** et lisez l'entrevue exclusive. Complétez les phrases.

Sylvie aime, Sylvie n'aime pas ...

' Je déteste ...
Je n'aime pas ...
J'aime ...
J'adore ... '

## *Entrevue avec le top model Sylvie*

**Vous avez une vie très active, vous êtes une femme pressée, vous trouvez le temps de faire les courses?**

Bien sûr, j'adore les marchés. J'achète des fruits et des légumes frais. J'aime les fleurs.

**Alors, vous préférez le marché aux grands magasins?**

Ah oui, je n'aime pas les grands magasins anonymes; je déteste l'ambiance. Ce que j'aime surtout sur le marché, c'est le service personnalisé ...

Combien de nouveaux verbes dans l'entrevue?

*How many new verbs in the interview?*

| | |
|---|---|
| l'entrevue (f.) | *the interview* |
| exclusif (-ive) | *exclusive* |
| le top model | *the supermodel* |
| un grand magasin | *a department store* |
| faire les courses | *to go shopping* |
| trouver | *to find* |
| adorer | *to adore, to like a lot* |
| acheter | *to buy* |
| chercher | *to look for* |
| préférer | *to prefer* |
| aimer | *to love, to like* |
| détester | *to detest* |
| surtout | *above all, especially* |

ACTIVITÉ 14

Vous aimez ... ? Choisissez.

l'hiver
les vacances
les supermarchés
le thé
les fromages français
le vin italien
l'été
le marché

expressions utiles

j'aime
je n'aime pas
j'adore
je déteste
je préfère

**Regular verbs which end in *-er***

| | |
|---|---|
| vous trouv**ez** | *you find* |
| j'ador**e** | *I love* |
| je n'aim**e** pas | *I don't like* |

➤ **pages 73–4**

When generalising, use the article **le**, **la**, **l'** or **les**:
Je n'aime pas **les** grands magasins. *I don't like department stores.*

## À vous!

Continuez avec un(e) partenaire.

*exemple:*
– Vous aimez les magasins?
– Oui, j'aime les magasins, mais je préfère le marché.

Étudiez les ***Mots-clés*** et la note sur les adjectifs. Écoutez et lisez le dialogue.

*Jacques* Tiens! Alain vend sa voiture. Elle n'est pas mal, n'est-ce pas?

*Christian* Pas mal, mais elle n'est pas bon marché.

*Jacques* Non, elle est très chère, et elle n'est pas très puissante. Moi, je préfère les voitures compactes et rapides.

*Christian* Mon frère aussi. Mais ma femme et moi, nous aimons les grandes voitures confortables.

**Les adjectifs**

Like **grand(e)** and **petit(e)**, the adjectives **beau** / **belle** and **nouveau** / **nouvelle** come before the noun they describe:

| | |
|---|---|
| un beau melon | *a fine melon* |
| une nouvelle voiture | *a new car* |
| **préférer** | ***to prefer*** |
| je préf**è**re | *I prefer* |
| il/elle préf**è**re | *he/she prefers* |

➤ **page 74**

| | |
|---|---|
| à vendre | *for sale* |
| il vend | *he is selling, he sells* |
| nouveau (m.), nouvelle (f.) | *new* |
| pas mal | *not bad* |
| n'est-ce pas? | (here) *is it?* |
| bon marché | *cheap* |
| cher (m.), chère (f.) | *dear, expensive* |
| puissant(e) | *powerful* |
| compact(e) | *compact* |
| rapide | *fast, rapid* |
| confortable | *comfortable* |

Relisez le dialogue. Cochez les bonnes réponses.

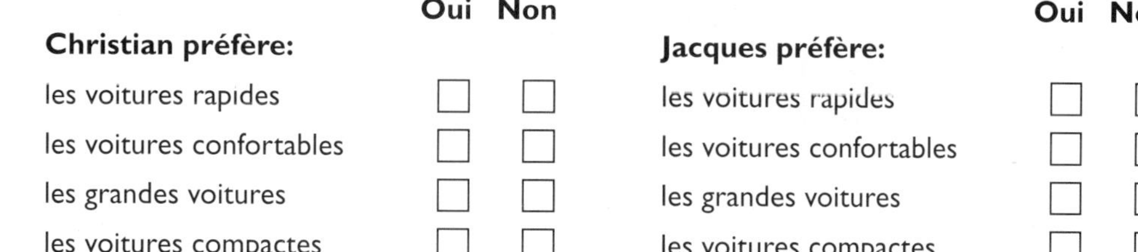

| **Christian préfère:** | **Oui** | **Non** |
|---|---|---|
| les voitures rapides | ☐ | ☐ |
| les voitures confortables | ☐ | ☐ |
| les grandes voitures | ☐ | ☐ |
| les voitures compactes | ☐ | ☐ |

| **Jacques préfère:** | **Oui** | **Non** |
|---|---|---|
| les voitures rapides | ☐ | ☐ |
| les voitures confortables | ☐ | ☐ |
| les grandes voitures | ☐ | ☐ |
| les voitures compactes | ☐ | ☐ |

## À vous!

Vous aimez quelle sorte de voiture?

*What sort of car do you like? Ask your group what sort of car they like. Write a description of the car you prefer:*
**Je préfère ...**

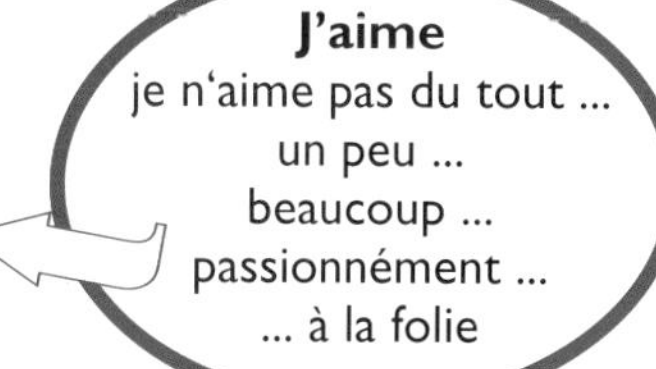

# E Un cadeau pour Christophe et Éliane

ACTIVITÉ 18

Étudiez les ***Mots-clés*** et écoutez le dialogue.

| | |
|---|---|
| *Étienne* | Tu donnes un cadeau ce soir, une boîte de chocolats? |
| *Christine* | Oui, des chocolats, ou peut-être des fleurs, je ne sais pas ... |
| *Étienne* | Christophe et Éliane adorent les chocolats blancs. |
| *Vendeuse* | Vous désirez? |
| *Christine* | Vous vendez des boîtes de chocolats blancs? |
| *Vendeuse* | Oui, alors, j'ai la boîte à cent cinq francs ici, et la grande boîte là-bas à cent quatre-vingt-quinze francs, des chocolats blancs extra-fins ... |
| *Christine* | Euh, la grande boîte est un peu trop chère. ... La boîte à cent cinq francs, s'il vous plaît. |
| *Vendeuse* | Un paquet-cadeau, madame? |
| *Christine* | Oui, s'il vous plaît. |

| | |
|---|---|
| donner | *to give* |
| le cadeau | *the present, gift* |
| le soir | *the evening* |
| ce soir | *this evening* |
| peut-être | *perhaps* |
| je ne sais pas | *I don't know* |
| la vendeuse | *the saleswoman, sales assistant* |
| Vous vendez ...? | *Do you sell ...?* |
| extra-fin(e) | *extra-fine, top quality* |
| trop cher / ère | *too expensive* |
| le paquet-cadeau | *the gift-wrapped present* |

| | |
|---|---|
| rose | *pink* |
| jaune | *yellow* |
| rouge | *red* |
| vert(e) | *green* |
| noir(e) | *black* |
| blanc (m.), blanche (f.) | *white* |
| les plantes vertes | (literally 'green plants') *houseplants (evergreen)* |

**Numbers over 100**

| | |
|---|---|
| cent cinq francs | *a hundred and five francs* |
| cent quatre-vingt-quinze francs | *a hundred and ninety-five francs* |

➤ **page 73**

**-er verbs**

| | |
|---|---|
| tu donn**es** | *you give, you are giving* |
| ils aim**ent** | *they like* |

➤ **pages 73–4**

ACTIVITÉ 19

Et vous! Trouvez les cadeaux préférés dans votre groupe.

*expressions utiles*

J'adore les …
Je préfère …
J'aime surtout …
Je déteste …

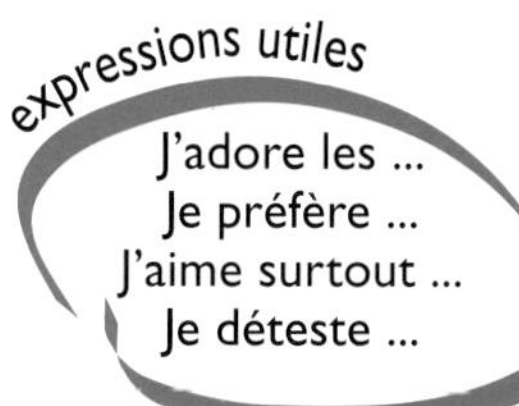

ACTIVITÉ 20

Vous portez quels vêtements aujourd'hui?

*What clothes are you wearing today?*

*exemples:*

- Je porte une chemise blanche et un pantalon vert.
- Je porte une jupe rouge et un pull beige.

## *info France*

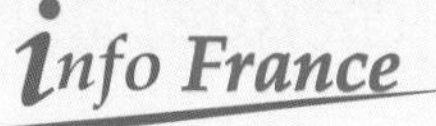

**LES FRANÇAIS ET LES CADEAUX**

What should you give your host or hostess? It is polite not to arrive empty-handed when you have been invited to dinner or to stay. Cut flowers or a house plant are always welcome (but may be quite expensive). Don't give chrysanthemums unless you expect the flowers to be put on a relative's grave! Chrysanthemums are associated with death.

Do not take a bottle of wine as a gift: you risk offending your host. The French tend to drink less wine these days, but spend more time choosing good, expensive vintages and are proud of their selection. On the other hand, the gift of an expensive bottle of liqueur whisky, a liqueur or a box of hand-made chocolates is generally appreciated.

**Les vêtements**

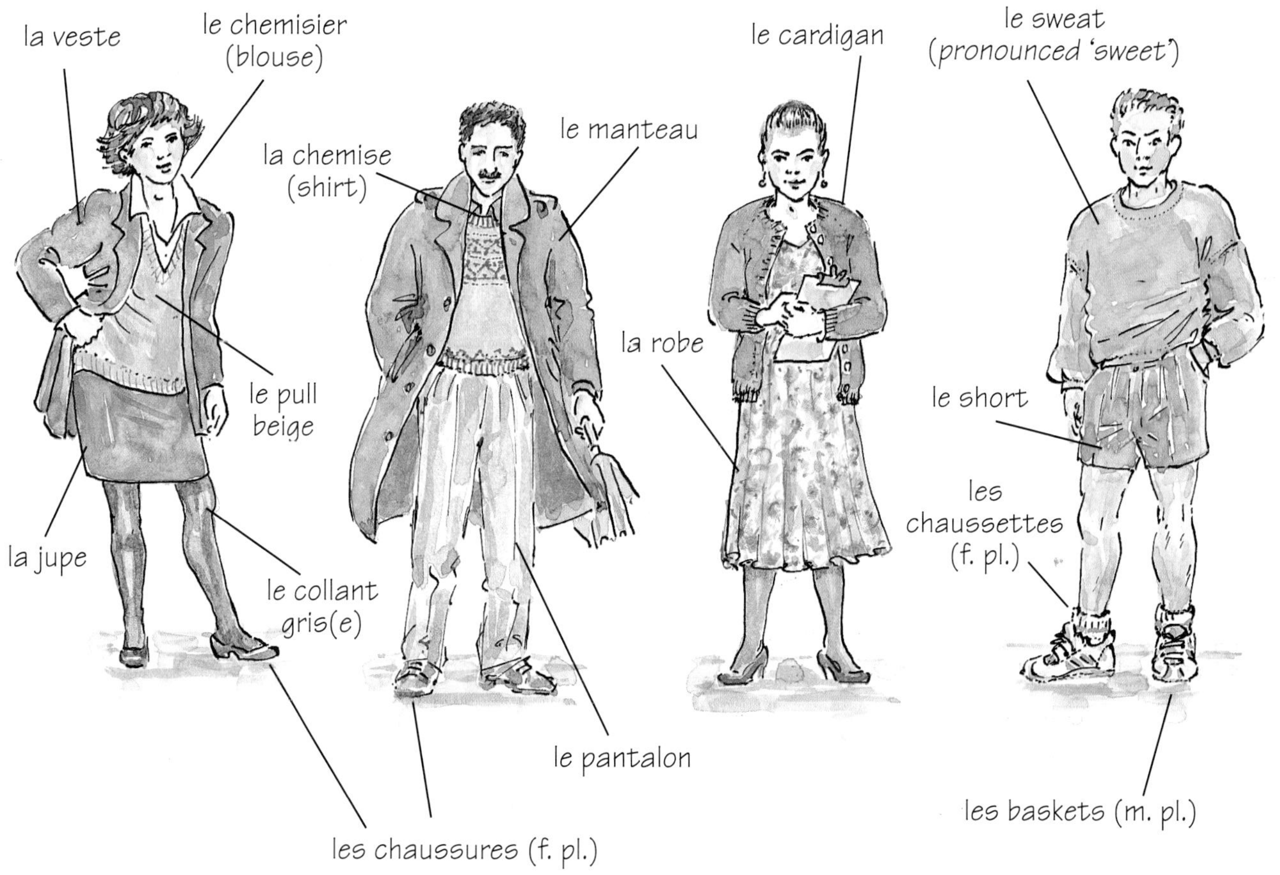

la veste
le chemisier (blouse)
la chemise (shirt)
le manteau
le cardigan
le sweat (*pronounced 'sweet'*)
la robe
le pull beige
le short
les chaussettes (f. pl.)
la jupe
le collant gris(e)
le pantalon
les baskets (m. pl.)
les chaussures (f. pl.)

# F Vous cherchez quelque chose?

ACTIVITÉ 21

Étudiez les ***Mots-clés*** et la note sur **ce**, **cette**, **ces**. Écoutez et lisez le dialogue. Répondez aux questions.

a) What is France's size?
b) What does France like about the jumpers?
c) What does the shop assistant suggest?
d) Which jumper does France choose?
e) How can France pay?

| | |
|---|---|
| *Vendeuse* | Vous cherchez quelque chose, madame? |
| *France* | Oui, je voudrais un pull. |
| *Vendeuse* | Votre taille, madame? |
| *France* | Je fais du 44. |
| *Vendeuse* | Alors, vous avez ce pull-ci à 350 F, ou bien ce pull-là à 390F ... ou vous préférez peut-être ce pull noir à 420F? |
| *France* | Euh ... j'aime beaucoup le style de ces pulls. |
| *Vendeuse* | Il y a une cabine là-bas pour essayer, madame. |
| *France* | Merci. |
| *Vendeuse* | Vous cherchez quelque chose, monsieur? |
| *Michel* | Non, j'attends ma femme. |

(Plus tard ...)

| | |
|---|---|
| *Vendeuse* | Ce pull, madame? Alors, 420F. |
| *France* | Vous acceptez les cartes de crédit? |
| *Vendeuse* | Oui, bien sûr, carte de crédit ou chèque, ça va. |

| | |
|---|---|
| Vous cherchez ...? | *Are you looking for ...?* |
| quelque chose | *something* |
| un pull | *a jumper* |
| la taille | *the size (also the waist)* |
| je fais du 44 | *I'm size 44, I take size 44* |
| ou bien ... | *or else ...* |
| le style | *the style* |
| la cabine | (here) *changing cubicle in a clothes shop* |
| essayer | *to try* |
| Vous acceptez ...? | *Do you accept ...?* |
| la carte de crédit | *the credit card* |
| le chèque | *the cheque* |
| un bermuda | *a pair of bermuda shorts* |
| à motif | *patterned* |

**ce, cette, ces**

| | |
|---|---|
| **ce** pull (m.) | *this / that jumper* |
| **cette** taille (f.) | *this / that size* |
| **ces** pulls | *these / those jumpers* |
| **cette** taille-**ci** | *this size* |
| **cette** taille-**là** | *that size* |

➤ **pages 74–5**

**Some parts of regular -re verbs**

| | |
|---|---|
| attendre | *to wait for* |
| j'atten**ds** | *I am waiting for* |
| vendre | *to sell* |
| il vend | *he sells, he is selling* |
| vous vend**ez** | *you sell* |
| Vous vend**ez** ...? | *Do you sell ...?* |

➤ **page 74**

ACTIVITÉ 22

*Michel is trying on shorts. He's very conservative.*

Écoutez et complétez le dialogue.

| | |
|---|---|
| *Michel* | Non, __________________ le style de ______ shorts. |
| *France* | Tu ____________ un bermuda?______________________ ? |
| *Michel* | ______________________ ! Non MERCI! |
| *France* | _____________________ kaki? |
| *Michel* | Ah oui, _____________. Mais _______________________ ________________________. |
| *France* | Oui, ______. Mais, nous sommes en vacances! |

ACTIVITÉ 23

## À vous!

Continuez le dialogue avec un partenaire. Vous êtes (**A**) le client / la cliente, et (**B**) le vendeur / la vendeuse.

*exemple:*
– Il y a des baskets noirs.
– Oui, mais je préfère les baskets blancs.

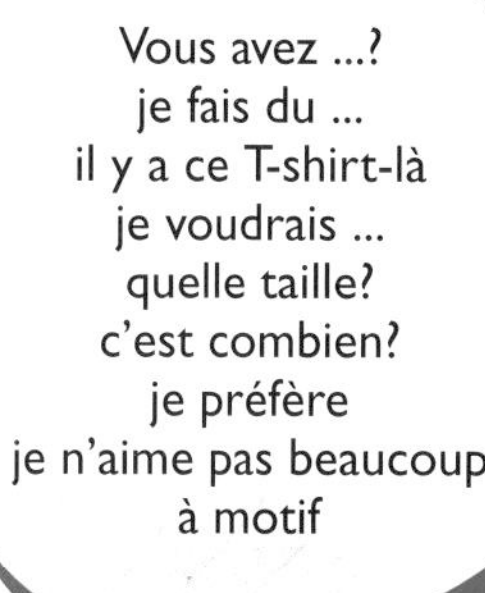

expressions utiles

Vous avez ...?
je fais du ...
il y a ce T-shirt-là
je voudrais ...
quelle taille?
c'est combien?
je préfère
je n'aime pas beaucoup
à motif

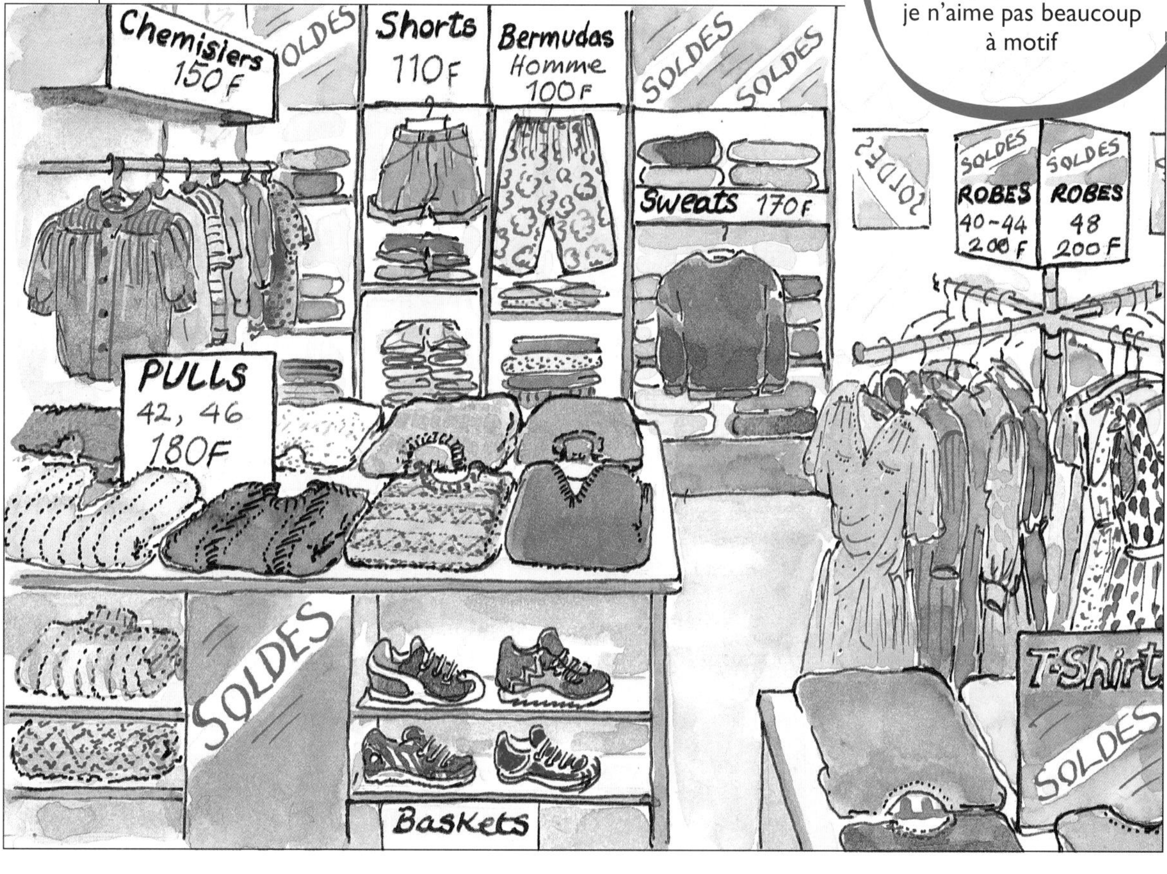

**Voici le magasin ...**

Chemisiers 150 F
SOLDES
Shorts 110 F
Bermudas Homme 100 F
SOLDES
SOLDES
Sweats 170 F
SOLDES
ROBES 40–44 200 F
ROBES 48 200 F
PULLS 42, 46 180 F
SOLDES
Baskets
T-Shirt
SOLDES

# Grammaire

## Adjectives: *un gros melon, des chocolats blancs*

In French the word or phrase which adds further description to the noun usually comes AFTER the noun: **une voiture *confortable*, des chocolats *blancs***. However, a few common adjectives come BEFORE the noun and several of these appear in this unit:

| | |
|---|---|
| un **gros** melon | une **grosse** courgette |
| un **grand** magasin | une **grande** boîte |
| un **petit** paquet | une **petite** boîte |
| un **beau** melon | une **belle** voiture |
| un **nouveau** magasin | une **nouvelle** voiture |

Most adjectives simply add an **s** to make the plural: e.g. **grands, grandes.** Like **anglais** in Unit 2, **gros** already ends in **s** so doesn't change in the plural: **des gros melons** (but **des grosses courgettes**).

Adjectives ending in **eau** add an **x** in the plural: **des beaux melons, des nouveau*x* magasins**, (but **des belles courgettes, des nouvelles voitures**).

The adjectives **gros** and **grand** can both be translated as *big* or *large* when shopping for food. **Gros** is often used to describe the product itself (**un gros melon**) and **grand** will refer to the packaging (**une grande boîte**). (When describing people, **gros** means *fat* and **grand** means *tall*.)

Adjectives of colour (**noir, blanc, rouge, jaune, vert, bleu**, etc.) usually come AFTER the noun they describe and, like all adjectives, agree with the gender and number of that noun. Note that **blanc** becomes **blanche** in the feminine: **une chemise blanche.**

When **trop** is followed by an adjective it means *too*. **Trop** never changes:

| | |
|---|---|
| **Le melon est trop gros.** | *The melon is too big.* |
| **Les pêches sont trop mûres.** | *The peaches are too ripe.* |

The standard question **C'est trop?** means *Is it too much?*

## *De, du, de la, de l', des*

**De** is used after a quantity: **un kilo *de* pêches, une livre *de* haricots.** Remember that before a vowel or unpronounced **h**, it becomes **d'**: **une bouteille *d'*eau, parking d'hôtel.**

One of the meanings of **de** is *some* or *any* and **de** combines with **le, la, l'** or **les** in statements or questions:

| | | | |
|---|---|---|---|
| **de +** | le | → **du** lait | *some / any milk* |
| | la | → **de la** monnaie | *some / any change* |
| | le/la + vowel | → **de l'**argent (m.) | *some / any money* |
| | les | → **des** pêches (f.) | *some / any peaches* |

J'ai **de la** bière. *I have some beer.* Vous avez **de la** bière? *Do you have any beer?*

Notice that these forms are used in both statements and questions.

In the negative, **du**, **de la**, **de l'** and **des** all become **de**:

Nous avons **du** vin français, mais nous n'avons pas **de** vin italien.

## Numbers over 100

| | | | |
|---|---|---|---|
| 100 | cent | 999 | neuf cent quatre-vingt-dix-neuf |
| 101 | cent un | 1000 | mille |
| 102 | cent deux | 1001 | mille un |
| | (etc.) | 2000 | deux mille |
| 155 | cent cinquante-cinq | 1 000 000 | un million |
| 200 | deux cents | 2 000 000 | deux millions |
| 201 | deux cent un | | |

*Notes:*

1) **Cent** takes an **s** in the plural, unless it is followed by another figure:
   cent francs — *a hundred francs*
   cinq cent**s** francs — *five hundred francs*
   *but*
   cinq cent vingt francs — *five hundred and twenty francs*

2) When it means *thousand*, **mille** never takes an **s**:
   mille une voitures — *a thousand and one cars*
   cinq mille voitures — *five thousand cars*
   dix mille deux cents voitures — *ten thousand and two hundred cars*

3) **Million** is a noun and takes an **s** in the plural. It is followed by **de**:
   un million **de** maisons — *a million houses*
   trois millions **de** cartes — *three million cards*

## Regular verbs ending in *-er*

So far we have seen the verbs **avoir** and **être**. These are both irregular verbs and each form has to be memorised: **j'ai** = *I have*, **je suis** = *I am*, and so on.

Most other verbs are regular and follow a fixed pattern. One of these fixed patterns is for verbs ending in **-er**; there are several regular **-er** verbs in this unit:

| | | | |
|---|---|---|---|
| aimer | *to like, to love* | détester | *to hate, to detest* |
| adorer | *to love, to adore* | trouver | *to find* |
| chercher | *to look for* | | |

This form of the verb is the infinitive, the form you will find in dictionaries. When verbs are used with *I*, *you*, *we*, etc., the form changes. For regular **-er** verbs, you take the 'root' of the infinitive (e.g. **aim-**) and add the endings:

| **aimer** to love | | | |
|---|---|---|---|
| *Singular* | | *Plural* | |
| j'aim**e** | *I love* | nous aim**ons** | *we love* |
| tu aim**es** | *you love (familiar)* | vous aim**ez** | *you love (plural or polite singular)* |
| il / elle } aim**e** | *he loves she loves it loves* | ils / elles } aim**ent** | *they love* |

*Notes:*
The forms ending in **-es** and **-ent** are *pronounced* in exactly the same way as those ending in **-e**: e.g. **aime**, **aimes**, and **aiment** sound exactly the same. These endings are called 'silent endings'.

Because **aimer** begins with a vowel, the final s of **ils** and **elles** is pronounced like a **z**: **il*s* aiment** (pronounced 'il-z-aiment'). This is called 'liaison'. The same happens if the verb begins with an unpronounced **h**: **elle*s* habitent**. With verbs not beginning with a vowel or unpronounced **h**, the **s** of **ils** / **elles** is silent: **ils donnent** sounds exactly like **il donne**.

In some regular verbs there are slight modifications involving accents. One example in this unit is **préférer** (*to prefer*). When the ending of the verb form is silent, the second accent changes to a *grave* accent:

| | |
|---|---|
| je préf**ère** | nous préférons |
| tu préf**ères** | vous préférez |
| il/elle préf**ère** | ils / elles préf**èrent** |

## Regular verbs ending in *-re*

This is another regular pattern of verbs. Unit 4 includes two of these verbs: **vendre**, *to sell*, and **attendre**, *to wait for*.

These verbs take the root (e.g. **vend-**) and add the following endings:

| **vendre** to sell | | | |
|---|---|---|---|
| *Singular* | | *Plural* | |
| je vend**s** | *I sell* | nous vend**ons** | *we sell* |
| tu vend**s** | *you sell (familiar)* | vous vend**ez** | *you sell (plural or polite singular)* |
| il / elle } vend | *he sells* / *she sells* / *it sells* | ils / elles } vend**ent** | *they sell* |

## Demonstrative adjectives: ce, cet, cette, ces

Like all adjectives, the words for *this, that, these* and *those* agree with the noun they relate to:

| | |
|---|---|
| **ce** chèque (m.) | *this / that cheque* |
| **cette** carte (f.) | *this / that card* |
| **ces** chèques (m. pl.) | *these / those cheques* |
| **ces** cartes (f. pl.) | *these / those cards* |

When a masculine noun begins with a vowel or unpronounced **h** in the singular, **ce** becomes **cet**:

| | |
|---|---|
| **cet** été | *this / that summer* |
| **cet** hôtel | *this / that hotel* |

(but **ces étés, ces hôtels**)

Because **ce**, **cet** and **cette** mean either *this* or *that*, you can add **-ci** (*this*) or **-là** (*that*) to the noun when you want to make your meaning very clear:

ce chèque-**ci** — *this cheque (this one here)*
ce chèque-**là** — *that cheque (that one there)*

The same applies to **ces**:

ces journaux-**ci** — *these newspapers (these ones here)*
ces journaux-**là** — *those newspapers (those ones there)*

## En pratique

1 How would you write these in French?

a) Three 3F 10 postcards.
b) One 32F bottle of wine.
c) A 40F phonecard.
d) Two 8F 50 packets of biscuits.
e) Five 3F 50 stamps, please.
f) The 500F jumpers.

2 Choose the appropriate adjective to complete the phrase.

a) J'ai quatre ________ melons aujourd'hui.
b) Regardez, les pêches sont ________ aussi.
c) Je voudrais un ________ chou, s'il vous plaît.
d) Les poires sont bien ________ .
e) Les oranges ne sont pas très ________ .
f) Une ________ boîte ou une ________ boîte?

*Choose from ...*

**belles**
**beau**
**mûres**
**grosses**
**grande**
**beaux**
**petite**

3 Choose **d'**, **du**, **de la**, **de l'** or **des** to complete the following sentences:

a) À Redport il y a ______ cinémas et ______ plages.
b) Vous avez ______ fromage anglais?
c) Ils n'ont pas ______ eau gazeuse.
d) Vous avez ______ bouteilles ______ eau?
e) Il n'y a pas ______ grands paquets.
f) Je veux ______ pêches bien mûres.
g) Nous n'avons pas ______ voiture.
h) Ils ont ______ timbres.

4 Join the person(s) to the actions.

a) Ma mère
b) Nous
c) Ils
d) Tu
e) Vous
f) Je

1) trouves le Coca-Cola?
2) préfèrent un barbecue.
3) adore les chocolats.
4) vendons des accessoires.
5) cherchez une voiture puissante?
6) vends de la bière anglaise.

5 Fill in the gaps with **ce**, **cet**, **cette** or **ces**. Check the gender of the nouns in the glossary if necessary.

a) ______ chocolats
b) ______ pêches
c) ______ boîte
d) ______ pêche blanche
e) ______ paquet
f) ______ timbres
g) ______ épicerie
h) ______ hôtel

Now you have completed Unit 4, can you:

*tick*

1 Ask politely for something in a shop and point it out? ☐
*See pages 57 and 70 and the note on page 75.*

2 Say that you like or do not like something? ☐
*See page 66 and the note on page 74.*

3 Refer to the colour of something? ☐
*See pages 68–69 and the note on adjectives on page 72.*

4 Refer to the size of things: big, small, large ...? ☐
*See pages 60–61 and the note on page 72.*

5 Choose and state preferences for colours and sizes? ☐
*See pages 66, 69–70 and the note on pages 72 and 73–4.*

# Vocabulaire

CHOOSING, BUYING, PAYING

| | |
|---|---|
| je voudrais | *I would like* |
| Combien? | *How much? How many?* |
| s'il vous plaît | *please* |
| voilà | (here) *there you are* |
| l'achat (m.) | *the purchase* |
| le billet | (here) *the (bank)note* |
| bon marché | *cheap* |
| le cadeau | *the gift, present* |
| en cadeau | *as a gift* |
| la caisse | *the cash desk, check-out* |
| la carte de crédit | *the credit card* |
| le chèque | *the cheque* |
| cher (m.), chère (f.) | *dear, expensive* |
| trop chère | *too dear* |
| le journal | *the newspaper* |
| la liste | *the list* |
| avoir de la monnaie | *to have change* |
| une offre | *an offer* |
| pas du tout | *not at all* |
| je n'aime pas du tout ... | *I don't like ... at all* |
| une pièce de 5F | (here) *a 5F coin* |
| le prix | *the price* |
| le timbre(-poste) | *the (postage) stamp* |
| quatre timbres à 3 F 10 | *four stamps at three francs ten* |
| trop grand(e) | *too big* |
| trop petit(e) | *too small* |
| la vendeuse | *the saleswoman* |
| accepter | *to accept* |
| acheter | *to buy* |
| adorer | *to adore, to like a lot* |
| aimer | *to love, to like* |
| chercher | *to look for* |
| détester | *to detest* |
| essayer | *to try* |
| préférer | *to prefer* |
| trouver | *to find* |
| vendre | *to sell* |

COLOURS AND CLOTHES

| | |
|---|---|
| blanc (m.), blanche (f.) | *white* |
| bleu (m.), bleue (f.) | *blue* |
| jaune | *yellow* |
| noir (m.), noire (f.) | *black* |
| rose | *pink* |
| rouge | *red* |
| vert (m.), verte (f.) | *green* |
| la taille | *the size* |
| je fais du 44 | *I'm size 44, I take size 44* |
| les baskets (m. pl.) | *the trainers* |
| le cardigan | *the cardigan* |

| | |
|---|---|
| les chaussettes (f. pl.) | *the socks* |
| les chaussures (f. pl.) | *the shoes* |
| la chemise | *the shirt* |
| le chemisier | *the blouse* |
| le jean | *the pair of jeans* |
| la jupe | *the skirt* |
| le manteau | *the overcoat* |
| le pantalon | *the trousers* |
| le pull | *the pullover* |
| le short | *the shorts* |
| la robe | *the dress* |
| la veste | *the jacket* |

FOOD AND DRINK

| | |
|---|---|
| un kilo de | *a kilo of* |
| une livre | *a pound (£1)* |
| avec ceci | *with that* |
| l'épicerie (f.) | *the grocer's* |
| les grandes surfaces | *supermarkets* |
| l'alimentation (f.) | *the food (shop)* |
| le biscuit | *the biscuit* |
| la boîte | *the box, the tin* |
| la bouteille | *the bottle* |
| la brochette | *the kebab* |
| le chou-fleur | *the cauliflower* |
| la courgette | *the courgette* |
| l'eau (f.) | *the water* |
| le haricot vert | *the green bean* |
| le lait | *the milk* |
| le melon | *the melon* |
| le paquet de | *the packet of* |
| le paquet-cadeau | *gift-wrapping* |
| la pêche | *the peach* |
| la poire | *the pear* |
| la pomme | *the apple* |
| la pomme de terre | *the potato* |
| le thé | *the tea* |
| la tomate | *the tomato* |
| mûr (m.), mûre (f.) | *ripe* |

OTHER WORDS AND PHRASES

| | |
|---|---|
| beau (m.), belle (f.) | *beautiful* |
| gratuit(e) | *free* |
| gros (m.), grosse (f.) | *large* |
| nouveau (m.), nouvelle (f.) | *new* |
| au lieu de | *instead of* |
| en tout | *in all* |
| excusez-moi | (here) *I'm sorry* |
| pardon | *excuse me, sorry* |
| faire les courses | *to go shopping* |
| je ne sais pas | *I don't know* |
| jusqu'à / au | *until* |
| mille | *a thousand* |
| ou bien ... | *or else ...* |
| pas ici | *not here* |
| pas mal | *not bad* |
| peut-être | *perhaps* |
| le pique-nique | *the picnic* |
| puissant(e) | *powerful* |
| quelque chose | *something* |
| rapide | *fast* |
| seulement | *only* |
| sur | *on* |
| sur la place | *on the square* |
| le soir | *the evening* |
| ce soir | *this evening* |
| surtout | *above all* |
| la télécarte | *the phonecard* |
| toujours | *always* |

# 5 Renseignements

- Changing money at the bank
- Requesting information on services
- Simple letters
- Describing houses and flats

## A Je peux ... Vous pouvez ...

Étudiez les ***Mots-clés*** et la note sur **pouvoir**. Écoutez et lisez le dialogue. Répondez aux questions.

a) How much does Jacqueline want to change?
b) What proof of identity does Jacqueline have?
c) Where can she use her Visa card?
d) How much can she withdraw with her Visa card? Where from?
e) Where is the Office du Tourisme?

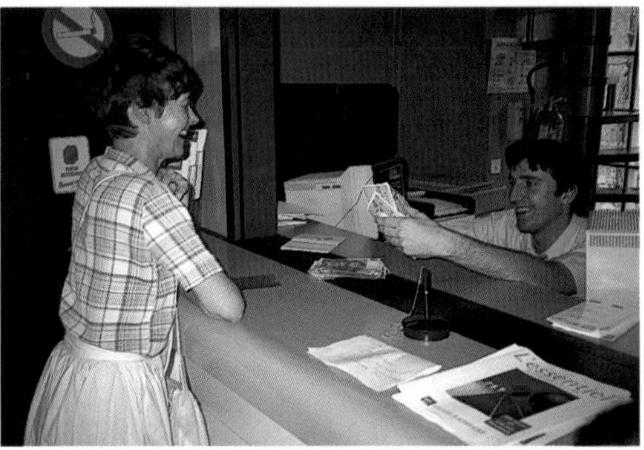


**À la banque ...**

| | |
|---|---|
| les renseignements (m. pl.) | *the information* |
| changer | *to change* |
| une pièce d'identité | *a proof of identity* |
| le passeport | *the passport* |
| une livre sterling | *one pound sterling* |
| un instant | *a moment, just a moment* |
| vérifier | *to check* |
| je vérifie | *I'm checking, I'll check* |
| le change / le taux de change | (here) *the exchange rate* |
| la commission | (here) *the commission* |
| signer | *to sign* |
| retirer | *to withdraw* |
| l'argent (m.) | (here) *the money* |
| au distributeur automatique (m.) | (here) *at the automatic cash dispenser* |
| la billetterie | (here) *the cash machine* |
| la carte | *the card* |
| jusqu'à | (here) *up to* |
| dehors | *outside* |
| je vous en prie | *don't mention it, you're welcome* |
| c'est ça | *that's right* |

| | |
|---|---|
| *Jacqueline* | Je voudrais changer des travellers cheques, s'il vous plaît. |
| *Employé de banque* | Vous avez une pièce d'identité, s'il vous plaît? |
| *Jacqueline* | Voici mon passeport. |
| *Employé* | Merci. Alors, cent livres sterling en travellers. Un instant, je vérifie le change pour aujourd'hui ... et il y a une commission de 35 F ... Ça fait 805 F, madame. Vous signez les chèques s'il vous plaît, et vous signez ici. |
| *Jacqueline* | Je peux retirer de l'argent au distributeur automatique, avec ma carte? |
| *Employé* | Vous avez une carte Visa? Alors, vous pouvez retirer jusqu'à 1000 F. Il y a une billetterie dehors. |
| *Jacqueline* | D'accord. Et il y a un Office du Tourisme ici à Berville? |
| *Employé* | Mais oui, madame, près de la poste. |
| *Jacqueline* | Merci! |
| *Employé* | Je vous en prie, madame. |

## *info France*

### BANKS IN FRANCE

Among the main banks in France are **la BNP** (**Banque Nationale de Paris**), **le Crédit Lyonnais**, **le Crédit du Nord**, **la Société Générale** and **le Crédit Agricole**. French banks are generally open from 9 a.m. to midday and then from 2 p.m. to 5 p.m. In a small town, the branch (**la succursale**) of a major bank may not have a counter (**un guichet**) for changing foreign currency (**les devises étrangères**). Every small town has a post office where it is possible to use Giro facilities, and many French people also use the post office for the popular **CCP** (**Compte-Chèques Postal**) or post office current and savings accounts. You will usually be required to produce your passport or other proof of identity (**une pièce d'identité**) when you want to change money in a bank. The major French banks have branches or subsidiaries (**des filiales**) in the former French Colonies, in North African countries and in main cities all over the world.

**pouvoir** ***can, to be able to***

**Pouvoir** is an irregular verb.

| | |
|---|---|
| je peux | *I can* |
| Je peux ...? | *Can I ...?* |
| vous pouvez | *you can* |
| Vous pouvez ...? /Pouvez-vous ...? | *Can you ...?* |
| nous pouvons | *we can* |
| je peux retirer | *I can withdraw* |

➤ **page 92**

ACTIVITÉ 2

*You are in your local bank when a French tourist (your partner or tutor) comes in. Interpret for the tourist and the bank employee.*

| | |
|---|---|
| *French tourist* | Je peux changer 2000 FF en livres, s'il vous plaît? |
| *You* | ... |
| *Bank employee* | 2000 French francs? |
| *You* | ... |
| *French tourist* | Oui, c'est ça. |
| *You* | ... |
| *Bank employee* | Just a moment, I'll check the exchange rate. |
| *You* | ... |
| *Bank employee* | That's 8F 50 for a pound and there is a £3 commission, which makes £170.00. |
| *You* | ... |
| *Bank employee* | £20 notes or £10 notes? |
| *You* | ... |
| *French tourist* | Des billets de £10, s'il vous plaît. |
| *You* | ... |

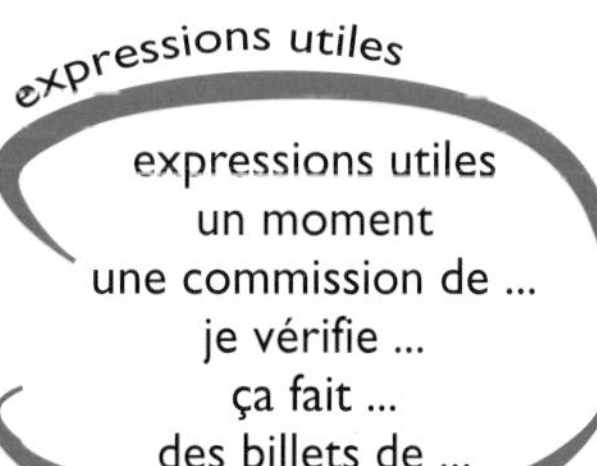

expressions utiles
expressions utiles
un moment
une commission de ...
je vérifie ...
ça fait ...
des billets de ...

## B Vous voulez ...?

ACTIVITÉ 3

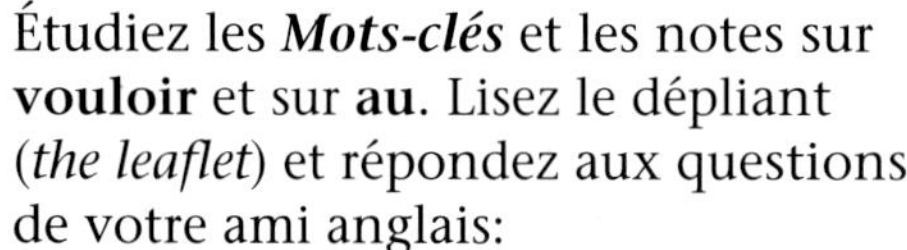

Étudiez les ***Mots-clés*** et les notes sur **vouloir** et sur **au**. Lisez le dépliant (*the leaflet*) et répondez aux questions de votre ami anglais:

- Is there a beach for the children at Berville?
- I like good food: are there any decent restaurants?
- Can I visit the museum on a wet Sunday?
- We like dancing: any possibility of entertainment at Berville?

| | |
|---|---|
| idéal(e) | *ideal* |
| un adulte | *an adult* |
| calme | *calm, quiet* |
| propre | *clean* |
| le sable | *sand* |
| offrir | *to offer* |
| fin(e) | *fine* |
| impressionnant(e) | *impressive* |
| au restaurant | (here) *to a restaurant* |
| simple | *simple* |
| gastronomique | *gastronomic* |
| militaire | *military* |
| ouvert(e) | *open* |
| tous les jours | *every day* |
| la discothèque, la disco | *the disco* |
| aux touristes | (here) *to tourists* |
| les prestations (f. pl.) | *the services, facilities* |
| remarquable | *remarkable* |

### Les Vacances - À Berville!

Des vacances idéales pour les enfants mais aussi pour les adultes.

Vous voulez une plage calme et propre?

**Berville!** Berville propose une plage de sable fin de cinq kilomètres.

Vous voulez aller au restaurant?

**Berville!** Nous pouvons offrir une liste impressionnante de restaurants, simples ou gastronomiques.

Vous aimez les musées?

**Berville!** Vous pouvez visiter le musée militaire, ouvert tous les jours.

Vous préférez peut-être les bars et les discothèques?

**Berville!** Les hôtels grand luxe de Berville proposent aux touristes des prestations remarquables.

**Berville! Oui, j'aime!**

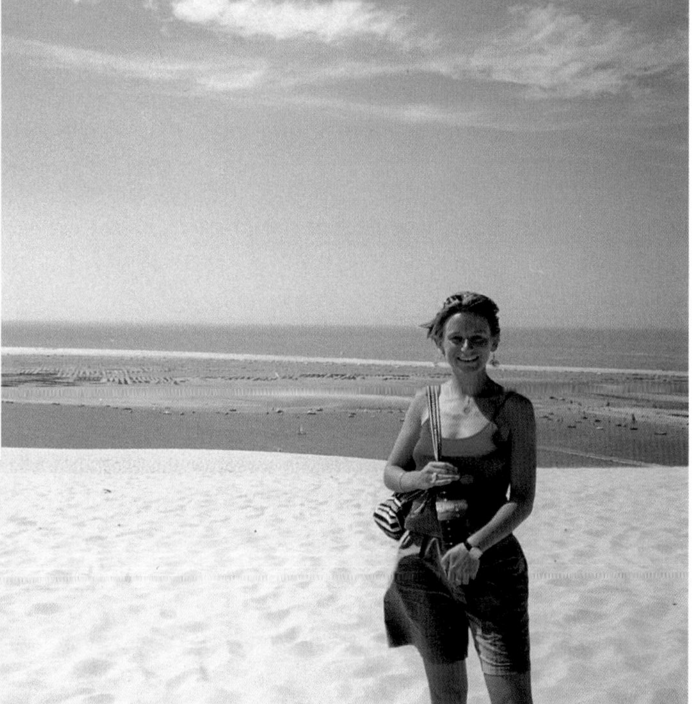

Et vous? Vous avez des questions sur Berville?

Lisez la publicité et trouvez une solution (écrivez ou parlez).

*exemple:*
Si vous préférez le camping, il y a le camping deux étoiles de Jonas.

## UNE INVITATION A LA DÉCOUVERTE

**Domaine de MURET** ☎ 55 56 79 24 ou 55 56 85 16

**Ouvert toute l'année**

**Hameau de gîtes** : 13 duplex (5 à 6 personnes) dans un ancien corps de ferme + 8 gîtes individuels (5 et 6 pers.) avec terrasse couverte, cheminée + barbecue, T.V.
**Tennis couverts** - Squash
**Centre équestre** : 45 boxes - Manège couvert - Carrière chevaux - Carrière poneys - Leçons - Stages - Randonnées - Poneys Club
**Club House** - Bar - Snack - Salon TV

**Lac et camping ** de JONAS** ☎ 55 56 61 45

- Domaine de 42 ha - 100 emplacements
- Vue panoramique sur les monts d'AMBAZAC
- Plage surveillée - Pédalos - Planches à voile
- Pêche - Promenade

À vous! Écrivez un dépliant pour cette ville touristique.

| Survey results: tourists want information about ... | The town can offer ... |
|---|---|
| • good food | • a sports centre  |
| • discos | • a five-star hotel with discos every day 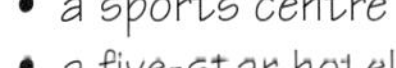 |
| • sport | • two gastronomic restaurants 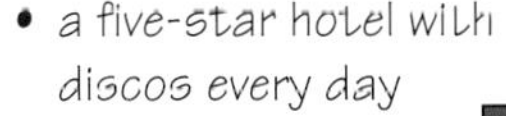 |
| • something for wet days | • a museum   |
| • clean beaches | • a 2-km beach – very quiet   |
| • quiet beaches | |
| • hotels | |

**vouloir** — ***to want (to)***

**Vouloir** is another irregular verb.

| | |
|---|---|
| vous voulez | *you want* |
| Vous voulez ...? /Voulez-vous ...? | *(Do) you want ...?* |
| Vous voulez une plage? | *(Do) you want a beach?* |
| Vous voulez aller ...? | *(Do) you want to go ...?* |

➤ **page 92**

**au ..., aux ...** — ***at / to the ...***

à + le = **au**:
au restaurant (m.) — *at / to the restaurant*
à + les = **aux**:
aux touristes (m. / f. pl.) — *at / to the tourists*

➤ **pages 92–3**

Voici les situations:

**Si ...**

- Vous êtes sportif ...
- Vous n'aimez pas les hôtels ...
- Vous avez des enfants ...
- Vous n'aimez pas le sport ...

**au domaine de Muret**

- il y a ...
- nous proposons ...
- nous avons ...
- vous pouvez aller au / à la ...
- vous pouvez visiter ...

| | |
|---|---|
| vous êtes sportif | *you like sport* |
| le sport | *sport* |
| le centre sportif | *the sports centre* |
| le centre équestre | *the riding centre* |
| le hameau | *the hamlet, village* |
| la ferme | *the farm* |
| le lac | *the lake* |
| le mont | *the mountain* |
| la pêche | *fishing* |
| couvert(e) | *covered* |

## C Est-ce que ...?

Étudiez les ***Mots-clés*** et la note sur **Est-ce que**.
Écoutez et lisez le dialogue et cochez Vrai ou Faux.

*Tick True or False.*

| | Vrai | Faux |
|---|---|---|
| a) Jacqueline demande la liste des hôtels et des restaurants. | ☐ | ☐ |
| b) Le musée militaire n'est pas ouvert le dimanche. | ☐ | ☐ |
| c) Il y a une discothèque au Grand Hôtel. | ☐ | ☐ |
| d) La discothèque est fermée le jeudi. | ☐ | ☐ |

**À l'Office du Tourisme ...**

| | |
|---|---|
| *Jacqueline* | Est-ce que vous avez une liste des hôtels de la ville, s'il vous plaît? |
| *Employée* | Oui, voici madame, voulez-vous la liste des restaurants aussi? |
| *Jacqueline* | Bonne idée! J'adore la cuisine régionale et je veux trouver un bon restaurant.... Ah, autre chose: est-ce que le musée militaire est ouvert le dimanche? |
| *Employée* | Il est ouvert tous les jours, madame. |
| *Jacqueline* | Est-ce qu'il y a une discothèque en ville? |
| *Employée* | Oui, vous pouvez aller à la discothèque du Grand Hôtel, mais elle est fermée le mercredi ... Voici un dépliant avec tous les renseignements sur la ville, madame. |
| *Jacqueline* | Merci. |
| *Employée* | À votre service, madame. |

| | |
|---|---|
| l'idée (f.) | *the idea* |
| la cuisine | (here) *cooking, cuisine* |
| régional(e) | *regional* |
| je veux | *I want, I would like* |
| bon (m.), bonne (f.) | *good* |
| autre chose | *something else* |
| TLJ (tous les jours) | *every day* |
| fermé(e) | *closed* |
| toute l'année | *all year* |
| sauf | *except for* |

| | |
|---|---|
| lundi | *Monday* |
| mardi | *Tuesday* |
| mercredi | *Wednesday* |
| jeudi | *Thursday* |
| vendredi | *Friday* |
| samedi | *Saturday* |
| dimanche | *Sunday* |
| dimanche | *on Sunday* |
| le dimanche | *on Sundays* |

### Berville
### Renseignements touristiques

| | jours d'ouverture |
|---|---|
| le cinéma | TLJ |
| la piscine couverte | TLJ sauf le lundi |
| le musée militaire | TLJ |
| la discothèque | fermée le mercredi |
| le centre de loisirs | fermé le lundi |
| le camping municipal | toute l'année |
| le château XVIIIe siècle | TLJ |

## *info France*

**BEING POLITE IN FRENCH**

There are a number of important expressions to recognise in professional situations. Many of the formal, polite expressions are set phrases which you simply learn by heart:

Je vous en prie
*You're welcome; It's a pleasure; That's all right*
À votre service
(literally:) *At your service*
Si vous voulez me suivre
*Please follow me*
Si vous voulez entrer
*Please come in*
(Je suis) à votre disposition
*(I am) at your service*

**Est-ce que ...?**

This is another way of asking questions:

| | |
|---|---|
| Est-ce que vous avez ...? | *Do you have ...?* |
| Est-ce qu'il y a ...? | *Is there ...?* |

➤ **page 93**

ACTIVITÉ 7

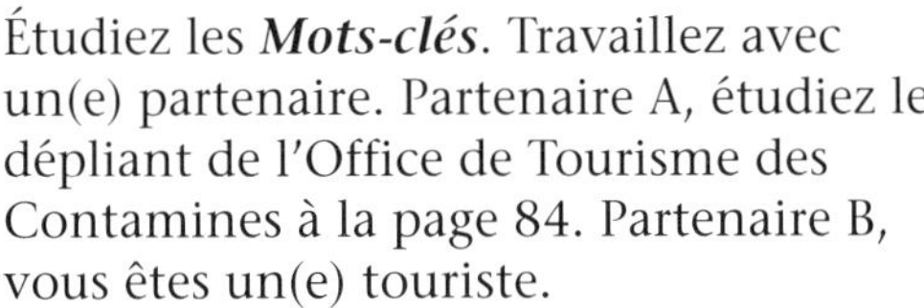

Étudiez les ***Mots-clés***. Travaillez avec un(e) partenaire. Partenaire A, étudiez le dépliant de l'Office de Tourisme des Contamines à la page 84. Partenaire B, vous êtes un(e) touriste.

**Partenaire B**

a) You want to know if the tourist office is open on Sundays.

b) You want some information on bus trips and walks.

c) Ask if they sell phonecards.

d) You have a problem: all the banks are closed and you want to change some money.

e) Can they tell you if there are rooms available in the hotels?

**expressions utiles**

Est-ce qu'il y a ...
Est-ce que vous avez ...
Est-ce que je peux avoir ...
des renseignements sur ...
Je veux ... / Je voudrais ...
promenades (à pied)
excursions en bus
chambres disponibles
changer de l'argent
télécartes
le dimanche
ouvert

| | |
|---|---|
| l'agent agréé (m.) | *the approved agent* |
| SNCF (Société Nationale des Chemins de Fer) | *the French State railway company* |
| le billet | *the ticket (train, plane)* |
| le ticket | *the ticket (bus, underground)* |
| l'avion (m.) | *the aeroplane* |
| l'information (f.) | *the information* |
| la disponibilité | *the availability* |
| les prévisions météorologiques (f. pl.) | *the weather forecast* |
| le pays | *the country* |
| l'horaire (m.) | *the timetable* |
| le programme d'animation | *the programme of activities* |

Partenaire A

# L'OFFICE DE TOURISME

**Nous sommes à votre disposition durant toute la saison d'été :**

**Horaires :**

ouvert : de 9h à 12h15 et de 14h à 19h
le dimanche : de 9h à 12h et de 14h à 19h

**Tél. 50 47 01 58**
**Fax 50 47 09 54**

**A votre service à l'Office de Tourisme :**

- Point Fax (réception et transmission)
- Photocopies
- Télécartes
- Timbres
- Tickets autocars et excursions SAT
- Agent agréé SNCF
- Billets d'avions
- Bureau de change aux heures de fermeture des Banques

**Et toutes informations sur :**

- La liste des disponibilités des particuliers loueurs en meublés
- La liste et les disponibilités des hôtels
- Les prévisions météorologiques
- Les visites et curiosités du Pays du Mont-Blanc et de sa région
- Les promenades à pied
- Les horaires de bus
- Les excursions en bus
- Le programme d'animation...

**Informations - Réservations**
**3615 LES CONTAMINES**

**Accueil assuré en :** Anglais - Allemand - Italien - Néerlandais

Et vous? Maintenant, vous avez des questions sur les Contamines et la région?

expressions utiles

Vous pouvez ...
Il y a ...
Voici ...
Nous pouvons offrir ...
Nous proposons ...
Il est possible de ...

À vous! Décrivez les prestations de votre ville.

*Describe the services of your town.*

# D Nous passons nos vacances ...

Étudiez la lettre et la note sur **notre** et **nos**. Répondez aux questions.

a) What type of accommodation does Monsieur Dutour want?
b) How long does he want it for, and when?
c) How many people will there be?
d) How old are the children?

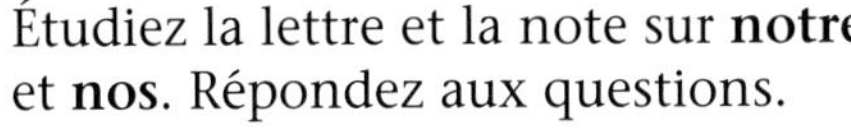

G. Dutour
3, rue de la Fontaine
80110 Moreuil

M. Jacques Dumoret
Le Grand Plan
74179 St-Gervais

Moreuil, le 2 février 19–

Monsieur,

Nous avons l'intention de passer nos vacances dans la région de St-Gervais et nous voulons louer un gîte rural pour deux semaines l'été prochain. Nous sommes quatre, ma femme, moi et nos deux enfants de huit et dix ans. Nous voulons une maison avec trois chambres et un grand jardin. Auriez-vous l'obligeance d'envoyer des renseignements sur votre gîte, ainsi que des informations sur la région?

Je vous prie d'agréer, Monsieur, mes salutations distinguées.

*G Dutour*

G. Dutour

## À vous!

Vous voulez des renseignements sur les gîtes disponibles. Écrivez une lettre à l'Office du Tourisme de la Sarthe. Voici vos notes.

We want ...

a gîte in the Sarthe region
a leaflet on the area

and ...

4 bedrooms
a garage (*un garage*)
a small garden
a cot (*un lit d'enfant*)

Other notes...

6 people
1 week
next summer

| | |
|---|---|
| Madame / Monsieur | *Dear Madam / Sir* (at start of formal letter) |
| avoir l'intention de | *to intend to, to have the intention of* |
| passer | (here) *to spend* |
| nous voulons | *we want, we would like* |
| louer | *to rent*, also *to hire* |
| la semaine | *the week* |
| prochain(e) | *next* |
| nous sommes quatre | *there are four of us* |
| envoyer | *to send* |
| ainsi que | *as well as* |
| Auriez-vous l'obligeance d'envoyer ... | *Please send ...* (A standard way of making a polite request in a formal letter) |
| Je vous prie d'agréer ... (etc.) | (Equivalent of *Yours faithfully*; a standard polite ending for a letter in French) |

**Possessive adjectives**

| | |
|---|---|
| **notre** gîte | our gîte (singular) |
| **nos** vacances | our holidays (plural) |
| **votre** ville | your town (singular) |
| **vos** notes | your notes (plural) |

➤ **pages 93–4**

## E Si on veut ...

Étudiez les ***Mots-clés*** et la note sur **vouloir**, **pouvoir** et **on**. Lisez la réponse de Jacques Dumoret et répondez Vrai ou Faux.

Jacques Dumoret
Chalet "Le Chamois"
Le Grand Plan
74179 St-Gervais

Monsieur Dutour
3, rue de la Fontaine
80110 Moreuil

Le Grand Plan, le 8 février 19 —

Monsieur,

Je vous remercie de votre lettre du 2 février. Notre gîte est situé dans un petit village à cinq kilomètres de St-Gervais, station de montagne idéale pour vos vacances. C'est un vieux chalet rénové: il y a quatre chambres, une salle à manger et une grande salle de séjour. Il y a aussi un grand jardin: vos enfants peuvent jouer en toute sécurité et on peut organiser des barbecues si on veut.

Veuillez trouver ci-joint une photo du chalet et du jardin ainsi qu'un dépliant sur la région de St-Gervais.

Je vous prie d'agréer, Monsieur, mes salutations distinguées.

*J Dumoret*

J. Dumoret

| | |
|---|---|
| remercier | *to thank* |
| Je vous remercie de ... | *Thank you for ...* |
| la station de montagne | *the mountain resort* |
| vieux (m.), vieille (f.) | *old* |
| le chalet | *the chalet* |
| rénové(e) | *renovated* |
| la salle | *the room* |
| la salle à manger | *the dining room* |
| la salle de séjour | *the living room* |
| jouer | *to play* |
| en toute sécurité | *quite safely* |
| veuillez (in correspondence) | *please* (a polite request) |
| ci-joint(e) (in correspondence) | *enclosed* |

**vouloir**

| | |
|---|---|
| il / elle veut | *he wants, she wants, it wants* |

**pouvoir**

| | |
|---|---|
| il / elle peut | *he can, she can, it can* |
| ils / elles peuvent | *they can* |

***Generalising with on***

| | |
|---|---|
| on veut | (literally) *one wishes;* (here) *you wish* |
| on peut | (literally) *one can;* (here) *you can* |

➤ **pages 92, 94**

HAUTE SAVOIE. CHAMONIX. Vallée supérieure, calme, vue sur chaîne. Beau chalet : séjour (38m2) avec cheminée, 4 ch, studio, 2 bains, 2 wc, garage, chaufferie.

| | Vrai | Faux |
|---|---|---|
| a) The accommodation is in St-Gervais. | ☐ | ☐ |
| b) It is an old chalet that has been renovated. | ☐ | ☐ |
| c) The children can play safely in the garden. | ☐ | ☐ |
| d) There is no possibility of barbecues. | ☐ | ☐ |
| e) M. Dumoret is enclosing some information on the area. | ☐ | ☐ |

# F Une maison six pièces

ACTIVITÉ 12

Décrivez cette maison moderne. (Écrivez ou parlez.)

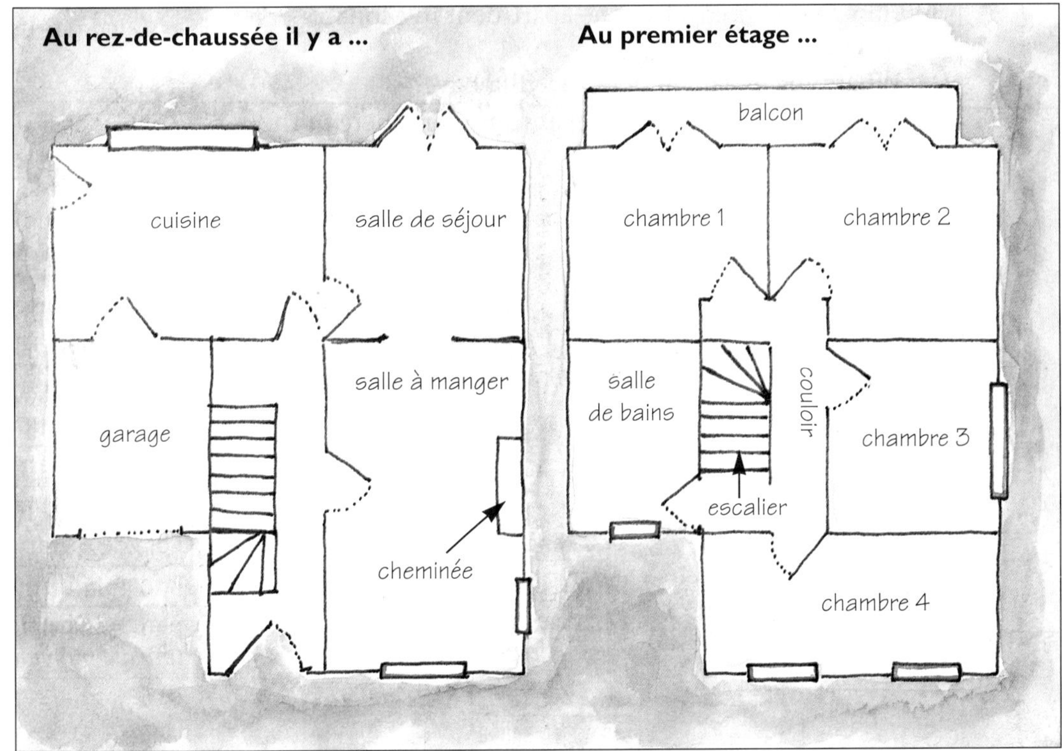


expressions utiles

ici vous avez ...
il y a ... chambres
et là nous avons ...
et là c'est ...
au rez-de-chaussée ...
... pièces

| | |
|---|---|
| la pièce | *the room* |
| une maison six pièces | *a six-roomed house* |
| l'étage (m.) | *the floor, storey* |
| le premier étage | *the first floor* (UK) |
| le rez-de-chaussée | *the ground floor* |
| le couloir | *the corridor* |
| le balcon | *the balcony* |
| l'escalier (m.) | *the stairs* |
| la cuisine | *the kitchen* |
| la cheminée | *the fireplace, hearth* |
| la propriété | *the property* |
| le studio | *the bed-sit, studio flat* |
| aménagé(e) | *converted* |
| la bibliothèque | *the library* |
| arboré(e) | *tree-lined, full of trees* |

# 6 À table

- Choosing and ordering in cafés and restaurants
- The alphabet and spelling
- Apologising
- Complaining

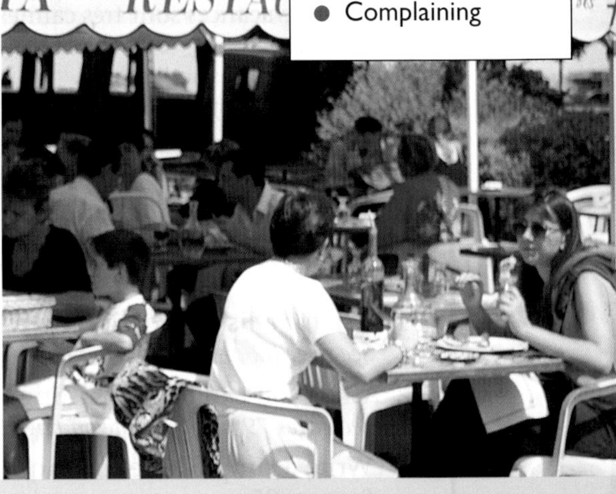

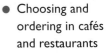

## A Je prends ...

ACTIVITÉ 1

**Qu'est-ce que vous prenez?** Étudiez les photos, les ***Mots-clés*** et les notes. Travaillez avec un(e) partenaire. Partenaire A: Choisissez. Partenaire B: Servez le/la client(e).

Voici vos questions et vos réponses.

### *Au café ...*

un sandwich? 22F
- au jambon
- au pâté
- au fromage

un croissant?
- au beurre 3F 60
- ordinaire 3F 00

un pain au chocolat? 4F

un pain aux raisins? 5F

expressions utiles

**Partenaire A**

Est-ce que vous avez ...?
C'est combien?
Madame/Mademoiselle/Monsieur prend ...
Pour Madame/Mademoiselle/Monsieur ...
Je prends ...
Nous prenons ...
Pour nous ...
Alors ...

expressions utiles

**Partenaire B**

Il n'y a pas de ...
Nous n'avons pas de ...
Quel parfum?
Quelle sorte?
C'est ... (e.g. 15F)
Voici ...

| | |
|---|---|
| les raisins (m. pl.) | (here) *the raisins* |
| le jambon | *the ham* |
| le beurre | *the butter* |
| ordinaire | *ordinary*, (here) *made without butter* |
| le parfum | *the flavour (ice creams, etc.)* |
| la vanille | *vanilla* |
| la fraise | *strawberry* |
| la pistache | *pistachio* |
| le sucre | *sugar* |
| le sucre de canne | *cane sugar* |
| le cassis | *blackcurrant* |
| un esquimau | *ice lolly* |

**Deciding what to have**

Use **prendre**, *to take*, an irregular verb:

| | |
|---|---|
| Je prends ... | *I'll have ...* |
| Qu'est-ce que vous prenez? | *What are you having?* |

➤ **page 110**

**Describing: *à***

| | |
|---|---|
| un sandwich **au** jambon | *a ham roll / sandwich* |
| une glace **à la** fraise | *a strawberry ice cream* |
| un pain **aux** raisins | *a raisin pastry* |

**Asking for details: *quel***

| | |
|---|---|
| Quel parfum? | *What flavour?* |

➤ **page 110**

**Verbs ending in *-ir***

| | |
|---|---|
| choisir | *to choose* |
| tu choisis | *you choose* |
| vous choisissez | *you choose* |

➤ **pages 110–111**

un esquimau? 7F 50

- au chocolat
- à la vanille
- au café

une glace? 7F 10

- à la vanille
- à la fraise
- à la pistache
- au cassis

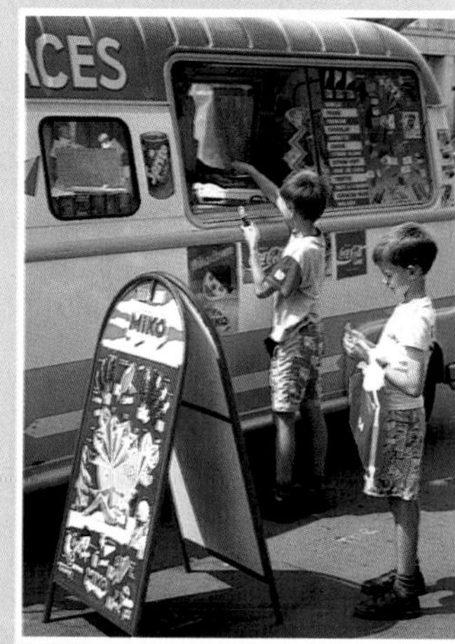


– Je voudrais une glace, s'il vous plaît.
– Quel parfum, vanille, fraise ...?
– Alors, tu choisis?

une crêpe?

- au sucre de canne 6F 00
- au fromage 7F 50
- suzette 7F 60

ACTIVITÉ 2

Étudiez la publicité du restaurant CourtePaille et répondez aux questions:

a) How much is a child's menu?
b) What gift do you get when a child eats at CourtePaille?
c) How many drinks can you get free?

**LA PAUSE DÉTENTE POUR TOUTE LA FAMILLE.**

**COURTEPAILLE,** plein d'idées pour faire plaisir aux enfants

*1 cassette offerte pour tout menu enfant*

**COURTEPAILLE,** des ambiances pour toute la famille.

*1 menu Enfant à 10 F*

**COURTEPAILLE,** le rendez-vous de toutes les générations.
L'apéritif pour les grands-parents et la boisson pour les enfants :
**jusqu'à 4 boissons offertes**

* offres valables dans les conditions énoncées à l'intérieur du carnet privilèges sur présentation du coupon correspondant.

## B Vous désirez?

ACTIVITÉ 3

Étudiez les ***Mots-clés***. Écoutez et lisez le dialogue.

| | |
|---|---|
| *Jean* | Salut! Ça va, tout le monde? |
| *Mathieu* | Qu'est-ce que tu veux, un café, un jus de fruit? C'est ma tournée. |

| | |
|---|---|
| le serveur / la serveuse | *waiter / waitress* |
| Vous désirez? | *What would you like?, What can I get you?* |
| l'addition (f.) | *the bill* |
| tout le monde | *everybody* |
| le jus | *the juice* |
| la tournée | *the round (of drinks)* |
| une orange pressée | *a freshly-squeezed orange juice* |
| un crème | *a white coffee* |
| le sirop | *cordial* |
| la menthe | *mint* |
| le demi | *(here) approximately a half-pint* |
| la bière pression | *draught beer* |
| la boisson | *the drink* |
| le citron | *lemon* |
| tout de suite | *straight away, immediately* |
| service non compris | *service not included* |

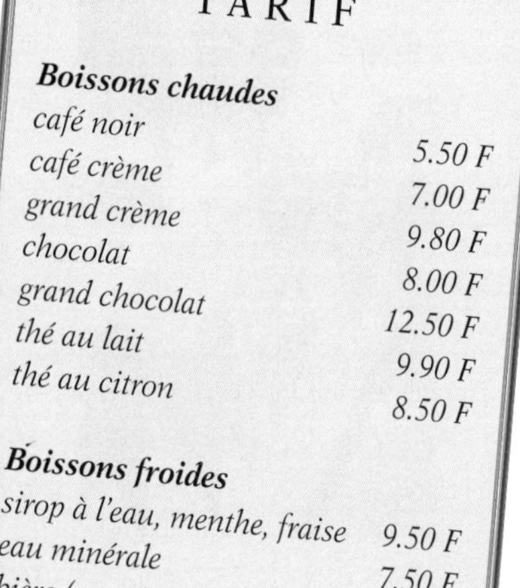

TARIF

| ***Boissons chaudes*** | |
|---|---|
| *café noir* | *5.50 F* |
| *café crème* | *7.00 F* |
| *grand crème* | *9.80 F* |
| *chocolat* | *8.00 F* |
| *grand chocolat* | *12.50 F* |
| *thé au lait* | *9.90 F* |
| *thé au citron* | *8.50 F* |
| ***Boissons froides*** | |
| *sirop à l'eau, menthe, fraise* | *9.50 F* |
| *eau minérale* | *7.50 F* |
| *bière (pression), le demi* | *12.00 F* |
| *orange pressée* | *10.50 F* |

| | |
|---|---|
| *Serveur* | Vous désirez? |
| *Virginie* | Pour moi, une orange pressée. |
| *Aurélie* | Je voudrais un grand crème. |
| *Mathieu* | Et moi, je prends une menthe à l'eau. Et pour toi, Jean? |
| *Jean* | Euh ... un demi pour moi. |
| *Serveur* | C'est tout? Tout de suite, messieurs-dames. |

Aidez Mathieu à vérifier l'addition.

*(plus tard:)*

*Mathieu* Alors 10.50 F c'est pour Virginie, l'orange pressée.
Et ... c'est pour ... (etc.) ...
Ça fait ...
Combien pour le service?

*Café*
*Au Bon Plaisir*

*10.50 F*
*9.50 F*
*12.00 F*
*9.80 F*

*Total 41.80 F*

*Service non compris 15%*

## info France

**LES CAFÉS, LES PRIX, LES POURBOIRES**

Café owners are free to charge what they like for the drinks they sell (**les consommations**). Before you order, check the price list (**le tarif des consommations**) which by law has to be on display. Remember that, quite often, mineral water is more expensive than a glass of wine. A **brasserie** and a **bar** are more expensive than a simple café and a **pub** might be even more expensive, especially for beer!

The owner is allowed to charge different rates in different areas of the café. The cheapest drinks are served at the bar (**au bar**). Drinks served outside in the sun (**sur la terrasse**) cost more than drinks served to seated customers inside the café. Beware: if there is a heated or air-conditioned, glassed-in, part of the café which gives you a good view, this is likely to be the most expensive place. You will not be popular if you buy your drinks at the bar and take them to a more expensive part of the café to drink: you will be depriving the waiter of his/her percentage commission and/or tip.

It is normal to leave a tip (**un pourboire**) for the waiter, even if you drink at the bar, but do not tip the owner if he/she served you! Check your bill (**l'addition**) before tipping – often the tip is automatically included in the price of your drinks (**service compris**).

ACTIVITÉ 4

### À vous!

Étudiez la note sur **moi**, **toi**. C'est votre tournée. Qu'est-ce que vous prenez? Regardez le tarif et commandez pour vos amis anglais et pour vous.

*Serveuse* Vous désirez, messieurs-dames?
*Vous* Alors, nous prenons ...

Ça fait combien pour votre tournée?

**expressions utiles**

Et toi?
Qu'est ce que tu prends?
Pour moi
Je prends ...
C'est tout?
Je voudrais ...

**moi, toi**

After words like **et**, **pour**, **à** and **de**, *me* is **moi** and *you* is **toi**:

| | |
|---|---|
| pour moi | *for me* |
| et toi? | *and you?* |

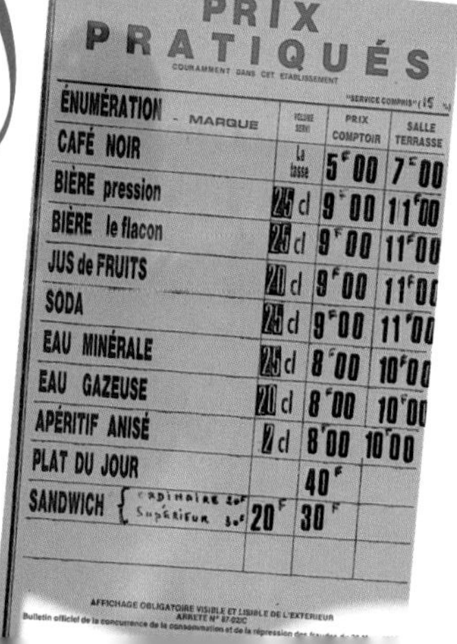

PRIX PRATIQUÉS
COURAMMENT DANS CET ÉTABLISSEMENT

"SERVICE COMPRIS" (15 %)

| ÉNUMÉRATION - MARQUE | VOLUME SERVI | PRIX COMPTOIR | SALLE TERRASSE |
|---|---|---|---|
| CAFÉ NOIR | la tasse | 5F00 | 7F00 |
| BIÈRE pression | 25 cl | 9F00 | 11F00 |
| BIÈRE le flacon | 25 cl | 9F00 | 11F00 |
| JUS de FRUITS | 20 cl | 9F00 | 11F00 |
| SODA | 25 cl | 9F00 | 11F00 |
| EAU MINÉRALE | 25 cl | 8F00 | 10F00 |
| EAU GAZEUSE | 20 cl | 8F00 | 10F00 |
| APÉRITIF ANISÉ | 2 cl | 8F00 | 10F00 |
| PLAT DU JOUR | | 40F | |
| SANDWICH { ordinaire 20F / supérieur 30F | 20F | 30F | |

AFFICHAGE OBLIGATOIRE VISIBLE ET LISIBLE DE L'EXTERIEUR
ARRETE N° 87-02/C

# C Déjeuner pour combien?

ACTIVITÉ 5

Étudiez les ***Mots-clés***. Écoutez ou lisez le dialogue. Complétez le menu.

*Serveur* Déjeuner pour combien de personnes, messieurs-dames?
*Jacqueline* Nous sommes cinq en tout.
*Serveur* Oui, alors la grande table là-bas.

*(plus tard:)*

*Serveur* Vous désirez?
*Jacqueline* Qu'est-ce que vous avez comme plat du jour?
*Serveur* Brochettes d'agneau avec ratatouille niçoise.
*Marc* J'ai faim mais je ne veux pas de ratatouille, je déteste ça.
*Jacqueline* Vous avez des omelettes?
*Serveur* Oui, au fromage, au jambon, ou nature bien sûr, servies avec des frites.
*Jacqueline* Vous choisissez, les enfants? ... Alors quatre omelettes ... au fromage.
*Serveur* Oui, et comme boisson?

*Sophie* J'ai soif, je veux du Coca-Cola.
*Jacqueline* Alors un verre de vin rouge pour moi et quatre cocas pour les enfants.
*Serveur* Alors ça fait quatre omelettes-frites au fromage ...
*Jacqueline* ... et un plat du jour pour moi.

*(plus tard:)*

*Serveur* Voici, messieurs-dames. Bon appétit!

*(à la fin du repas:)*

*Jacqueline* L'addition, s'il vous plaît!

| | |
|---|---|
| le déjeuner | *lunch* |
| la table | *the table* |
| le plat du jour | *the day's special* |
| l'agneau (m.) | *lamb* |
| avec | *with* |
| j'ai faim | *I'm hungry* |
| j'ai soif | *I'm thirsty* |
| nature | (here) *nothing added* |
| une omelette nature | *a plain omelette* |
| les frites (f. pl.) | *chips* |
| le verre | *the glass* |
| Bon appétit! | *Enjoy your meal!* |
| la fin | *the end* |
| le repas | *the meal* |
| les pommes vapeur (f. pl.) | *boiled potatoes* |

(In menus, **pommes** is often used as short for **pommes de terre**.)

| | |
|---|---|
| les crudités | raw vegetable salad |

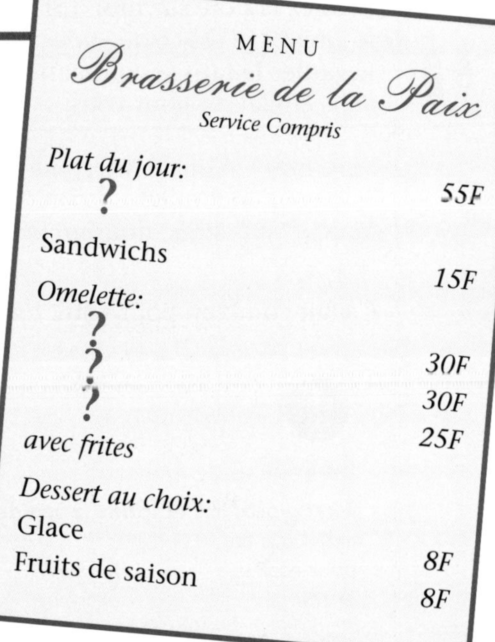

MENU
*Brasserie de la Paix*
Service Compris

Plat du jour:
? 55F
Sandwichs 15F
Omelette:
?
? 30F
? 30F
avec frites 25F
Dessert au choix:
Glace
Fruits de saison 8F
8F

ACTIVITÉ 6

Regardez le menu de la Brasserie de la Gare, étudiez les ***Mots-clés*** et discutez avec vos amis: **Vous prenez ...?**

**BRASSERIE DE LA GARE**

Menu

| | |
|---|---|
| Plat du jour: Boeuf bourguignon avec pommes vapeur | 60F |
| Omelette salade | 25F |
| Assiette de crudités | 30F |
| Boisson comprise: vin rouge (carafe) | |
| Croque-monsieur | 20F |
| Sandwich | 15F |

*service non compris 15%*

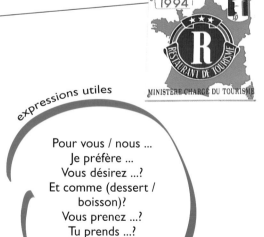

expressions utiles

Pour vous / nous ...
Je préfère ...
Vous désirez ...?
Et comme (dessert / boisson)?
Vous prenez ...?
Tu prends ...?
Pour moi / toi ...

## info France

### LES REPAS

The French have three main meals:

- Breakfast (**le petit déjeuner**). This is usually a light meal - bread, or croissants with coffee or **café-au-lait** for the children (3/4 milk, 1/4 coffee).
- Lunch (**le déjeuner**). This is often the main meal of the day and has three courses: **l'entrée** (the *hors d'œuvre*), **le plat principal** (the main course) and **le dessert** (dessert), with cheese before the third course.
- Evening meal (**le dîner**). Another substantial meal, often including meat.

The children will often have a snack after school (**le goûter**) consisting of biscuits, bread and jam, and fruit.

### LES FRANÇAIS ET LA TABLE

Les Français sont toujours très attachés aux trois repas: le petit déjeuner, le déjeuner et le dîner. Le déjeuner et le dîner sont en général composés d'une entrée, d'un plat principal, d'une salade, d'un fromage et d'un dessert. Quand ils ne mangent pas chez eux les Français mangent dans des restaurants (33%), dans des brasseries (17%), dans des selfs (16%), ou des cantines (16%). Ils sont seulement 8,5% à manger dans des fast food. La consommation de hamburgers du Français est de deux par an!

## À la carte

### Entrées 45F

Moules à la Marinière
Assiette de Saumon Fumé et ses Blinis
Les 12 Creuses de Bretagne
Langoustines du Pays Bigouden
Gésiers de Canard en Salade
et Petits Lardons

### Poissons : suggestions du jour 90 F

*Lundi :* Le Pavé de Saumon à l'Oseille
*Mardi :* Choucroute Océane
*Mercredi :* La Cotriade du Marché
*Jeudi :* Médaillons de Lotte aux Agrumes et Tagliatelles
*Vendredi :* Pot au Feu de la Mer
*Samedi et Dimanche :* Le Panaché de Poissons
au Coulis de Langoustines

### Viandes 90 F

Magret de Canard Sauce Poivre Vert
Faux-Filet Marchand de Vin

### Desserts 35 F

Fromages et Salade Croquante
Charlotte aux Poires sauce Caramel
Crème Brûlée du Chef
Tarte aux Pommes et Boule Vanille
Soupe de Fraises Fraîches

### Sur commande

Le Plateau de Fruits de Mer Amiral (pour 2 pers.)
Homard Breton Grillé Sauce Safrane

## Menu Affaire 85 F

Salade Quercycoise aux gésiers confits
ou
Terrine de gibier Maison Confiture d'oignons
ou
Petit Chèvre chaud sur sa salade

Jambonette de volaille rotie jus au porto
ou
Escalope de julienne beurre d'herbes et tomates

Brie de Meaux
ou
Fondant au chocolat amer

## Menu Enfant 60F

1 Entrée
1 Plat de Viande
1 Dessert
1 Jus de Fruit

# Info France

ACTIVITÉ 7

Vous dînez "À la carte".

*Try to guess the answers to these questions. Use a dictionary if you prefer.*

a) What type of fish do you think you will get if you choose **Assiette de Saumon fumé et ses Blinis**?
b) Will the **Langoustines du Pays Bigouden** be a fish starter or a meat starter?
c) What hors d'œuvre can you expect if you ask for **Gésiers de Canard en Salade et Petits Lardons**?
d) What herb will you get with the fish if you order the **Pavé de Saumon à l' Oseille**?
e) What type of dish is **Magret de Canard**?
f) What fruit goes into the dessert **Charlotte aux Poires**?
g) Would you ask for **Fruits de Mer** for your dessert?

## L'APÉRITIF

Technically, **un apéritif** is a drink taken before a main meal (**le déjeuner** at lunchtime or **le dîner** in the evening). It can be a real occasion and if you hear your French friends say, **"Venez prendre l'apéritif"** (*Come and have drinks*), this usually means a few drinks with nuts (**des noisettes**), salted peanuts (**des cacahuètes**), savoury biscuits (**des biscuits apéritif**) and various titbits (**des amuse-bouche** or **"amuse-gueule"**).
Apart from international drinks like whisky, Cinzano and Martini, you might be offered traditional French apéritif drinks like **pastis** (an aniseed-flavoured drink) or **Suze** (a bitter, gentian-based wine).

## EATING OUT

If you want to specify how you want your meat (**la viande**) in a restaurant, you can say **à point** for *medium*, **bleu** for *very rare*, **peu cuit** for *rare* and **bien cuit** for *well cooked*.

If you want to be adventurous you can try game (**le gibier**) like wild boar (**le marcassin**), or venison (**la venaison**). If you prefer, you can choose between pork (**le porc**), beef (**le boeuf**), lamb (**l'agneau**) or veal (**le veau**). If you prefer poultry (**la volaille**) you will find chicken (**le poulet**, **la poularde**) on the menu as well as duck (**le canard**), guinea fowl (**la pintade**) and quail (**la caille**).

Fish is **le poisson**.

Qu'est-ce que c'est? (*What is it?*) Étudiez les menus et choisissez.

| | |
|---|---|
| a) terrine de gibier maison | 1) bitter chocolate ice cream |
| b) fondant au chocolat noir | 2) apple pie / tart |
| c) homard grillé | 3) roast chicken |
| d) tarte aux pommes | 4) sea food stew |
| e) pot-au-feu de la mer | 5) home-made game pâté |
| f) volaille rotie | 6) grilled lobster |

# D Je voudrais réserver une table

ACTIVITÉ 9

Lisez et écoutez le dialogue, et écrivez les détails de la réservation.

| | |
|---|---|
| *Jean-Jacques* | Je voudrais réserver une table pour trois personnes, jeudi prochain. C'est possible? |
| *Réceptionniste* | Pour le déjeuner ou le dîner, monsieur? |
| *Jean-Jacques* | Le déjeuner, à une heure. |
| *Réceptionniste* | Aucun problème. C'est à quel nom? |
| *Jean-Jacques* | Chauvaud. |
| *Réceptionniste* | Vous pouvez épeler, s'il vous plaît? |
| *Jean-Jacques* | Bien sûr, C.H.A.U.V.A.U.D. |
| *Réceptionniste* | Entendu, Monsieur Chauvaud, une table pour trois, jeudi 15 avril, pour le déjeuner. |

ACTIVITÉ 10

Écoutez les lettres de l'alphabet et répétez.

**A B C D E F G H I**
**J K L M N O P Q R**
**S T U V W X Y Z**
**É È Î Ç**

Maintenant écoutez les noms épelés et écrivez.

ACTIVITÉ 11

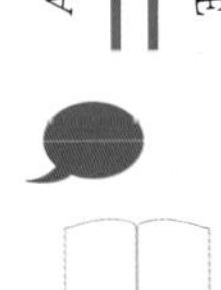

Épelez!

a) votre nom de famille
b) votre prénom
c) le prénom et le nom de famille d'un(e) ami(e)
d) votre adresse avec le nom de votre ville
e) le nom de votre société ou le nom de votre employeur

| | |
|---|---|
| à une heure | *at one o'clock* |
| aucun problème | *no problem* |
| C'est à quel nom? | *In what name?* |
| épeler | *to spell* |
| entendu | (here) *understood, agreed* |
| jeudi 15 avril | *Thursday (the) 15th (of) April* |
| le nombre | *the number* |
| le nom | *the name* |
| le nom de famille | *the surname* |
| le prénom | *the first name* |
| la société | *the company, firm* |

ACTIVITÉ 12

## E Je suis désolé

Étudiez les ***Mots-clés***, écoutez et lisez le dialogue.

*Réceptionniste* Bonjour, messieurs, une table pour deux personnes?
*Jean-Jacques* Non, nous sommes trois, j'ai une table réservée.
*Réceptionniste* Oui, à quel nom?
*Jean-Jacques* Chauvaud.
*Réceptionniste* Ah oui, c'est la table 8, près de la fenêtre là-bas.
... Voici le menu, messieurs.

*(quelques minutes plus tard:)*
*Serveur* Vous êtes prêts, messieurs?
*Jean-Jacques* Nous attendons une autre personne. Est-ce que nous pouvons avoir la carte des vins?
*Serveur* Bien sûr, voici, monsieur.

*(plus tard:)*
*Jean-Jacques* Ah, voici Françoise. Bonjour, ça va?
*Françoise* Bonjour, je suis en retard, je suis désolée, quelle circulation!
*Jean-Jacques* Nous arrivons à l'instant. Alors, voici Bertrand ...

| | |
|---|---|
| réservé | *reserved* |
| la fenêtre | *the window* |
| une autre personne | *another person, someone else* |
| prêt(e) | *ready* |
| la carte des vins | *the wine list* |
| être en retard | *to be late* |
| être désolé(e) | *to be sorry* |
| la circulation | *the traffic* |
| Nous arrivons à l'instant | *We've just arrived* |

**À la réception**

### *info France*

**LES REPAS D'AFFAIRES**

Business lunches (**les déjeuners d'affaires**) or dinners (**les dîners d'affaires**) are a feature of business life in France. The French are particularly careful about the choice of a restaurant for a business meal with a customer because the choice also tells the client something about the host's judgement. It is quite possible to linger for quite a long time over a good meal in the better restaurants, some of which offer a **menu d'affaires**. Some of the older restaurants will have **cabinets** or small rooms available for groups of clients who wish to dine in privacy. In general it is expected that conversation during the meal will be confined to general small talk and remarks about the menu and the dishes. More serious business discussions can begin over the coffee and possibly the liqueurs and **petits fours**. French business people are less and less willing to finalise agreements or sign contracts immediately after a meal and will usually expect to mull over a few final points before reaching a final decision. (**"Je vais réfléchir."**) They will often expect to be contacted for a follow-up meeting after the formal **repas**.

Étudiez les ***Mots-clés***, écoutez et lisez le dialogue.

| | |
|---|---|
| *Bertrand* | Il est vraiment délicieux, ce pot-au-feu! |

*(quelques minutes plus tard:)*

| | |
|---|---|
| *Serveur* | Le plateau-fromages, messieurs-dames? |
| *Françoise* | Pas pour moi, merci. Jean-Jacques? |
| *Jean-Jacques* | Non merci, je ne prends jamais de fromage. |
| *Serveur* | Et comme dessert? Soufflé, macarons ou sorbet maison? |
| *Bertrand* | Un dessert léger pour moi, le soufflé par exemple. |
| *Françoise* | Pour moi aussi. |
| *Jean-Jacques* | Alors, trois soufflés au Grand Marnier et trois cafés pour terminer. |

*(plus tard:)*

| | |
|---|---|
| *Jean-Jacques* | L'addition, s'il vous plaît! Vous acceptez la carte American Express? Sinon, je peux payer par chèque. |
| *Serveur* | Comme vous voulez, Monsieur. ... |
| *Jean-Jacques* | Bien, alors voici ma carte. |
| *Bertrand* | Eh bien, merci pour cet excellent repas, Jean-Jacques. |
| *Françoise* | Oui, merci. |
| *Jean-Jacques* | Je vous en prie. |

## info France

### LES FROMAGES

The French often say: **"Il n'y a pas de bon repas sans fromage."** Since there are over three hundred types of cheese in France, there is ample choice (**"Il y a l'embarras du choix"**). Among the most famous cheeses are the soft cheeses: **le Brie, le Camembert**; the hard cheeses: **le Comté, l'Emmental, le Cantal**; and the blue cheeses: **le Bleu d'Auvergne, le Roquefort** (made with ewe's milk). Outside Paris you can expect any good restaurant to offer a selection of local cheeses on the cheeseboard (**le plateau-fromages**). Cheese is served before the dessert.

### ORDERING COFFEE

If you just order **un café** you will get black coffee, which is also called **un noir** or **un petit noir**. If you want white coffee ask for **un café-crème** (with milk or cream) or **un crème**. If you prefer strong black coffee ask for **un express**. When you want decaffeinated coffee ask for **un décaféiné**.

| | |
|---|---|
| vraiment | *truly, really* |
| quelques minutes | *a few minutes* |
| le plateau-fromages | *the cheeseboard* |
| le sorbet maison | *chef's own make of sorbet* |
| léger (m.), légère (f.) | *light* |
| terminer | *to finish, to end* |
| payer | *to pay* |
| par | *by* |
| sinon | *otherwise* |
| Comme vous voulez | *As you wish* |
| excellent(e) | *excellent* |

ACTIVITÉ 18

Travaillez avec un(e) partenaire. Vous êtes deux hommes / femmes d'affaires. Vous déjeunez au restaurant.

| | |
|---|---|
| *Invité(e)* | *Comment on the dish you are eating.* |
| *Hôte* | *Comment on yours.* |
| *Serveuse* | Le plateau-fromages? |
| *Invité(e)* | *Ask for a bit of Brie and a bit of Cantal.* |
| *Hôte* | *You don't want any cheese.* |
| *Serveuse* | Et comme dessert? |
| *Invité(e)* | *No dessert for you.* |
| *Hôte* | *Choose a dessert and ask your guest if he / she wants a coffee to finish with.* |
| *Invité(e)* | *Say yes, you would like some coffee.* |
| *Hôte* | *Ask for the bill and ask if you can pay by cheque.* |
| *Invité(e)* | *Say, 'Thank you for the meal'.* |
| *Hôte* | *Reply politely: 'Don't mention it'.* |

**expressions utiles**

l'addition
c'est délicieux
c'est très bon
c'est excellent
aussi
je vous en prie
un peu de ...
Est-ce que vous voulez ...?

## G Mon couteau est sale!

ACTIVITÉ 19

Regardez l'illustration et répétez les mots.

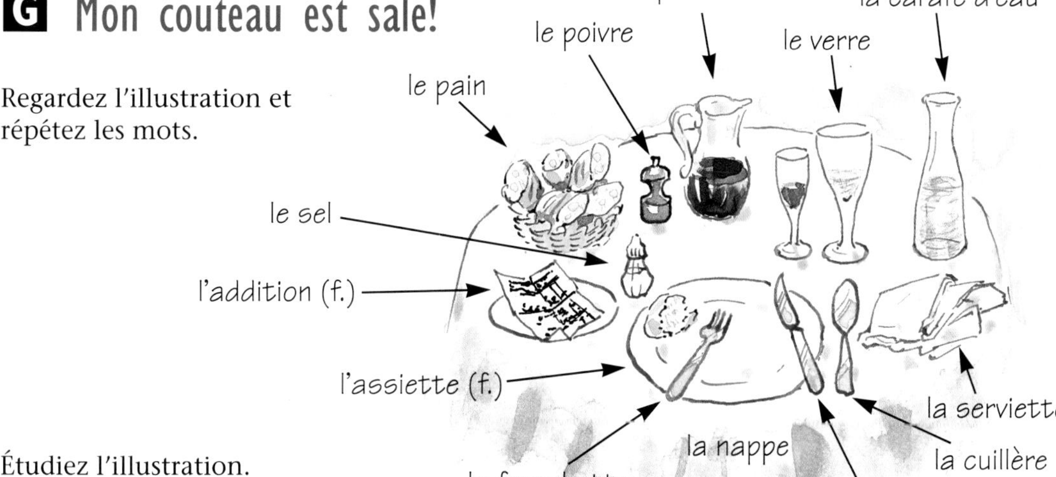

ACTIVITÉ 20

Étudiez l'illustration.
Parlez et écrivez six phrases pour expliquer les problèmes.

***exemple:***
(1) S'il vous plaît. Mon assiette est sale!

**expressions utiles**

sale(s) = *dirty*
une erreur = *a mistake*
nous n'avons pas de ...
froid(e)(s)
il y a une erreur ...
je n'ai pas de ...

3 Complete the replies to these sentences, using **ne ... jamais**.

e.g. Vous prenez du vin blanc? **Non, je ne prends jamais de vin blanc.**

a) Tu prends du pâté? **Non, je ...**
b) Vous buvez de la bière? **Non, je ...**
c) Il mange de la viande rouge? **Non, il ...**
d) Est-ce que vous prenez un apéritif? **Non, nous ...**
e) Tu prends du vin? **Non, je ...**
f) Vous avez faim? **Non, je ...**
g) Tu as de l'argent? **Non, je ...**

4 Practise using **boire**, **manger**, **prendre**, **ne ... jamais** and **ne ... pas**. How would you say the following in French?

a) She never drinks wine.
b) I don't drink red wine.
c) We never eat pork.
d) My husband never eats meat.
e) I never have an apéritif.

5 Complete the verbs in the passage.

– Bonjour, qu'est-ce que vous pre________________ , un café, un thé?
– Non merci, je ne b________________ pas de thé en France.
– Alors vous chois________________ , un jus de fruit?
– Oui, d'accord je pr________________ une orange pressée.
– Et toi Andrew tu chois________________ une eau minérale?

Now you have completed Unit 6, can you:

| | | *tick* |
|---|---|---|
| 1 | Order something to eat and drink?<br>*See pages 96–103 and the note on page 110.* | ☐ |
| 2 | Book a table in a restaurant and spell out your name?<br>*See pages 104–6.* | ☐ |
| 3 | Apologise for being late?<br>*See pages 105–7.* | ☐ |
| 4 | Complain about something?<br>*See page 109.* | ☐ |

# Vocabulaire

FOOD AND DRINK

| | |
|---|---|
| manger | *to eat* |
| boire | *to drink* |
| j'ai faim | *I'm hungry* |
| j'ai soif | *I'm thirsty* |
| aux raisins | *with raisins* |
| le beurre | *butter* |
| le pain | *bread* |
| la viande | *meat* |
| l'agneau (m.) | *lamb* |
| le canard | *the duck* |
| le gibier | *game* |
| le jambon | *ham* |
| le lapin | *rabbit* |
| le pot-au-feu | *the stew, casserole* |
| le homard | *the lobster* |
| la volaille | *poultry* |
| la poisson | *the fish* |
| le saumon | *the salmon* |
| la truite | *the trout* |
| la boisson | *the drink* |
| une bière pression | *a draught beer* |
| une orange pressée | *a freshly-squeezed orange juice* |
| un crème | *a white coffee* |
| le parfum | *the flavour (ice creams, etc.)* |
| le sorbet maison | *the chef's own make of sorbet* |
| le cassis | *blackcurrant* |
| le citron | *lemon* |
| la fraise | *strawberry* |
| les frites (f. pl.) | *the chips* |
| les pommes de terre (f. pl.) | *the potatoes* |
| les pommes vapeur (f. pl.) | *the boiled potatoes* |
| nature | *plain* |

DINING OUT

| | |
|---|---|
| le dessert | *the dessert* |
| le repas | *the meal* |
| le plat | *the dish, course* |
| le plat du jour | *the day's special* |
| le plateau-fromages | *the cheeseboard* |
| l'assiette (f.) | *the plate* |
| le couteau | *the knife* |
| la cuillère | *the spoon* |
| la fourchette | *the fork* |
| le verre | *the glass* |
| un verre de... | *a glass of ...* |
| la carte des vins | *the wine list* |
| une demi-bouteille | *a half bottle* |
| le sel | *salt* |
| le poivre | *pepper* |
| l'addition (f.) | *the bill* |
| le choix | *the choice* |
| la table | *the table* |
| la tournée | *the round (of drinks)* |
| Qu'est-ce que tu prends? | *What would you like?* |
| Comment est ... ? | *What is ... like?* |
| pour moi | *for me* |
| au nom de | *in the name of* |
| réservé(e) | *reserved* |
| service non compris | *service not included* |
| choisir | *to choose* |
| commander | *to order* |
| déjeuner | *to have lunch* |
| dîner | *to dine* |
| payer | *to pay* |
| recommander | *to recommend* |

OTHER WORDS AND PHRASES

| | |
|---|---|
| à une heure | *at one o'clock* |
| la circulation | *the traffic* |
| Quelle circulation! | *What traffic!* |
| entendu | *agreed, understood, okay* |
| les excuses (f. pl.) | *the apologies* |
| la fenêtre | *the window* |
| léger (m.), légère (f.) | *light* |
| le nom | *the name* |
| le nom de famille | *the surname* |
| le prénom | *the first name* |
| par | *by* |
| prêt(e) | *ready* |
| le problème | *the problem* |
| riche | *rich* |
| un sondage | *a poll, survey* |
| sale | *dirty* |
| tout le monde | *everybody* |
| tout de suite | *straight away, immediately* |
| une erreur | *a mistake, an error* |
| vraiment | *truly, really* |
| discuter | *to discuss* |
| épeler | *to spell* |
| être en retard | *to be late* |
| être désolé(e) | *to be sorry* |
| expliquer | *to explain* |
| inviter | *to invite* |
| terminer / finir | *to finish* |

# Faisons le point!

**Où en sommes-nous?** *Let's see where we've got to.*

Check that you can do the following in French. You have seen all the vocabulary and grammar in the preceding three units.

**1** Can you do the following?

| | tick |
|---|---|
| a) Ask if there are any English papers. | ☐ |
| b) Ask how much the newspaper is, pay for it with a 50F note, and say sorry, you haven't got any change. | ☐ |
| c) Say that you like red wine but that you don't like white wine. | ☐ |
| d) Say that you prefer English cheese. | ☐ |
| e) Order a white coffee. | ☐ |
| f) Ask what your guest wants to drink. | ☐ |
| g) Ask for the bill. | ☐ |

---

**2** Can you complete the verbs?

a) nous fin ...
b) ils répond ...
c) vous aim ...
d) elle préf ...
e) je vend ...
f) tu cherch ...
g) elles chois ...
h) vous fin ...
i) je détest ...
j) nous attend ...

---

**3** Can you translate these correspondence phrases into English?

a) Auriez-vous l'obligeance d'envoyer une brochure?
b) Je vous prie d'agréer, Monsieur, mes salutations distinguées.
c) Veuillez trouver ci-joint un dépliant sur l'appartement à louer à Berville.

---

4 Could you describe your house? If you live in a flat or apartment , could you describe your home in detail and say something about the building?

What is on the ground floor/other floors?

How many rooms?

How many bedrooms?

Old or modern?

Garden? Garage?
Other features?

---

5 Likes and dislikes. Can you ask a question in two different ways, and make a negative statement?

***exemple:* Vous + les maisons françaises:**

Vous aimez les maisons françaises?
Est-ce que vous aimez les maisons françaises?
Vous n'aimez pas les maisons françaises.

a) Vous + le foie gras

b) Votre femme + la ville

c) Il + le whisky

---

6 Can you express what **you** want to do?

Withdraw money (use je)

Dark chocolates (use on)

A fast car (use nous)

Can you ask people what **they** want to do?

Rent a flat (use vous)

Play on the beach (use tu)

Go to the restaurant (use vous)

# Bon voyage!

- Telling the time
- Asking for travel information
- Buying tickets
- Comparing journeys

## A Quelle heure est-il?

ACTIVITÉ 1

Étudiez les ***Mots-clés*** et la note sur **l'heure** et **partir**.
Écoutez et lisez le dialogue.

**Le matin …**

*Aline* Vite, Georges! Il est huit heures. Le vol pour Paris part dans une heure et demie!

*Georges* Taxi! Nous voulons aller à l'aéroport.

*Aline* Il est huit heures dix, maintenant!

*Aline* Quelle circulation! Quelle heure est-il, Georges?

*Georges* Huit heures et quart.

*Aline* Oh non! Il est huit heures et demie!

*Aline* Enfin, nous arrivons à l'aéroport. Vite, quelle heure est-il, Georges?

*Georges* Il est neuf heures moins le quart.

*Aline* Il est neuf heures moins cinq. Vite, Georges, l'avion part dans trente-cinq minutes!

## À vous!

Quelle heure est-il maintenant? À quelle heure est-ce que vous partez aujourd'hui?

| **l'heure (f.)** | ***the time (of day)*** |
|---|---|
| Quelle heure est-il? | *What time is it?* |
| huit heures cinq | *five past eight* |
| huit heures et quart | *quarter past eight* |
| huit heures et demie | *half-past eight* |
| neuf heures moins le quart | *quarter to nine* |
| dans cinquante-cinq minutes | *in fifty-five minutes' time* |
| à neuf heures | *at nine o'clock* |

| **partir** | ***to leave*** |
|---|---|

**Partir** is an irregular verb.

| l'avion part | *the plane leaves, is leaving* |
|---|---|

➤ **page 133**

## *info France*

### TIMES OF THE DAY

The French use the twenty-four-hour clock for appointments and timetables, but they use the twelve-hour clock extensively in everyday life.

Morning, afternoon and evening are **le matin, l'après-midi** (m.) and **le soir**. Midday or noon is **midi** and midnight is **minuit**. Remember that there is often a time difference (**un décalage horaire**) of one hour between Britain and the Continent.

To ask the time, the French will generally use the polite question: **Vous avez l'heure, s'il vous plaît?** or, more directly, **Quelle heure est-il?**

### POUR ALLER À L'AÉROPORT

To get to an airport you might want to take the shuttle (**la navette**) which links the airport to the main town or city. Some Parisian airports are also linked to Paris by the **RER** (**le Réseau Express Régional**), a high-speed rail system linking the Parisian suburbs to Paris. You can also take a special coach (**un car, un autocar**) to the airport. Some ordinary town buses (**les autobus**) also serve airports. Finally there is also the taxi (**le taxi**) and the train (**le train**).

| | |
|---|---|
| le matin | *the morning* |
| vite! | *quick!* |
| le vol | *the flight* |
| aller | *to go* |
| l'aéroport (m.) | *the airport* |
| le quart | *the quarter* |
| maintenant | *now* |
| enfin | *finally* |
| arriver | *to arrive* |
| l'avion (m.) | *the plane* |
| moins | (literally) *less* |

## LES CHEMINS DE FER

The French railway system is controlled by the state railway company, **la SNCF** (**Société Nationale des Chemins de Fer**) and it has some 33 000 kilometres of track.

There are a number of types of train available to passengers:

- **un train omnibus**, a stopping train, stops at all stations
- **un train direct**, a through train
- **un rapide**, an express train
- **le TGV** (**Train à Grande Vitesse**), a high-speed train
- **le TEE** (**Trans Europe Express**), an inter-European express.

A number of the express trains serving major cities have names such as 'Le Mistral' (Paris–Marseille) and 'Le Capitole' (Paris–Toulouse).

In many long-distance trains, you can book a bunk (**une couchette**) in a sleeping compartment. There are six **couchettes** in a second-class compartment (**un compartiment de deuxième classe**) and four **couchettes** in a first-class compartment (**un compartiment de première classe**).

French train timetables sometimes carry the note '**correspondance assurée**' for certain trains. **Une correspondance** is a connection, and the note means your connection is guaranteed.

| **tout** | ***all, every*** |
|---|---|
| **Tout** agrees with the word which follows: | |
| tou**t** le monde (m.) | *everyone* |
| tou**te** la nuit (f.) | *all night* |
| tou**s** les jours (m. pl.) | *every day* |
| tou**tes** les heures (f. pl.) | *every hour* |
| tou**tes** les cinq minutes (f. pl.) | *every five minutes* |
| Tous les combien? | *How often?* |

info France

## C Voici l'horaire des trains

ACTIVITÉ 6

Étudiez les ***Mots-clés*** et la note sur **tout**. Écoutez et lisez le dialogue, et complétez l'horaire Cherbourg–Paris.

**GARE DE CHERBOURG**

**14:05**

trains au départ ◀ quais 1 à 4 | trains à l'arrivée quais 5 à 8 ▶

| Horaire Cherbourg–Paris | | | |
|---|---|---|---|
| Cherbourg | 12.34 | ? | ? |
| Caen | 14.09 | 15.33 | 16.40 |
| Paris | 16.37 | ? | ? |

*Christine* Je voudrais aller à Paris. À quelle heure est-ce qu'il y a un train, s'il vous plaît?

*Employé* *(consulte l'horaire)* Il y a un train pour Paris à quatorze heures huit, arrivée à Paris St-Lazare dix-huit heures treize, hum ... trop tard pour vous, il est quatorze heures cinq maintenant. Alors, le prochain train part à quinze heures huit et il arrive à St-Lazare à dix-neuf heures sept.

*Christine* Est-ce que je change à Caen?

*Employé* Non, c'est un direct.

*Christine* Et il n'y a pas de train avant quinze heures huit?

*Employé* Non, après quatorze heures huit il y a un train toutes les heures.

*Christine* Ah, autre chose, à quelle heure part le dernier train pour Caen?

*Employé* Le dernier est à vingt heures trente.

*Christine* Et le premier train, le matin?

*Employé* Alors, le premier train pour Caen part à quatre heures cinquante-quatre. Tenez, voici un horaire.

ACTIVITÉ 7

Il est vingt heures quinze. Vous êtes à Lisieux avec votre amie française. Vous voulez aller à Paris. Regardez l'horaire et répondez aux questions de votre amie.

| Horaire Lisieux–Paris | | | |
|---|---|---|---|
| Lisieux | 20.14 | 20.20 | 21.16 |
| Bernay | direct | 20.39 | 21.39 |
| Evreux | ↓ | 21.08 | 22.08 |
| Paris St-Lazare | 22.10 | 22.08 | 23.08 |

| | |
|---|---|
| le quai | *the platform* |
| À quelle heure? | *(At) what time?* |
| tard | *late* |
| un (train) direct | *a through train* |
| avant | *before* |
| après | *after* |
| le dernier, la dernière | *the last* |
| le premier, la première | *the first* |
| autre chose | *another thing, something else* |
| Tenez! | *Here!* (when handing something over) |

Lisez ***Les Fêtes Nationales***. Étudiez l'horaire et les ***Mots-clés***. Répondez aux questions.

a) It is Sunday. You are at the Gare St-Lazare in Paris and you want to go to Caen on the 14.17 train. Any problems?

b) Can you catch a train at 15.00 from Paris to Caen on Friday 1 July?

c) Is it possible to catch the 17.36 train from Caen to Lison on 14 July?

d) If you catch the 12.48 from Paris, might you be able to get something to eat and drink on the train?

e) If you take the non-stopping 15.00 train from Paris to Caen, what will you have to allow for?

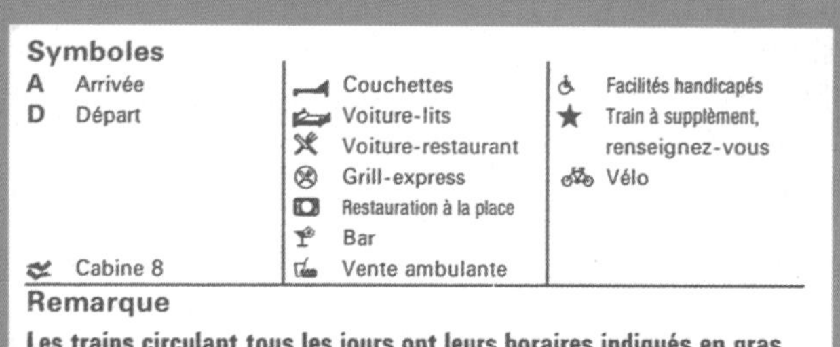

**Symboles**

A Arrivée
D Départ
Cabine 8

Couchettes
Voiture-lits
Voiture-restaurant
Grill-express
Restauration à la place
Bar
Vente ambulante

Facilités handicapés
★ Train à supplément, renseignez-vous
Vélo

**Remarque**

**Les trains circulant tous les jours ont leurs horaires indiqués en gras**
Tous les trains offrent des places assises en 1re et 2e classe, sauf indication contraire dans les notes.
Certains trains circulant rarement ne sont pas repris dans cette fiche

| Numéro de train | | 3907 | 3309 | 3309 | 3943 | 3311 | 3311 | 3311 | 13087/6 | 13315 | 86091 | 13319 | 13319 |
|---|---|---|---|---|---|---|---|---|---|---|---|---|---|
| Notes à consulter | | 10 | 20 | 21 | | 22 | 23 ★ | 24 | 25 | 26 | 27 | 28 | 15 |
| Paris-St-Lazare | D | 12.26 | 12.48 | 13.32 | **14.17** | 15.00 | 15.00 | 15.00 | | | | | |
| Evreux-Embranchement | D | 13.31 | 13.42 | \| | **15.17** | \| | \| | \| | | | | | |
| Bernay | D | 14.10 | \| | \| | **15.44** | \| | \| | \| | | | | | |
| Lisieux | D | 14.39 | 14.28 | \| | **16.11** | 16.38 | \| | 16.38 | | | | | |
| Caen | A | 15.15 | 14.59 | 15.38 | **16.45** | 17.09 | 17.06 | 17.09 | | | | | |
| Caen | D | 15.18 | 15.02 | 15.40 | | | 17.08 | 17.11 | 17.19 | 17.25 | 17.36 | 18.11 | 18.20 |
| Bayeux | A | 15.38 | 15.20 | 15.55 | | | 17.23 | 17.27 | 17.37 | 17.43 | 18.02 | 18.29 | 18.36 |
| Lison | A | 15.55 | 15.37 | 16.10 | | | 17.38 | 17.42 | 17.54 | 18.00 | 18.25 | 18.45 | 18.51 |
| Carentan | A | 16.08 | 15.48 | 16.21 | | | 17.50 | 17.55 | | 18.12 | | 18.58 | 19.02 |
| Valognes | A | 16.31 | 16.06 | 16.40 | | | 18.09 | 18.14 | | 18.33 | | 19.22 | 19.21 |
| Cherbourg | A | 16.54 | 16.25 | 16.59 | | | 18.28 | 18.33 | | 18.53 | | 19.46 | 19.40 |

**19.** Circule : jusqu'au 6 juil 92 : les lun, ven, sam, dim et le 9 juin 92;du 7 juil au 31 août 92 : tous les jours;à partir du 4 sept 92 : les lun, ven, sam et dim.

**20.** Circule : tous les jours sauf les sam, dim et sauf le 5 juin 92- assuré certains jours.

**21.** Circule : les 6, 13, 20, 27 juin, 5, 12, 19 et 26 sept 92.

**22.** Circule : tous les jours sauf les ven et sauf les 6 juin et 6 juil 92- .

**23.** Circule : à partir du 12 juin 92 : les ven sauf le 10 juil 92- .

**24.** Circule : tous les jours sauf les ven et sam;Circule les 1er et 15 août 92.

**25.** Circule : jusqu'au 4 juil 92 : tous les jours;du 6 juil au 3 sept 92 : tous les jours sauf les ven, dim et fêtes;Circule à partir du 4 sept92 : tous les jours.

**26.** Circule : les 13, 20, 27 juin, 5, 12, 19 et 26 sept 92- .

**27.** Circule : tous les jours sauf les sam, dim et fêtes- .

**28.** Circule : jusqu'au 2 juil 92 et à partir du 31 août 92 : les lun, mar, mer, jeu sauf le 8 juin 92- .

**29.** Circule : les ven, dim et fêtes- .

**30.** Circule : les ven, dim et fêtes.

**31.** Circule : les lun, mar, mer, jeu sauf les 8 juin et 14 juil 92.

**32.** Circule : tous les jours sauf les ven et sauf le 7 juin 92- .

**33.** Circule : jusqu'au 2 juil 92 et à partir du 31 août 92 : les lun, mar, mer, jeu sauf le 8 juin 92.

**34.** Circule : jusqu'au 4 juil 92 : les sam;du 6 juil au 29 août 92 : tous les jours sauf les ven, dim et fêtes;Circule les 5, 12, 19 et 26 sept92- .

**35.** Circule : les ven- assuré certains jours.

**36.** Circule : les ven- .

| | |
|---|---|
| les fêtes | *public holidays* |
| la cabine | (here) *sleeping compartment* |
| la voiture-lits | *the sleeping car* |
| le grill | *the grill* |
| la place | (here) *the seat* |
| la vente ambulante | *the trolley* (drinks, etc.) |
| le supplément | *the supplement, extra charge* |
| renseignez-vous | *enquire further, get information* |
| le vélo | *the bike* |
| circuler | (here) *to run, to circulate* |
| en gras | *in bold type* |
| assis(e) | *seated, sitting* |
| à partir de (+ date) | *from* (+ date) |
| assuré(e) | (here) *guaranteed* |
| certains jours | *certain days* |
| vers | (here) *at about* |

ACTIVITÉ 9

Vous êtes à Bayeux. Lisez la lettre, consultez l'horaire à la page 122 et écrivez une lettre de réponse.

*Paris, le 5 juillet*

*Chers amis,*

*Nous avons l'intention de passer le week-end du 24 juillet à Bayeux. Nous voulons passer un moment agréable avec vous et nous voulons aussi visiter les plages du débarquement, le musée de Caen et la fameuse tapisserie de Bayeux.*

*Est-ce que vous pouvez envoyer les heures des trains? Nous pouvons partir de Paris vers 13h.*

*Merci, et à bientôt!*

*Bien à vous,*

*André et Charlotte*

## info France

### LES FÊTES NATIONALES

Here is a list of the public holidays (also called **les jours fériés**) in France.

| | |
|---|---|
| le 1er janvier | **le Jour de l'An** (*New Year's Day*) |
| mars/avril | **le lundi de Pâques** (*Easter Monday*) |
| le 1er mai | **la Fête du Travail** |
| le 8 mai | **la Fête de la Libération** (*the Liberation of France, VE Day*) |
| mai | **l'Ascension** (f.) (*the Feast of the Ascension,* mid-May) |
| | **la Pentecôte** (*Whitsun*, end of May) |
| le 14 juillet | **la Fête Nationale** (*Bastille Day*) |
| août | **l'Assomption** (f.) (*the Feast of the Assumption,* mid-August) |
| le 1er novembre | **la Toussaint** (*All Saints' Day*) |
| le 11 novembre | **l'Armistice** (m.) (*the Armistice, Remembrance Day*) |
| le 25 décembre | **Noël** (m.) (*Christmas Day*) |

When a holiday falls on a Tuesday or a Thursday the French often have the Monday or Friday off as well. This custom is called **faire le pont** (bridging the gap between the weekend and the national holiday).

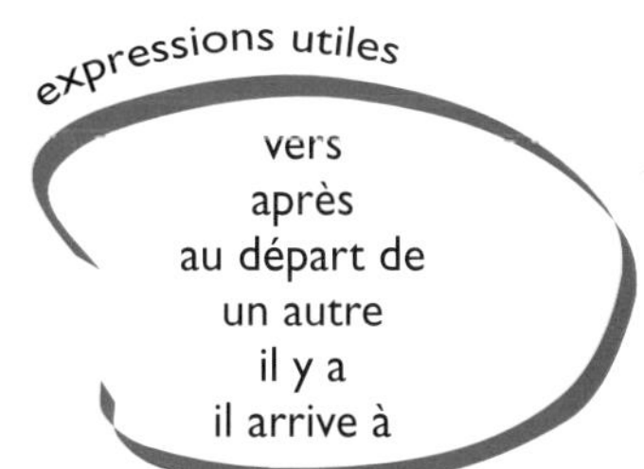

## D Deux allers-retours, s'il vous plaît

ACTIVITÉ 10

Christine voyage avec ses enfants. Étudiez les ***Mots-clés*** et la note sur **en** et **la date**. Écoutez et lisez le dialogue. Répondez aux questions.

a) Is the 15.08 running today?
b) What type of ticket does Christine want?
c) How many tickets does she want?
d) Is food available on the train? What facilities are there?
e) Does the employee know what platform the train is leaving from?
f) How can Christine check on train departures?

**À la gare de Cherbourg ...**

*Christine* Est-ce que le train de quinze heures huit pour Paris circule aujourd'hui, s'il vous plaît?

*Employé* Je vérifie ... nous sommes le vingt-huit juin ... oui, le train de quinze heures huit circule mais vous payez un supplément. Sinon, il y en a deux autres, un à quatorze heures huit et le suivant à seize heures quatorze.

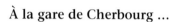

*Christine* Bon, d'accord pour le quinze heures huit.

*Employé* Combien de billets?

*Christine* Trois allers-retours, s'il vous plaît. Voici ma carte familiale. Est-ce qu'il y a une voiture-restaurant?

*Employé* Oui, il y en a une aujourd'hui et il y a également une vente ambulante.

*Christine* Et il part de quel quai, ce train?

*Employé* Du quai trois, je crois, mais vous pouvez vérifier sur le tableau des départs.

**AU-DELÀ DE CETTE LIMITE**
**VOTRE BILLET DOIT ÊTRE VALIDÉ**
**COMPOSTEZ-LE**

| | |
|---|---|
| voyager | *to travel* |
| le train de 15.08 | *the 15.08 train* |
| le (train) suivant | *the following (train)* |
| le billet | *the ticket* |
| l'aller-retour (m.) | *the (ticket for the) return journey* |
| également | *also* |
| le tableau des départs | *the departures board / screen* |

| **en** | ***of it, of them*** |
|---|---|
| il y **en** a deux | *there are two (of them)* |
| il y **en** a un(e) | *there is one (of them)* |

➤ **page 133**

| **la date** | ***the date*** |
|---|---|
| nous sommes le 28 juin | *today is 28th June* |

➤ **page 133**

## info France

### TYPES OF TICKET

A single ticket is **un aller simple** and a return is **un aller-retour**. If you do not specify **première classe** you will automatically be given a second-class ticket, (**un billet de deuxième classe**).

If you will be using public transport frequently, it's more convenient (and slightly cheaper) to buy a book of tickets, (**un carnet**) (for the bus or the Métro), or even a season ticket, (**un abonnement**). For busy trains or the TGV you will probably have to pay a supplement, (**un supplément**).

The reductions (**les réductions**) available vary from time to time, but here are a few of the common types:

- **la carte jeune**, a rail card for people under 26 years old
- **la carte couple**, for married couples travelling together
- **la carte familiale**, a family card, allowing a reduction for families travelling together
- **le billet de congé annuel**, giving up to 50% reduction for small farmers in the **Union Économique** (Economic Union) or owners of small businesses working from home
- **la carte vermeille**, the elderly person's rail card (**vermeil** = *bright red*).

**Une billetterie** is an automatic ticket machine. These are widely available and very popular. They allow you to enter the details of almost any rail journey in France. In the larger stations automatic ticket machines let you get your own season tickets. The word **billetterie** is also used for automatic cash dispensers.

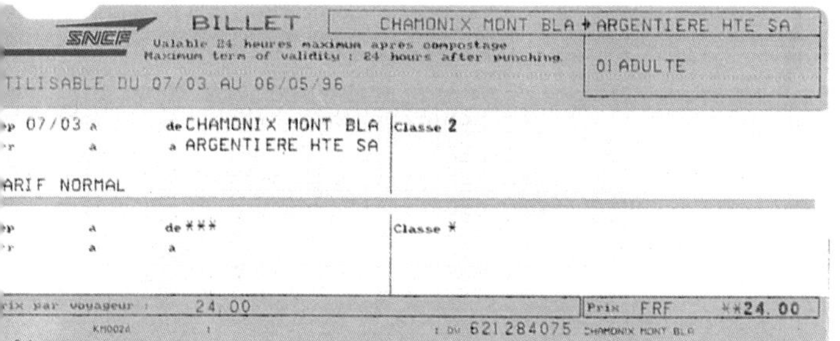

SNCF BILLET CHAMONIX MONT BLA ✦ ARGENTIERE HTE SA

Valable 24 heures maximum apres compostage
Maximum term of validity : 24 hours after punching

01 ADULTE

TILISABLE DU 07/03 AU 06/05/96

p 07/03 a de CHAMONIX MONT BLA Classe 2
r a a ARGENTIERE HTE SA

ARIF NORMAL

p a de *** Classe *
r a a

rix par voyageur : 24.00 Prix FRF **24.00

KM0024 : DV 621284075 CHAMONIX MONT BLA
24 : CA 070396 10H31
: 50E116 Dossier : 01VVVX Page 1/1

471783594

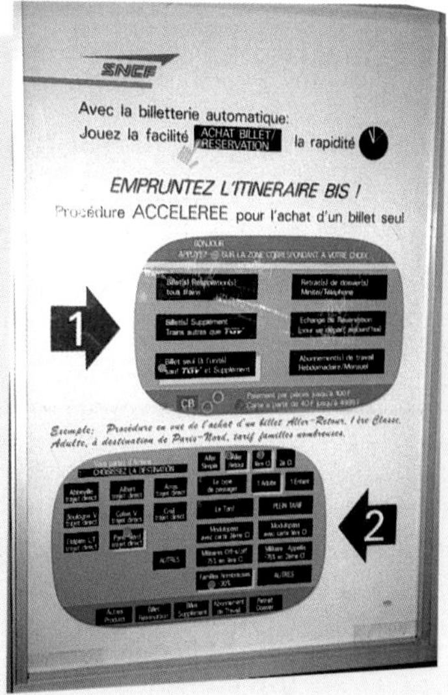



Tickets bought in the train are more expensive than tickets bought before boarding. Some reductions entitle travellers to travel only at off-peak times.

When you have bought a ticket at the ticket booth (**le guichet**) or from the ticket machine (**la billetterie automatique**), do not forget to punch the ticket to validate it (**composter**) at the red machines before going on to the platform (**le quai / la voie**).

It is possible to reserve places on a train through the **Minitel** system: terminals are available in many hotels, most travel agencies, larger post offices and several million homes and company offices.

Technically, **le quai** means the platform and **la voie** refers to the railtrack itself. Both terms are commonly used to designate the station platform. **Voie** is more common in larger stations. A typical station announcement is **'écartez-vous de la bordure du quai, le train à destination de Paris va entrer en gare'**(move away from the edge of the platform, the train from Paris is going to enter the station).

ACTIVITÉ 11

Cochez la phrase correcte.

1) Is the 15.08 train running today?
- ☐ a) Est-ce que le train de quinze heures huit circule aujourd'hui?
- ☐ b) Le train de quinze heures huit circule aujourd'hui.
- ☐ c) Le train de quinze heures huit circule demain?

2) It's the 4th today.
- ☐ a) Nous sommes quatre aujourd'hui.
- ☐ b) Nous sommes le quatre aujourd'hui.
- ☐ c) Est-ce que nous sommes le quatre?

3) I want two return tickets.
- ☐ a) Je veux deux allers simples.
- ☐ b) Je veux deux allers-retours.
- ☐ c) Tu veux deux allers-retours.

4) Does the train leave from platform 9?
- ☐ a) Est-ce que le train part du quai neuf?
- ☐ b) Le train ne part pas du quai neuf.
- ☐ c) Le train part du quai dix-neuf.

ACTIVITÉ 12

Vous achetez votre billet à la gare de Bernay pour aller à Caen. Écoutez la cassette et répondez.

ACTIVITÉ 13

Travaillez avec un(e) partenaire, ou en groupes de trois.

À la gare de Caen, il est onze heures du matin. Partenaire A, vous renseignez les voyageurs. Tournez à la page 122 et regardez l'horaire Paris–Cherbourg.

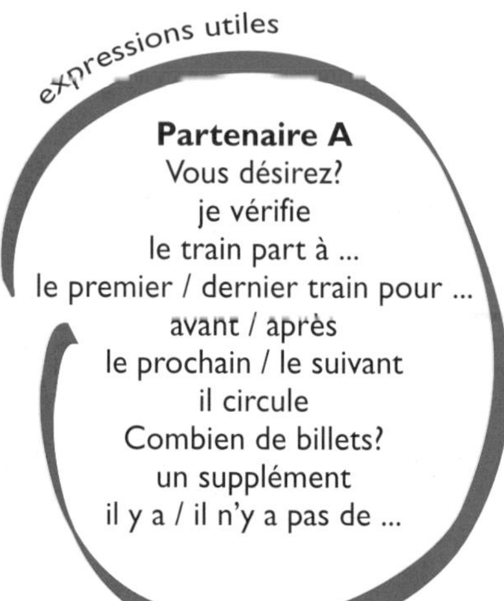

expressions utiles
Partenaire A
Vous désirez?
je vérifie
le train part à ...
le premier / dernier train pour ...
avant / après
le prochain / le suivant
il circule
Combien de billets?
un supplément
il y a / il n'y a pas de ...


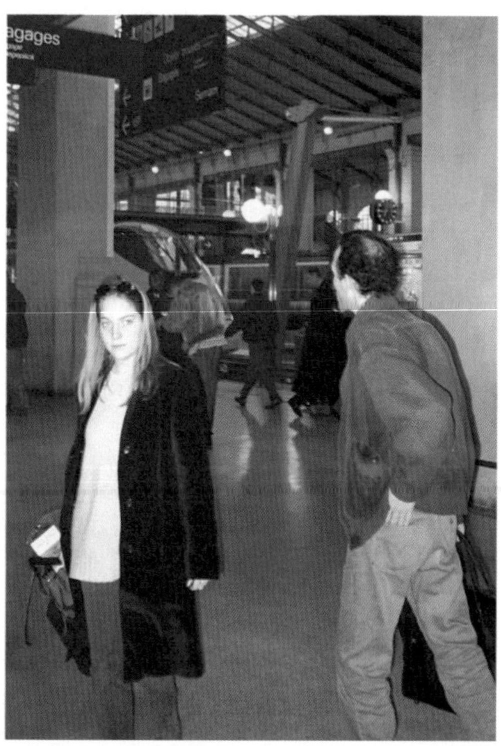

Partenaire(s) B (et C), vous êtes les voyageurs. Voici vos notes.

| Ticket | Travellers | Destination | Notes |
|---|---|---|---|
| single | | BAYEUX | Wants to get there before 6 p.m. |
| return | | CHERBOURG | Wants to be in Cherbourg before 8 p.m. |
| return | | VALOGNES | Want to visit friends in Valognes: What's the earliest train they can catch after 2 p.m.? |
| return | | CARENTAN | Travelling in the afternoon. Wants drinks and sandwiches. |
| single | | CHERBOURG | Wants a direct train with a restaurant. |

expressions utiles

**Partenaire(s) B, C**
je voudrais aller à …
je veux aller à …
le premier / dernier train pour …
le prochain, le suivant
une vente ambulante
j'ai ma carte … (e.g. jeune)
avant / après
aller simple, aller-retour

# E C'est quel quai, s'il vous plaît?

ACTIVITÉ 14

Étudiez les ***Mots-clés***. Écoutez les annonces et complétez le tableau.

| | LISIEUX | 16:10 | |
|---|---|---|---|
| | | | |
| **PROVENANCE** | **DESTINATION** | **HEURE** | **QUAI** |

| | PROVENANCE | DESTINATION | HEURE | QUAI |
|---|---|---|---|---|
| ARRIVÉES | ? | ? | ? | ? |
| | ? | LISIEUX | ? | ? |
| DÉPARTS | LISIEUX | ? | ? | ? |

ACTIVITÉ 15

**Le train part de ce quai-ci?** Étudiez les ***Mots-clés*** et la note sur **aller** et **une quinzaine**. Écoutez le dialogue et répondez aux questions.

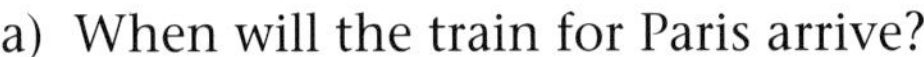

a) When will the train for Paris arrive?
b) Why does the person going to Carentan have to hurry up? Which platform will the train go from?
c) What does the last traveller want to know?

*Voyageur (1)* Je vais à Paris. Le train part de ce quai-ci?
*Employé* Oui, mais il est en retard, il arrive dans une quinzaine de minutes.

*Voyageur (2)* Pardon, c'est quel quai pour le train pour Carentan?
*Employé* Du quai un, monsieur. Dépêchez-vous, il part dans trois minutes!

*Voyageur (3)* Est-ce qu'il y a un chariot pour mes bagages?
*Employé* Oui, regardez, les chariots sont là-bas.

| | |
|---|---|
| en provenance de | *from, coming from* |
| à destination de | *going to* |
| circule avec | *is running* |
| 15 minutes de retard | *15 minutes late* |
| la fermeture | *the closing* |
| la porte | *the door* |
| descendre | (here) *to get off, alight* |
| le voyageur | *the traveller* |
| dépêchez-vous | *hurry up* |
| le chariot | *the trolley* |

**aller** ***to go***

**Aller** is an irregular verb.
je vais à ... *I am going to ...* (a place)

➤ **page 134**

**une quinzaine** ***about fifteen***

The ending ***-aine***, added to certain numbers, means *about, roughly*:
une douzaine *about twelve, a dozen*

➤ **page 134**

# F Combien de temps dure le vol?

ACTIVITÉ 16

Étudiez les ***Mots-clés***. Vous traduisez pour votre ami(e) anglais(e) dans une agence de voyages.

| | |
|---|---|
| *Votre ami(e)* | I would like to go to Nice by plane. |
| *Vous* | ... |
| *Employé* | Oui, au départ d'Orly alors; il y a deux vols par jour. |
| *Vous* | ... |
| *Votre ami(e)* | How long does the flight last? |
| *Vous* | ... |
| *Employé* | Environ cinquante-cinq minutes. |
| *Vous* | ... |
| *Votre ami(e)* | How much does the ticket cost? |
| *Vous* | ... |
| *Employé* | Mille six cent cinquante francs en classe économique et mille huit cents francs en classe affaires. |
| *Vous* | ... |
| *Votre ami(e)* | Economy class, please. |
| *Vous* | |

| | |
|---|---|
| durer | *to last* |
| le temps | *time* |
| Combien de temps dure le vol? | *How long does the flight last?* |
| environ | *approximately, about* |
| en classe économique | *in economy class* |
| en classe affaires | *in business class* |
| par avion | *by plane* |
| par jour | *per day, daily* |

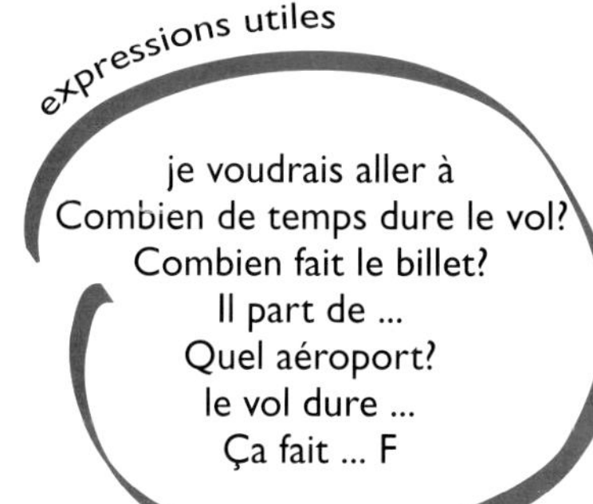

expressions utiles
je voudrais aller à
Combien de temps dure le vol?
Combien fait le billet?
Il part de ...
Quel aéroport?
le vol dure ...
Ça fait ... F


ACTIVITÉ 17

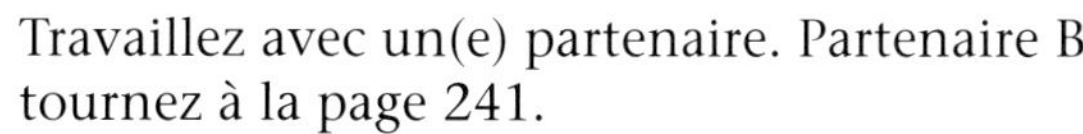

Travaillez avec un(e) partenaire. Partenaire B, tournez à la page 241.

**Partenaire A.** Vous êtes à une agence de voyages à Paris. Demandez des renseignements pour compléter le tableau.

| Départ | Destination | Durée de voyage | tarif |
|---|---|---|---|
| Paris – Orly | Toulouse | 1h 10 | ? |
| Paris – Orly | Marseille | ? | 700 F |
| Paris – Orly | Bordeaux | ? | 550 F |
| Paris – Charles de Gaulle | New York | 5h | ? |
| Paris – Charles de Gaulle | Londres | ? | ? |
| Paris – Charles de Gaulle | Edimbourg | 1h 15 | 1150 F |

Maintenant, donnez des renseignements à votre partenaire, un(e) collègue français(e).

## G C'est la meilleure formule

Étudiez les ***Mots-clés*** et la note sur **Comparing.**
Lisez les préférences des trois voyageurs et prenez des notes. (Difficile? Regardez les notes aux pages 134–5.)

*Which is the best package for each type of traveller? Read the captions and, for each one, note down:*

*a) means of transport*
*b) financial reasons*
*c) comparative length of journey*
*d) comfort / convenience*

**Comparing**

| | |
|---|---|
| c'est **plus** cher **que** ... | *it's **more** expensive **than** ...* |
| c'est **beaucoup plus** cher **que** ... | *it's **much more** expensive **than** ...* |
| c'est **moins** confortable **que** ... | *it's **less** comfortable **than** ...* |
| c'est **aussi** cher **que** ... | *it's **as** expensive **as** ...* |
| c'est le moyen **le plus** rapide | *it's **the fastest** means* |

An irregular example:

| | |
|---|---|
| **meilleur que** | *better than* |
| **la meilleure** formule | *the best package/option* |

➤ **pages 134–5**

*La famille Dessau*
"Nous préférons la voiture. Nous sommes quatre et pour une famille c'est beaucoup plus économique et plus commode que par le train. Ma femme et mon fils ont le mal de mer, alors nous prenons le tunnel; c'est plus cher que par le ferry mais c'est beaucoup plus rapide!"

*Francine LaGorce*
"Personnellement, je vais toujours en Angleterre par autocar et ferry; le tarif est plus intéressant. Bien sûr le voyage est beaucoup plus long que par le train. Mais pour les jeunes c'est la meilleure formule, nous n'avons pas d'argent mais nous avons le temps!"

*Serge Gallet*
"Pour moi, c'est toujours l'avion. Je suis un homme d'affaires, je vais à Londres tous les mois. C'est le moyen le plus confortable et le plus rapide et pour moi, le prix n'est pas important. Les conditions de voyage sont meilleures que par le train ou la voiture et le TGV est presque aussi cher que l'avion."

Cinq formules pour aller de Paris à Londres ...

## Paris–Londres

| (aller-retour) | Pleins tarifs | Tarifs vacances |
|---|---|---|
| **TGV-Eurostar: 3h 20** (dont 3h de train) | 1er classe: 2 000 à 2 400 francs 2e classe: 1 400 francs | |
| **Avion: 1h 10** (dont 70 min. de vol) | Club: 2 797 francs Économique: 2 377 francs | 1 287 francs |
| **Train classique + bateau: 9h** | 1er classe: 1 320 francs 2e classe: 880 francs | – |
| **Autocar: 11h par le ferry, 8h par le tunnel** | 530 francs 430 francs (–26 ans) | – |
| **Voiture: 6h 30 par le ferry, 5h par le tunnel** | Rajouter 200 francs (péage + carburant) au prix de la traversée de la Manche | |

la formule — *the option, the package*
économique — (here) *cheap*
commode — *convenient, practical*
le mal de mer — *sea sickness*
le tunnel — *the tunnel*
intéressant(e) — (here) *advantageous, worthwhile*
long (m.), longue (f.) — *long*
les jeunes (m. pl.) — *young people*
toujours — (here) *always*
un homme d'affaires — *a businessman*
tous les mois (m. pl.) — *every month*
le moyen — (here) *the means, the method*
presque — *almost, nearly*
plein(e) — *full*
dont — *of which*
la concurrence — *the competition*
le péage — *the toll*
le carburant — *the fuel*
rajouter — *to add on*
la traversée — *the crossing*
la Manche — *the English Channel*

Quelle formule pour quels voyageurs? Vous êtes employé(e) à l'agence de voyages. Regardez **Cinq formules pour aller de Paris à Londres** à la page 131. Vous suggérez la meilleure formule pour les voyageurs.

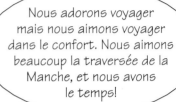

expressions utiles

pour vous ...
c'est plus ...
c'est moins ...
c'est le plus ...
beaucoup plus ... que ...
je recommande

Je suis toujours pressée. Quel est le moyen le plus rapide pour aller de Paris à Londres? Et quel est le meilleur prix pour cette formule?

Nous adorons voyager mais nous aimons voyager dans le confort. Nous aimons beaucoup la traversée de la Manche, et nous avons le temps!


Et vous! Quel moyen préférez-vous pour voyager?

# Grammaire

### *Partir*

**Partir** is an irregular ***-ir*** verb. Here are all its forms in the present tense:

| **partir** to leave | | | |
|---|---|---|---|
| *Singular* | | *Plural* | |
| je **pars** | *I leave* | nous **partons** | *we leave* |
| tu **pars** | *you leave (familiar)* | vous **partez** | *you leave (plural or polite singular)* |
| il / elle / on } **part** | *he / she / it* } *leaves* | ils / elles } **partent** | *they leave* |

### *Il y en a deux*

When **en** appears in this typical French structure, it usually means *of it*, or *of them* in English. It is positioned immediately in front of the main verb.

| | |
|---|---|
| j'en ai trois | *I have three (of them)* |
| elle en vend beaucoup | *she sells a lot (of it / of them)* |

**En** appears in questions too:

| | |
|---|---|
| Combien en voulez-vous?<br>Combien est-ce que vous en voulez? | } *How many (of them) do you want?* |
| Combien est-ce qu'il y en a? | *How many are there (of them)?* |

Liaison: when **en** follows a word ending in **s**, this **s** is pronounced as **z**.

Vous‿en voulez, elles‿en ont.

### *La date*

To ask the date, you can say simply, **Quelle est la date?** or, **Nous sommes le combien?** The answer might be **Nous sommes le 6 juin.**

Note that from the 2nd of the month, simple ordinal numbers are used:

| | |
|---|---|
| le deux mai | *the second of May* |
| le vingt et un août | *the twenty-first of August* |

But for the 1st, use **le premier**:

| | |
|---|---|
| le premier mars | *the first of March* |

### *Aller*

Here is the present tense of the irregular verb **aller**, which is used very frequently.

| **aller** to go | | | |
|---|---|---|---|
| *Singular* | | *Plural* | |
| je **vais** | *I go* | nous **allons** | *we go* |
| tu **vas** | *you go (familiar)* | vous **allez** | *you go (plural or polite singular)* |
| il / elle / on } **va** | *he / she / it* } *goes* | ils / elles } **vont** | *they go* |

### *Une quinzaine*

The ending **-aine**, added to certain numbers, means *about*. Note how in **douzaine** the **e** of the number is removed before the ending is added:

une douzaine — *about twelve, a dozen*
une vingtaine de kilomètres — *about twenty kilometres*
une dizaine — *about ten*

In some cases the expression has a particular meaning:

une quinzaine — *a fortnight*
une huitaine — *about a week*

## Comparatives and superlatives

The expressions **plus ... que**, **moins ... que** and **aussi ... que** are used with adjectives when you want to make comparisons:

plus cher que — *more expensive than*
moins confortable que — *less comfortable than*
aussi rapide que — *as fast as*

**Que** can be omitted when the comparison is understood:

C'est plus cher. — *It's more expensive.*

You can compare two nouns:

**Le train** est plus cher que **l'autocar**.

or two verbs:

**Voyager** par train est moins commode que **prendre** la voiture.

and put a sentence into the negative:

Le train **n'**est **pas plus** cher **que** l'autocar. — *The train is no(t) more expensive than the coach.*
Le train **n'**est **pas aussi** cher **que** l'avion. — *The train is not as expensive as the plane.*

When **beaucoup** is used with comparatives, it means *much* or *a lot*:

C'est beaucoup plus grand. *It's much bigger. / It's a lot bigger.*

All these are comparative phrases.

Expressions such as *the most convenient flight* and *the least expensive package* are superlative phrases:

C'est le vol **le plus** commode.
C'est la formule **la moins** chère.

Notice how the article (**le**, **la**, **les**) is repeated:

les vélos **les** plus rapides *the fastest bikes*

In French, as in English, there are some irregular adjectives:

bon → meilleur → le meilleur
*good* → *better* → *the best*

Like other adjectives, **bon** and **meilleur** agree with the noun following:

| | m. sing. | f. sing. | m. pl. | f. pl. |
|---|---|---|---|---|
| | bon<br>*good* | bonne<br>*good* | bons<br>*good* | bonnes<br>*good* |
| **Comparatives** | meilleur<br>*better* | meilleure<br>*better* | meilleurs<br>*better* | meilleures<br>*better* |
| **Superlatives** | le meilleur<br>*the best* | la meilleure<br>*the best* | les meilleurs<br>*the best* | les meilleures<br>*the best* |

You will remember that **bon** is one of the few adjectives that is placed before the noun: **un bon film**. When it is in the superlative, **meilleur** also comes before the noun: **C'est le meilleur film.** *It's the best film.*

## En pratique

1 Following the example, say or write these times:
e.g. **Il est quatorze heures trente.**

a) It is 07.39.
b) It is 16.30.
c) It is 19.12.
d) It is 13.09.
e) It is 23.54
f) It is 05.23.

2 Answer these questions with the suggested words:
e.g. Combien de paquets est-ce que vous voulez? (*Two.*) → **J'en veux deux.**

a) Combien de billets voulez-vous? (*Three.*)
b) Combien de salles est-ce que vous louez? (*Four.*)
c) Combien de places est-ce qu'il y a dans l'autocar? (*Fifty-six.*)

d) Vous prenez combien de trains? (*Two.*)
e) Combien de trains par heure est-ce qu'il y a? (*Six.*)
f) Combien de sandwichs est-ce que vous voulez? (*Five.*)

3 Match the correct parts of these sentences:

| | |
|---|---|
| 1) Tu | a) pars demain. |
| 2) Nous | b) partez dans une quinzaine. |
| 3) Ils | c) vas à la gare. |
| 4) Je | d) part en retard. |
| 5) Il | e) vont toujours à Edimbourg. |
| 6) Vous | f) allons au restaurant. |

4 Use the adjective in brackets with **plus ... que** or **moins ... que** to make comparisons. Modify the adjective, if necessary, to agree with the noun.
e.g. Renault Clio / Porsche. (cher) **Une Porsche est plus chère qu'une Clio**.

| | |
|---|---|
| a) Hôtel trois étoiles / hôtel une étoile. (confortable) | **Un hôtel une étoile ...** |
| b) Voyager par TGV / prendre l'autocar. (rapide) | **Prendre l'autocar ...** |
| c) L'été en Provence / l'été en Écosse. (chaud) | **L'été en Écosse ...** |
| d) Les Françaises / les Anglaises. (élégantes) | **Les Françaises ...** |
| e) Paris / Londres. (grand) | **Londres ...** |

5 Comparatives and superlatives: Translate the English sentences into French using the words provided.

a) *It's the most expensive restaurant.*
le / le / restaurant / plus / c'est / cher
b) *The red bermuda shorts are bigger than the yellow ones.*
rouge / bermuda / grand / plus / est / le / jaune / le / que
c) *You are choosing the most expensive package.*
la / choisissez / formule / vous / plus / chère / la
d) *This crossing is shorter than the other.*
est / traversée / cette / l'autre / longue / moins / que
e) *Travelling by plane is the fastest.*
par / voyager/ est / le / avion / rapide / plus
f) *It's the cheapest hotel.*
l'hôtel / le / cher / c'est / moins

Now you have completed Unit 7, can you:

*tick*

1 Tell the time (12 hour clock)? ☐
*See pages 116-8.*

2 Read out train times from a timetable? ☐
*See pages 121-2.*

3 Buy a ticket and ask about arrivals and departures of trains? ☐
*See pages 124-6.*

4 Compare the price / length of journey / degree of comfort of two different means of transport? ☐
*See pages 130-2.*

## Vocabulaire

TIME OF DAY

| | |
|---|---|
| Vous avez l'heure, s'il vous plaît? | *Do you have the time?* |
| Quelle heure est-il? | *What time is it?* |
| à quelle heure? | *at what time?* |
| le matin | *the morning* |
| l'après-midi (m.) | *the afternoon* |
| le soir | *the evening* |
| midi | *midday, noon* |
| minuit | *midnight* |
| tard | *late* |
| dans cinq minutes | *in five minutes* |

ARRANGING TRAVEL

| | |
|---|---|
| aller | *to go* |
| je vais à (+ place) | *I am going to ...* (a place) |
| voyager | *to travel* |
| le voyageur | *the traveller* |
| l'agence (f.) de voyages | *the travel agency* |
| renseigner | *to give information* |
| l'agenda (m.) | *the diary, the programme* |
| circuler | *to run, circulate* |
| consulter | *to consult* |
| à partir de (+ date) | *from* (+ date) |
| de ... à ... | *from ... to ...* (place) |
| du ... au ... | *from ... to ...* (date) |
| l'aéroport (m.) | *the airport* |
| l'avion (m.) | *the plane* |
| par avion | *by plane* |
| le vol | *the flight* |
| le (train) direct | *the through train* |
| le (train) suivant | *the following (train)* |
| la place | (here) *the seat* |
| la vente ambulante | *the refreshments trolley* |
| la voiture | (in trains) *the carriage* |
| la voiture-lits | *the sleeping car* |
| le vélo | *the bike* |
| en classe affaires | *in business class* |
| en classe économique | *in economy class* |
| le billet | *the ticket* |
| un aller simple | *a single ticket* |
| un aller-retour | *a return journey/ticket* |
| le supplément | *the supplement* |
| la correspondance | *the connection* |

AT THE STATION

| | |
|---|---|
| arriver | *to arrive* |
| partir | *to depart, leave* |
| l'arrivée (f.) | *the arrival* |
| le départ | *the departure* |
| descendre | (here) *to get off, to alight* |
| à destination de | *going to* |
| le quai | *the platform* |
| de quel quai? | *from which platform?* |
| en provenance de | *from (coming from)* |
| le chariot | *the trolley* |
| le tableau des départs | *the departures board/screen* |
| le train de 15 h | *the 3 p.m. train* |
| le guichet | *the ticket booth* |
| composter | *to validate, stamp* |

OTHER USEFUL WORDS

| | |
|---|---|
| après | *after* |
| avant | *before* |
| assis(e) | *seated, sitting* |
| autre chose | *another thing, something else* |
| bien à vous | *best wishes* |
| commode | *convenient, practical* |
| demain | *tomorrow* |
| dépêchez-vous | *hurry up* |
| le premier, la première | *the first* |
| le dernier, la dernière | *the last* |
| durer | *to last* |
| également | *also* |
| en retard | *late* |
| enfin | *at last* |
| environ | *approximately, about* |
| la fête | *the public holiday, bank holiday* |
| l'horloge (f.) | *the clock* |
| il y en a deux | *there are two of them* |
| long (m.), longue (f.) | *long* |
| maintenant | *now* |
| la Manche | *the English Channel* |
| occupé(e) | *busy, engaged, taken* |
| organiser | *to organise* |
| Pâques | *Easter* |
| la Pentecôte | *Whitsun* |
| Noël | *Christmas* |
| la porte | *the door* |
| presque | *almost, nearly* |
| le rendez-vous | *the appointment* |
| la réunion | *the meeting* |
| Tenez! | *Here (you are)!* |
| toujours | *always, still* |
| une quinzaine | *about fifteen, a fortnight* |
| vers | *at about* |
| visiter | *to visit* |
| vite | *quick* |

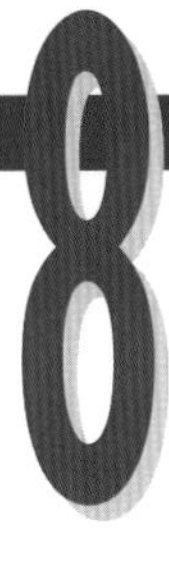

# À l'hôtel

- Making forward arrangements
- Telephoning
- Booking into a hotel
- Finding the best hotel deal
- Bed & Breakfast, and camping

## A Nous voulons deux chambres doubles

Étudiez les ***Mots-clés*** et la note sur **faire**. Écoutez et lisez le dialogue et complétez la fiche de réservation.

| | |
|---|---|
| *Paul* | Nous sommes quatre, nous voulons deux chambres doubles. |
| *Propriétaire* | Pour combien de nuits, monsieur? |
| *Paul* | Deux nuits, jusqu'à dimanche matin. |
| *Propriétaire* | Désolé, monsieur, nous sommes presque complets. Nous avons seulement une grande chambre familiale. |
| *Paul* | La chambre familiale fait combien, s'il vous plaît? |
| *Propriétaire* | Elle est moins chère que deux chambres doubles: quatre cent quatre-vingts francs. |
| *Paul* | Qu'est-ce qu'on fait, Sylvie, on prend la chambre familiale? |
| *Sylvie* | Oui, d'accord pour la chambre familiale! |
| *Propriétaire* | C'est à quel nom? |
| *Paul* | Rachid, R.A.C.H.I.D. |
| *Propriétaire* | Alors, c'est la chambre cent quatre-vingt-deux, au premier étage, voici la clé. |

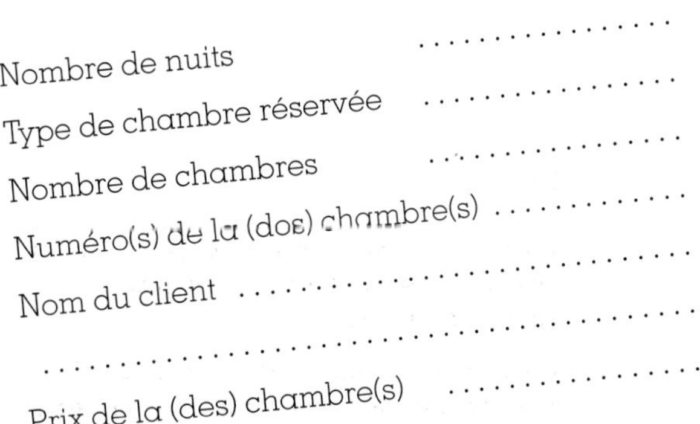

Nombre de nuits ..................

Type de chambre réservée ..................

Nombre de chambres ..................

Numéro(s) de la (des) chambre(s) ..............

Nom du client ..................................

..................................................

Prix de la (des) chambre(s) ..................

| | |
|---|---|
| la fiche (de réservation /d'accueil) | (here) *the booking form* |
| la chambre double | *the double room* |
| la chambre familiale | *the family room* |
| la chambre simple | *the single room* |
| complet | *full, fully booked* |
| la clé, la clef | *the key* |
| la douche | *the shower* |
| (la salle de) bains | *the bathroom* |
| le grand lit<br>le lit deux places | *the double bed* |
| le lit jumeau | *the twin bed* |
| le lit une place<br>le lit une personne | *the single bed* |

Travaillez avec un(e) partenaire. Partenaire A, vous êtes les différent(e)s client(e)s. Partenaire B, vous êtes réceptionniste à l'hôtel. Tournez à la page 241.

**Partenaire A**

1. Vous êtes:

a) une femme d'affaires
b) deux représentants

Faites des réservations.

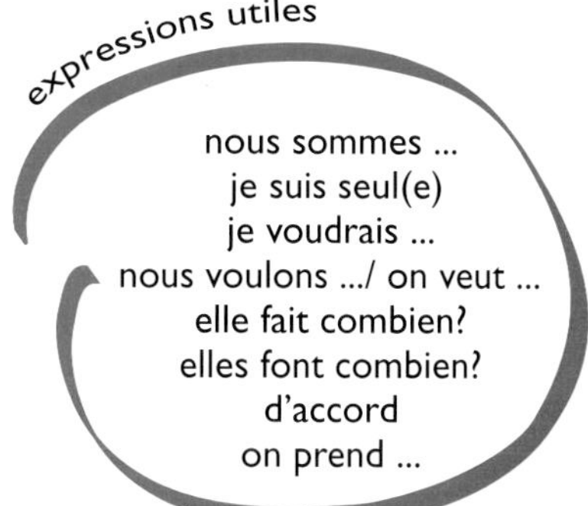

expressions utiles
nous sommes ...
je suis seul(e)
je voudrais ...
nous voulons .../ on veut ...
elle fait combien?
elles font combien?
d'accord
on prend ...


2. Maintenant vous êtes réceptionniste à l'hôtel. Regardez la fiche et répondez à votre partenaire.

| Chambres simples avec douche | Chambres familiales avec bains | Chambres doubles (lits jumeaux) avec bains | Chambres doubles (grand lit) avec bains |
|---|---|---|---|
| *Chambres libres: n° 162, 173, 260* | Chambres toutes réservées | *Chambres libres: n° 172, 235, 247* | *Chambres libres: n° 189, 221* |
| 380F *petit déjeuner compris* | 520F *petit déjeuner compris* | 570F *petit déjeuner compris* | 530F *petit déjeuner compris* |

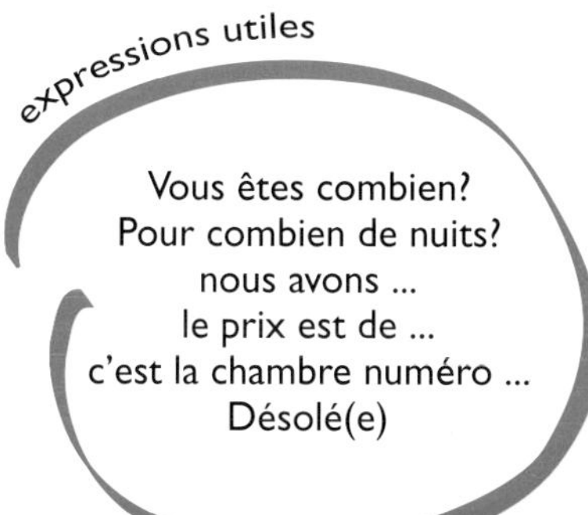

expressions utiles
Vous êtes combien?
Pour combien de nuits?
nous avons ...
le prix est de ...
c'est la chambre numéro ...
Désolé(e)

**Faire** is an irregular verb, which usually means *to do* or *to make*. It is also used in many idiomatic expressions.

| | |
|---|---|
| Qu'est-ce qu'on fait? | *What shall we do?* |
| Faites les réservations. | *Make the reservations.* |
| Elles font combien? | *How much are they?* |

➤ **page 156**

## info France

### L'HÔTEL

French hotels are generally reasonably priced. You often pay for the room and not per person. You can ask for an extra bed (**un lit supplémentaire**) to be put in a room for a small extra sum (**un supplément**). Full board is **la pension complète** and half board is **la demi-pension**. It can often be worthwhile taking the **demi-pension** rate as it will include a full evening meal for quite a small extra amount. As in many other countries, many small hotels in tourist areas close during low season (**la basse saison**). Some hotels may offer a special all-in price (**un forfait**) to those who take half board.

Where there is a private hotel car park (**un parking privé**) or garage (**un garage**), the hotel is usually legally liable for your vehicle and contents while it is parked there and will often charge you for using it. Generally, the hotel is liable for personal property stolen while left inside the building and may encourage you to use its safe (**le coffre-fort**) for valuable items.

You may be asked to pay a small advance (**verser des arrhes**) to secure a booking and to pay a security deposit (**verser une caution**) if you hire equipment such as a mountain bike (**un VTT: vélo tout terrain**).

You can expect modern hotels to offer rooms with a shower (**la douche**) and possibly a bathroom (**une salle de bains**, which has a bath, **la baignoire**). If the room has **une salle d'eau**, this will mean a shower and a washbasin. In all rooms, there will at least be a washbasin (**un lavabo**) but in smaller, older hotels you may find that the toilet (**le WC**) is along the corridor (**au bout du couloir**) or on the same floor (**au même étage**). Modern hotel rooms now have colour television (**TV en couleur**) and direct-dial telephone (**le téléphone direct**).

Many small hotels have a function room (**une salle de réception**) which may also be called the seminar room (**la salle de séminaires**). Larger hotels may have a well-equipped conference room (**la salle de conférences**).

## B C'est l'hôtel le plus luxueux

ACTIVITÉ 3

Étudiez les *Mots-clés*. Écoutez le dialogue et répondez aux questions.

a) Does Gérard get through to the right person straight away?
b) What does he want information about?
c) At what period of the year does he intend to go on holiday?
d) How does the Hôtel Chemenaz compare with the others?
e) What is the range of prices for two-star hotels?

| | |
|---|---|
| ne quittez pas | *please hold* |
| je vous passe ... | *I'll put you through to ...* |
| la période | *the period* |
| la saison | *the season* |
| haut(e) | *high* |
| bas(se) | *low* |
| luxueux (m.), luxueuse (f.) | *luxurious* |
| plusieurs | *several* |
| ils vont de ... à ... | (here) *they range from ... to ...* |

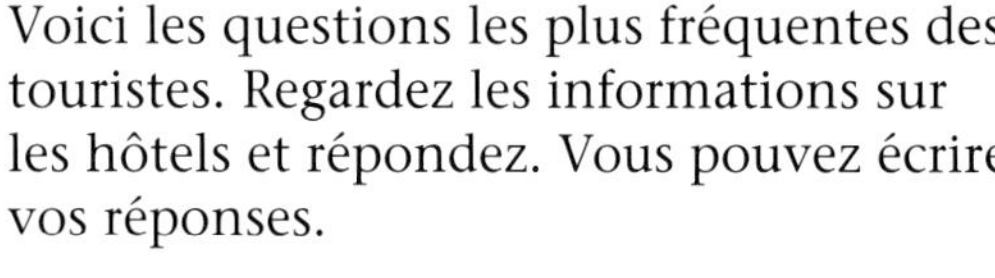

Vous travaillez à l'Office de Tourisme. Voici les questions les plus fréquentes des touristes. Regardez les informations sur les hôtels et répondez. Vous pouvez écrire vos réponses.

a) Quel est le prix de la chambre dans l'hôtel trois étoiles en tarif maxi?
b) En tarif de basse saison, est-ce que la pension complète est beaucoup plus chère que la demi-pension dans un hôtel deux étoiles?
c) En tarif de haute saison je voudrais le prix de la chambre la moins chère dans un hôtel deux étoiles.
d) En basse saison, est-ce qu'une chambre en hôtel trois étoiles est beaucoup plus chère qu'une chambre dans un hôtel deux étoiles? (Basse saison = tarif min; haute saison = tarif maxi.)

## *info France*

**LA CLASSIFICATION DES HÔTELS**

Les prix (taxes et service compris) doivent être affichés à la réception et dans chaque chambre: location de la chambre, du petit déjeuner, de la demi-pension et de la pension complète.

Les hôtels de tourisme sont classés selon certains critères:

sans étoile: eau chaude et froide dans chaque chambre; les chambres sont petites.

★ 1 étoile: les chambres sont un peu plus grandes, il y a une salle de bains pour 15 chambres et un WC pour 10 chambres par étage.

★★ 2 étoiles: le téléphone intérieur dans la chambre; 30% des chambres ont une douche et une baignoire.

★★★ 3 étoiles: les chambres ont une surface minimale de 10 m² pour deux personnes; 70% ont une salle de bains. Le personnel parle deux langues étrangères, dont l'anglais.

★★★★ 4 étoiles: chambre plus grande et plus confortable, équipée de salle de bains et WC; téléphone direct.

NN: Ces deux lettres (NN = normes nouvelles) indiquent le nouveau classement des hôtels.

# Hôtels de Tourisme

Informations et tarifs établis par le Syndicat des Hôteliers, Cafetiers Restaurateurs, Les Contamines-Montjoie.

| * Nouveau classement | Cat. | Tél. | Chambres | | | | | | Tarifs | | |
|---|---|---|---|---|---|---|---|---|---|---|---|
| | | | Nbre Ch. | Cab. Toil. lavabo | Bains WC | Dche WC | Dche ou bains | TV | Pension Complète mini/maxi | Demi Pension mini/maxi | Chambre mini/maxi |
| ***La Chemenaz** A. Aubriet (Ascenseur) | ★★★ | 50 47 02 44 Fax 50 47 12 73 | 38 | | 38 | | | 38 | 465 520 | 370 430 | 460 520 |
| ***Le Gai Soleil** R. Mermoud | ★★ | 50 47 02 94 | 19 | | 8 | 11 | | | 300 380 | 260 320 | 260 350 |
| **Les Moranches** P. Chevrat | ★★ | 50 47 03 35 | 22 | 6 | 6 | 10 | | 14 | 300 380 | 250 330 | 245 390 |
| ***Le Relais du Mont Blanc** Dommange/Zanardi | ★★ | 50 47 02 08 Fax 50 47 16 15 | 21 | | 10 | 11 | | | 295 360 | 250 310 | 260 370 |

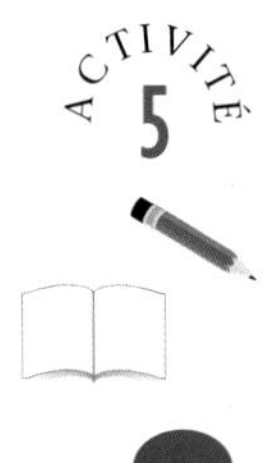


Travaillez avec un(e) partenaire. Partenaire B, vous êtes Michèle (à l'Office de Tourisme); tournez à la page 242. Partenaire A, vous êtes Gérard. Vous voulez des renseignements sur les hôtels une étoile. Regardez vos notes et posez des questions.

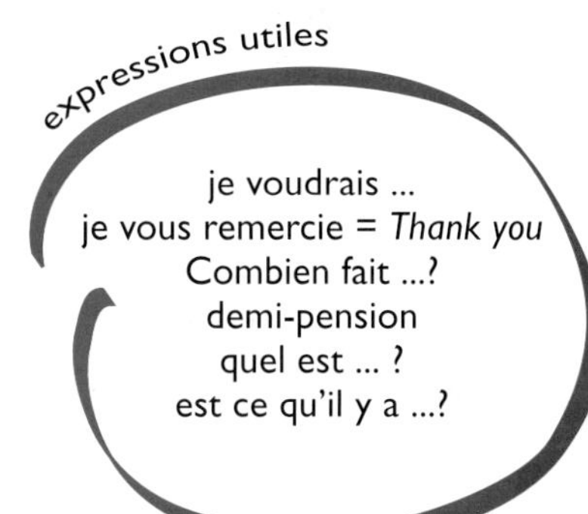

expressions utiles
je voudrais ...
je vous remercie = *Thank you*
Combien fait ...?
demi-pension
quel est ... ?
est ce qu'il y a ...?


*Price of a room with half board in July (high season)*
*Is there a garage (at the hotel)?*
*Are credit cards accepted?*

Lisez les détails de l'hôtel Le Curie et répondez aux questions.

a) What are the two attractive features of the rooms at Le Curie?
b) What are the facilities offered with each room?
c) Do you have to worry about your car?
d) What does the Le Curie offer to business residents?
e) If you choose a self-catering holiday, what facilities will be provided?

***CHAMBRES :***
*33 chambres insonorisées et personnalisées, équipées chacune d'une kitchenette complète (formule Résidence), d'une T.V. couleur (avec chaînes européennes) et d'un téléphone direct.*

***SERVICES :***
- *Salle de petit déjeuner et salon de thé avec air conditionné.*
- *Parking privatif et garage.*
- *Bagagerie et messagerie.*
  *Photocopies, minitel et télécopie.*
- *Ménage à la carte et kit-linge (formule Résidence).*

| | |
|---|---|
| insonorisé(e) | *soundproofed* |
| chacun(e) | *each (one)* |
| le parking privatif | *private parking* |
| la bagagerie | *luggage store* |
| la messagerie | *message service* |
| le ménage | (here) *cleaning* |
| l'air conditionné (m.) | *air conditioning* |
| le linge | *the household linen* |
| la chaîne | *the channel (TV)* |

ACTIVITÉ 7

## C Est-ce que vous avez des chambres libres?

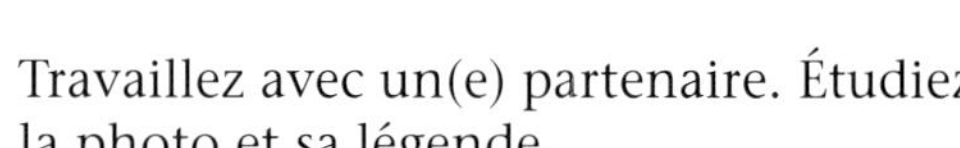

Travaillez avec un(e) partenaire. Étudiez la photo et sa légende.

Partenaire B, vous êtes des clients français: tournez à la page 242.

Partenaire A, vous êtes à la réception de l'Hôtel Leclerc. Étudiez le tableau et répondez en français:

- Confirm that there are rooms available.
- Explain which ones are available (see table below).
- Ask whether the customer wants an evening meal. And breakfast? At what time?

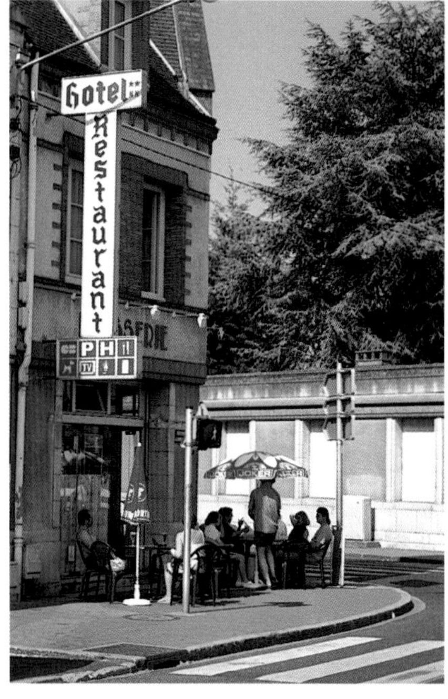


la chambre ...
... donne sur la rue
... est au-dessus de la brasserie
... est au premier étage
... est au deuxième étage

**expressions utiles**

pour combien de nuits?
Est-ce que vous pouvez épeler votre nom?
à votre service
calme
la place
salle de bains/douche
le repas du soir
le petit déjeuner
Est-ce que vous désirez ...?
à quelle heure?

| ROOM DESCRIPTION | LOCATION | PRICE |
|---|---|---|
| single room and bath | 1st floor, opens onto garden; quiet. | 245F |
| double room, large bed and bath | 1st floor, above the garage; quiet. | 350F |
| double room, large bed and bath | 1st floor, above the café, opens onto the square. | 200F |
| double room, twin beds and shower | 2nd floor, opens onto rue du Général Leclerc; quiet street, no problem. | 350F |

## LES CHAMBRES D'HÔTES

More and more people are offering bed and breakfast accommodation in France, especially in the country. You will see the sign **Chambres d'hôtes** or **Chambres à la ferme** (*farm bed and breakfast*). On arrival you may be asked to give some personal details for a reservation form (**une fiche d'accueil**). It is usually possible to arrange to have half board (**demi-pension**): a room with breakfast and an evening meal (**le repas du soir**). In some types of overnight accommodation, you may eat with the owner and the family.

In addition to the **chambres d'hôtes** and the **chambres à la ferme**, some farms have become **fermes auberges** offering traditional meals, often using the products of the farm itself. A yellow flower symbol is used to indicate that farms offering food or accommodation meet national quality standards. In the country, overnight accommodation may be offered in a local farmhouse (**une maison de ferme**), in a building on a farm (**une exploitation agricole**) or in the middle of the village (**au cœur du village**). It may even be possible to stay at a vineyard (**une exploitation viticole**). Accommodation is sometimes in a restored building (**un bâtiment restauré**): a former windmill, stable or farmhouse (**une ancienne ferme**). In old, restored buildings, bedrooms may be large enough to sleep four people (**accueil quatre personnes**).

Some proprietors offer separate toilet or bathroom facilities (**WC privé**, **salle de bains privée**) but in many cases you may have to share a bathroom and toilet (**salle de bains sur le palier** = *bathroom on the landing*). You may also have the use of a kitchen (**cuisine à disposition**).

There are also the **Gîtes d'Étape** which offer simple overnight accommodation for hikers and ramblers. Many **gîtes** offer special package deals for short stays: for example, the **formule week-ends détente** (Friday evening to Sunday evening). In package deals like these, basic groceries, heating and linen are often included in the price.

*info France*

## LES CAMPINGS

There are roughly 10,000 managed campsites (**campings aménagés**) in France. Most towns in attractive areas have their own **camping municipal**. Indeed many villages have their own **camping communal** as well as a village-owned lake for fishing (**l'étang communal**).

There is a national star system for campsites: one-star sites (**1 ét.**) have pitches (**les emplacements**) roughly 90 square metres for each tent, while four-star sites (**4 ét.**) have pitches of 100 square metres each. Sites which have facilities like water and electricity points for each caravan are classified as **Grand confort caravanes**.

**Le camping libre** (camping away from managed sites) is subject to the agreement of the proprietor of the land, but is normally forbidden near roads, on the edge of the sea, or within 500 metres of an historical monument. Many of the large, state-owned forests (**les forêts domaniales**) have designated camping sites.

Relax!

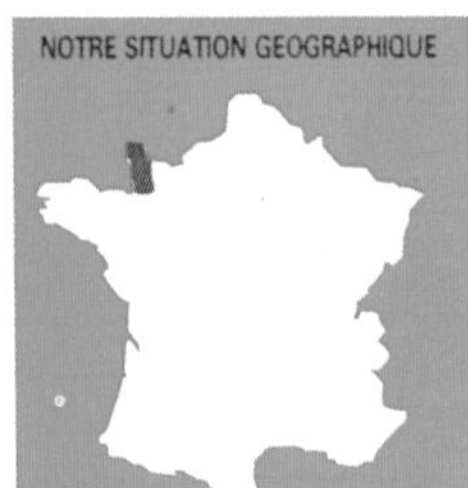


# DESTINATIONS VACANCES

*En Normandie, sur la face Ouest du Cotentin, la Côte des Isles, baignée par le Gulf Stream offre un climat tonique et vivifiant dans un espace naturel préservé.*

**NOS LOISIRS**

- Baignade
- Bains de soleil
- Promenades
- Animations diverses
- Terrain de jeux
- Boulodrome
- Tennis

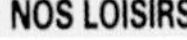

**NOS COMMODITES**

- Branchement électrique
- Sanitaire tout confort (eau chaude, douche, lavabo, évier, W.C.)
- Tous services sur place
- Nombreux loisirs
- Téléphone public
- Service courrier
- Parking

**LES LOCATIONS**

- Caravanes
- Mobil-homes

33 07 12 71

Nom ..........

Adresse ..........

..........

Code postal .......... Tél. ..........

Désire recevoir :

☐ Une documentation complémentaire

☐ Un tarif réservation

☐ Un tarif location

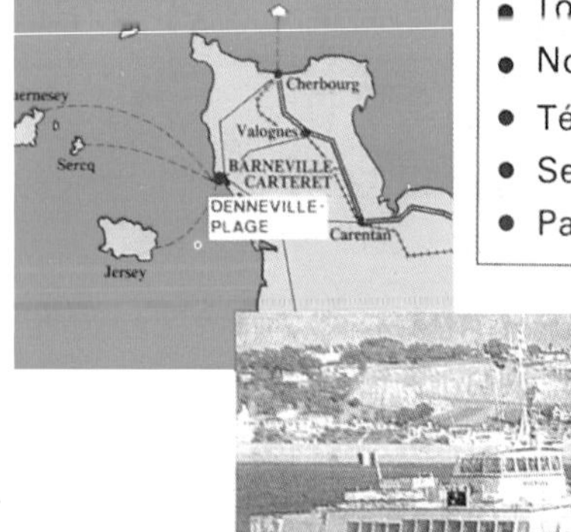

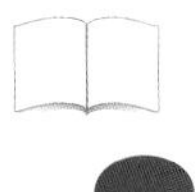

Étudiez les ***Mots-clés*** et la publicité du Camping l'Espérance. Qu'est-ce qu'il y a au camping? Répondez aux questions en anglais.

a) Why is the Côte des Isles ideal for holidays?
b) Study the *Nos loisirs* list: what activities can you do at the campsite?
c) What can you rent?
d) What facilities and services are provided?

| | |
|---|---|
| un emplacement | *a (camping) pitch* |
| l'évier (m.) | *sink* |
| les dates d'ouverture (f. pl.) | *opening dates* |
| à proximité de ... | *near to ...* |
| les commodités (f. pl.) | *facilities* |
| le branchement électrique | *mains power connection* |
| le sanitaire | (here) *washing and toilet facilities* |
| la baignade | *bathing* (lake, river or sea) |
| le bain de soleil | *sunbathing* |
| le boulodrome | *area for playing boules* |

Travaillez avec un(e) partenaire. Partenaire A, vous voulez passer une semaine au camping. Partenaire B, vous répondez aux questions et vous faites la réservation.

**expressions utiles**

on veut / nous voulons
est-ce qu'il y a ... ?
est ce qu'on peut ...?
il y a des emplacements libres
c'est complet
le prix est de ... F par personne et par jour
ça fait ... F par jour

Vous écrivez à un hôtel pour réserver une chambre.

*(use the phrases on page 87 to help you)*

You want:

- a double room with bathroom
- from 17 to 19 July (3 nights)
- information on the facilities of the hôtel

## D Le numéro de téléphone, c'est le ...

Étudiez les ***Mots-clés*** et la note sur **Je vous rappelle.**
Écoutez le dialogue et écrivez les numéros de téléphone.

**Numéros de téléphone**

a) le camping municipal ....................

b) l'Office de Tourisme ....................

c) le correspondant ....................

**Useful telephone phrases**

| | | |
|---|---|---|
| téléphoner (à ...) | *to telephone* (someone, somewhere) | Je téléphone à Paris. |
| composer | *to dial* | Composez le 03 50 21 32 79. |
| appeler | *to call, to ring* | Tu peux appeler ta sœur? |
| rappeler | *to ring back, to call back* | Je vous rappelle dans quinze minutes. |
| Merci de nous rappeler au ... | *I would be grateful if you would call me back on ...* | |
| faire erreur | *to make a mistake* | Non, mademoiselle, vous faites erreur. C'est le ... |
| faire le mauvais numéro | *to dial the wrong number* | Vous faites le mauvais numéro. |
| passer quelqu'un | *to put someone through* | Je vous passe le directeur. |
| La ligne est mauvaise. | *The line is bad.* | |
| répéter | *to repeat* | Vous pouvez répéter, s'il vous plaît? |
| Ne quittez pas ... | *Hold the line ...* | |
| Un instant, s'il vous plaît. | *One moment, please.* | |
| Je téléphone au sujet de ... | *I'm ringing about ...* | |
| C'est de la part de qui? | *Who is calling?* | |

**Je vous rappelle** ***I'll call you back***

Je peux vous rappeler? *Can I call you back?*

➤ **pages 156-7**

**Direct object pronouns**

je **vous** rappelle — *I'll call* ***you*** *back*
je **vous** passe — *I'll put* ***you*** *through to ...*

**Je** is the subject, **vous** is the object of the verb.

➤ **pages 156-7**

le correspondant — (here) *the caller*
composer — (here) *to dial*
rappeler — *to call back*
disponible — *available*

ACTIVITÉ 12

Écoutez: l'Office de Tourisme vous donne le numéro de téléphone des hôtels. Écrivez les numéros corrects.

**Hôtel**
a) Le Chamois
b) Le Christiana
c) Le Gai Soleil
d) Le Mont Joly
e) La Gelinotte
f) L'Étape

04 50 32 24 96

04 50 64 35 78

04 50 47 78 81

04 50 66 95 70

04 50 84 14 07

04 50 18 29 90

**DIALLING CODES**

When giving your telephone number outside France, you will usually quote your dialling code (**l'indicatif**, m.). In France, the system of local codes has gradually been simplified so that ten-figure numbers (**les numéros à dix chiffres**) usually include the necessary regional code at the front of the number. If you come across an old, eight-figure number, just add the regional code as follows:

01 for Paris
02 for the North West (**le Nord-Ouest**)
03 for the North East (**le Nord-Est**)
04 for the South East and Corsica (**le Sud-Est et la Corse**)
05 for the South West (**le Sud-Ouest**).

Remember that each **département** has a number which appears on vehicle number plates and in post codes. The post code for addresses in Haute Savoie begins with 74.

To telephone is **téléphoner**. In English you might say: 'I am telephoning the station', but in French you always use the preposition **à**, **au**, etc. to say where you are calling:

Je téléphone **à** la gare.
Je téléphone **au** bureau.

Travaillez avec un(e) partenaire. Étudiez les ***Mots-clés***. Partenaire A, vous travaillez à l'Office de Tourisme. Partenaire B, vous êtes des différents touristes. Tournez à la page 243.

**Partenaire A**

Étudiez ***Les Commerces*** et donnez les numéros de téléphone aux touristes.

*exemple:*

B: Vous avez le numéro d'un magasin de jouets?

A: Alors oui, vous avez l'Île aux Trésors, au 04 50 47 11 79.

| | |
|---|---|
| l'alimentation (f.) | *food shop* |
| l'artisanat (m.) | (here) *craft and gift shop* |
| le jouet | *toy* |
| la blanchisserie | *laundry* |
| la laverie | *laundrette* |
| la droguerie | *hardware store* (sells household cleaning products but not usually ironmongery) |
| le salon de thé | *tea room* |

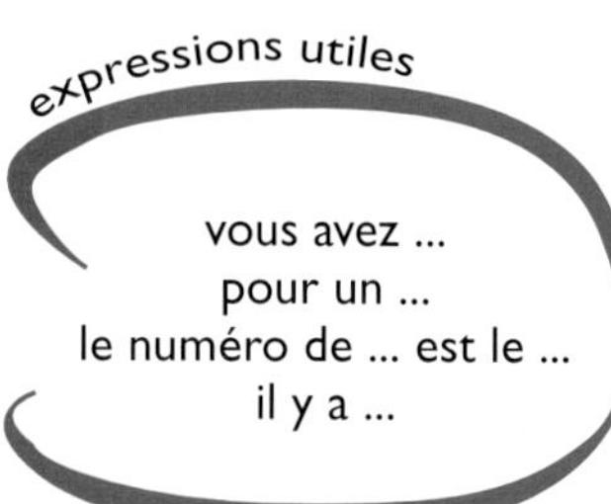


# LES COMMERCES

**Alimentation**
CASINO ........ 50 47 09 11
CODEC ........ 50 47 01 72
LE REFUGE GOURMAND ........ 50 47 00 03

**Artisanat, Souvenirs, Jouets**
COCCINELLE ........ 50 47 10 39
DIVERSITÉS ........ 50 47 02 34
L'ILE AUX TRÉSORS ........ 50 47 11 79
LE MOULE À BEURRE ........ 50 47 02 03
LA VOYOUTERIE ........ 50 47 01 48

**Banque, Change**
BANQUE POPULAIRE SSC ........ 50 47 04 71
(distributeur de billets 7 jours/7, 24h/24)
CRÉDIT AGRICOLE ........ 50 47 02 25

**Bars**
LA BÉRANGÈRE ........ 50 47 07 62
LA PATINOIRE - PMU ........ 50 47 02 79
LES RHODOS ........ 50 47 01 65
LE SAXO ........ 50 47 07 75
LE SCHUSS ........ 50 47 03 93
LE TÉTRAS PUB ........ 50 47 08 49

**Blanchisserie, Location de linge**
L'ÉCLAT DES CÎMES ........ 50 47 10 09

**Boucherie**
DUCROZ ........ 50 47 01 53
MICHON ........ 50 47 03 17

**Boulangerie, Pâtisserie**
LES DÉLICES DE MONTJOIE ........ 50 47 01 80
LA PETITE FOURNÉE ........ 50 47 09 08

**Droguerie**
BERGAMELLI ........ 50 47 01 67

**Garage, Station service**
GARAGE DE TRÉ LA TÊTE ........ 50 47 01 52

**Magasins de sports**
ALLEY OOP ........ 50 47 02 60
AU VIRAGE MERMOUD SPORTS ........ 50 47 04 46
BONNARD SPORTS hiver ........ 50 47 06 33
HUBERT SPORTS ........ 50 47 01 98
JB SPORTS ........ 50 47 02 38
MONTJOLY SPORTS ........ 50 47 07 76
RONCHAIL SPORTS ........ 50 47 00 26
........ 50 47 05 97
SIMOND SPORTS ........ 50 47 03 99
SKI SERVICE hiver ........ 50 47 01 83
SKI SHOP hiver ........ 50 47 00 32
SKI TOUT SCHUSS hiver ........ 50 47 18 29
SURF AND SKI hiver ........ 50 47 02 48

**Parfumerie, Lingerie**
JOLIE FRIMOUSSE ........ 50 47 05 51

**Pâtisserie, Salon de thé**
L'AROLLE ........ 50 47 03 51

**Photo, Vidéo, Son, Location TV**
PHOTO CONTAMINES ........ 50 47 02 03
TÉLÉ SKI ........ 50 47 05 03

**Produits régionaux**
LA CENDRÉE ........ 50 47 00 41
LE PEILLE ........ 50 47 06 16

**Promoteurs Immobiliers**
CIMALP ........ 50 47 03 65

**Tabac, Presse, Loto**
TABAC MERLIN ........ 50 47 06 67

11

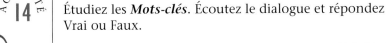

# E Je voudrais parler à ...

ACTIVITÉ 14

Étudiez les ***Mots-clés***. Écoutez le dialogue et répondez Vrai ou Faux.

| | Vrai | Faux |
|---|---|---|
| a) Jérôme téléphone au département de marketing. | ☐ | ☐ |
| b) Jérôme appelle de Compiègne. | ☐ | ☐ |
| c) M. Seyrac est à son bureau. | ☐ | ☐ |
| d) M. Seyrac peut rappeler Jérôme plus tard. | ☐ | ☐ |

ACTIVITÉ 15

Travaillez avec un(e) partenaire. Partenaire A, voici vos notes: vous commencez la conversation téléphonique. Partenaire B, vos notes sont à la page 243.

| *Your name / job title:* | *You want to speak to:* | *It's about:* | *Your phone number is:* |
|---|---|---|---|
| You are the sales director | Mme Briant | Next week's meeting | 1 476 96 77 14 |
| Give your own name | The person in charge of twinning | Your visit to the French town | 1 260 42 54 80 |
| You are the marketing manager at Sunseeker UK | The bank manager | Your appointment at 10 a.m. today | 1 202 66 24 83 |

## info France

### LES TÉLÉCOMMUNICATIONS

La France est bien placée dans le domaine des télécommunications: maîtrise de technologie avancée et active contribution au programme européen de la fusée Ariane.

Les fibres optiques, très performantes, commencent à équiper le réseau français: elles permettent de transporter à grande vitesse tout type d'information numérisée: texte, voix, images fixes ou animées.

**expressions utiles**

le directeur de ... (vente/marketing)
responsable de/du ...
en charge de/du ...
c'est au sujet de ...
la semaine prochaine
rendez-vous (m.)
réunion (f.)

| | |
|---|---|
| le département | (here) *the department* |
| aider | *to help* |
| à son bureau | *in his/her office* / *at his/her desk* |
| en ce moment | *at the moment* |
| en réunion | *in a meeting* |
| laisser | *to leave* |

## F Veuillez parler après la tonalité

ACTIVITÉ 16

Étudiez les ***Mots-clés*** et écoutez la cassette. Répondez aux questions:

a) What is the phone number of the answerphone?
b) What is Francis Seyrac's position in the company?
c) What is Roger Planchon ringing about?
d) What is he asking M. Seyrac?
e) What does he want M. Seyrac to do?
f) What is M. Planchon's phone number?

| | |
|---|---|
| *Message* | Vous êtes au zéro cinq vingt-deux quarante-deux soixante-deux soixante-dix-huit. Ici Francis Seyrac, directeur de marketing. Je suis absent en ce moment. Si vous désirez laisser un message, veuillez parler après la tonalité. |
| *Correspondant* | Ici Roger Planchon de la société Chabert. Je viens à Bordeaux le 20 juin avec un collègue et nous voudrions discuter de notre projet avec vous. Est-ce qu'il est possible de vous rendre visite à cette date? Merci de nous rappeler au zéro quatre cinquante-six trente-quatre quatre-vingt-seize quatre-vingt-huit aussitôt que possible. |

| | |
|---|---|
| absent(e) | *absent* |
| la tonalité | *the tone* |
| de la société Chabert | (here) *from the Chabert company* |
| discuter de | *to discuss* |
| le projet | *the project* |
| rendre visite à quelqu'un | *to visit someone* |
| aussitôt que possible | *as soon as possible* |

ACTIVITÉ 17

### À vous!

Vous préparez un message pour un répondeur automatique. "**Ici** ..."

- Give your name and the name of the company you work for (Twynham Plc).
- You have an appointment with the manager today at 15.00 but you are unable to come.
- Apologise and say you will ring back tomorrow to make a new appointment.

## G Nous allons arriver vers 14 heures

ACTIVITÉ 18

Étudiez les ***Mots-clés*** et la note sur **aller + verbe** et **espérer + verbe**. Écoutez et lisez la conversation téléphonique et complétez l'agenda de Jérôme.

*José* Oui, allô?
*Jérôme* Bonjour, José, c'est Jérôme à l'appareil.
*José* Bonjour! Merci de nous rappeler ... je voudrais les détails de votre visite le seize juin.
*Jérôme* Oui, alors nous sommes de retour de Paris le quinze ... nous allons donc arriver à Avignon vers dix heures, faire le tour de la ville, et nous espérons passer l'après-midi dans votre entreprise.
*José* Parfait! Alors, je vais organiser une présentation à quatorze heures et une visite du département de production à quinze heures ...

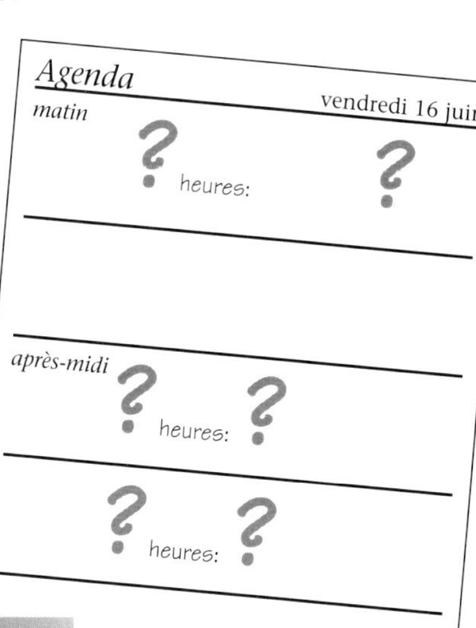

| | |
|---|---|
| c'est ... à l'appareil | *it's ... speaking* |
| être de retour de ... | *to be back from ...* |
| donc | *therefore* |
| faire le tour de ... | *to go round ...* (a tour) |
| espérer | *to hope* |
| l'entreprise (f.) | *the organisation, company* |
| parfait(e) | *perfect* |

**aller + verbe** ***to be going to***

This is a way of expressing the future:

| | |
|---|---|
| je vais organiser | *I'm going to organise* |
| nous allons arriver | *we're going to arrive* |

➤ **page 157**

**espérer + verbe** ***to hope to***

nous espérons passer ... *we hope to spend ...*

Note the change of accent on silent endings:

j'espère *I hope*

➤ **page 157**

**Je vais ... J'espère ...** Aidez Jean-Luc. Il écrit à son amie, Paulette, à Vierzon. Regardez son agenda et utilisez **aller + verbe** et **espérer + verbe**.

**7 août** — dimanche
~~Vierzon, réunion avec Marc et Paulette~~
*Conduire Sandra à Paris*

**8 août** — lundi
*Retour de Paris*

**9 août** — mardi
*? Vierzon? Déjeuner avec Paulette et Marc?*

**10 août** — mercredi
*Voyage à Nantes*

**11 août** — jeudi
*9h à 11h 30 Vierzon – rendez-vous avec Directeur de Communications.*
*15h Vierzon – visite de l'usine.*

**12 août** — vendredi
*Prendre ferry au Havre*

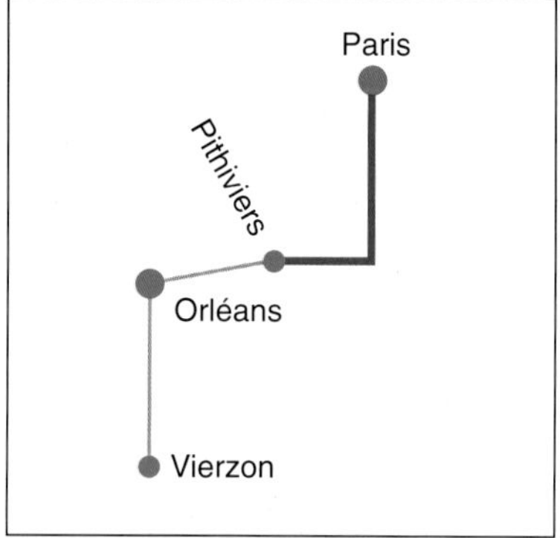


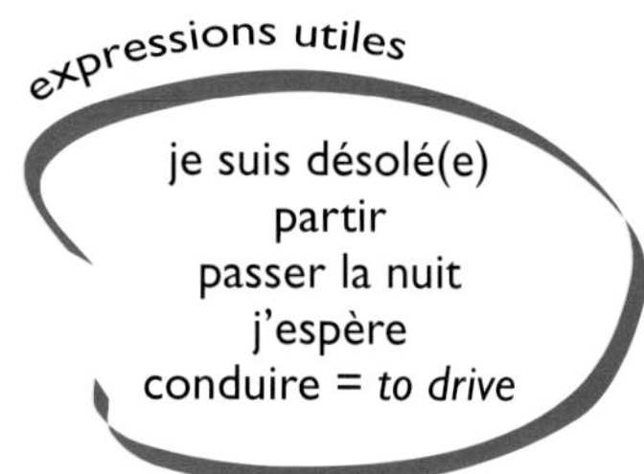

expressions utiles
je suis désolé(e)
partir
passer la nuit
j'espère
conduire = to drive


## H Je dois aller à une réunion

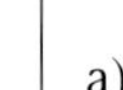

Étudiez les ***Mots-clés*** et la note sur **devoir** et **voir**. Écoutez et lisez le dialogue à la page 155 et répondez aux questions.

a) Why is Paulette phoning Marc?
b) How does 9th August suit Paulette?
c) Why can't Marc make it on 9th August?
d) Is Marc free on 12th August?
e) Do they succeed in arranging a date?

| **devoir** | ***to have to, must*** |
|---|---|
| je dois | *I must, I have to* |
| il doit | *he must, he has to* |
| il doit conduire | *he has to drive* |

➤ **pages 157-8**

| **voir** | ***to see*** |
|---|---|
| tu vois | *you see* |

➤ **page 158**

| | |
|---|---|
| Écoute! | *Listen!* (familiar) |
| convenu | *agreed* |
| comme convenu | *as agreed* |
| rien de grave | *nothing serious* |
| c'est bon | *it's OK* |
| la journée | *the day* |
| Attends! | *Wait!* (familiar) |
| pourquoi pas | *why not* |
| pressé(e) | *busy* |
| assister à | *to attend* |
| arranger | (here) *to suit, arrange* |
| l'ingénieur en chef (m.) | *the chief engineer* |

*Paulette* Allô, Marc? C'est Paulette à l'appareil! Écoute, Jean-Luc ne peut pas venir à Vierzon dimanche comme convenu.

*Marc* Rien de grave, j'espère?

*Paulette* Non, non, il doit conduire sa fille à Paris et ne va pas être de retour avant lundi. Il peut venir à Vierzon le mardi, c'est le 9 août. Est-ce que tu es libre à cette date? Pour moi c'est bon.

*Marc* Attends, je vais voir. Alors le 9 août, oh là là, c'est complet! Quelle journée! À dix heures je dois aller à une réunion, à midi je dois déjeuner avec des clients et à quinze heures je vais passer deux heures avec l'ingénieur en chef. Tu vois - impossible! Pourquoi pas le vendredi douze, je ne suis pas trop pressé ce jour-là et je vais à Vierzon.

*Paulette* Ça ne va pas pour moi! Je dois assister à une conférence.

*Marc* Ah! C'est compliqué pour arranger tout le monde!

ACTIVITÉ
21

## À vous!

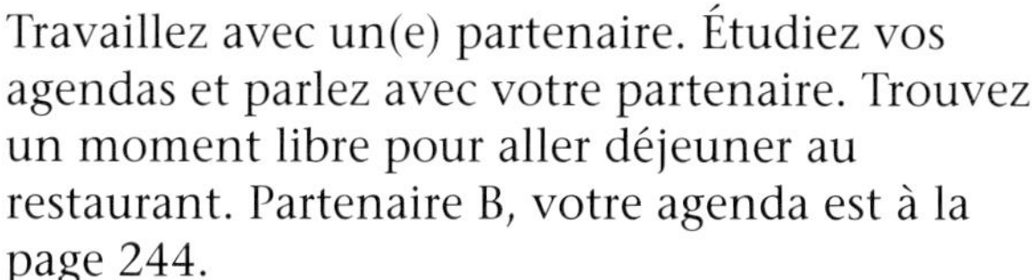

Travaillez avec un(e) partenaire. Étudiez vos agendas et parlez avec votre partenaire. Trouvez un moment libre pour aller déjeuner au restaurant. Partenaire B, votre agenda est à la page 244.

*exemple:*
- Vendredi, c'est bon pour moi.
- Non, c'est impossible, je dois assister à une conférence.

**Partenaire A**

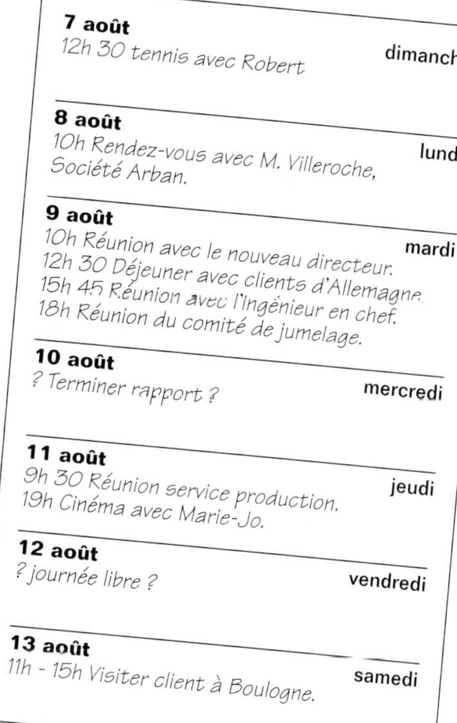

**7 août** dimanche
12h 30 tennis avec Robert

**8 août** lundi
10h Rendez-vous avec M. Villeroche, Société Arban.

**9 août** mardi
10h Réunion avec le nouveau directeur.
12h 30 Déjeuner avec clients d'Allemagne.
15h 45 Réunion avec l'ingénieur en chef.
18h Réunion du comité de jumelage.

**10 août** mercredi
? Terminer rapport ?

**11 août** jeudi
9h 30 Réunion service production.
19h Cinéma avec Marie-Jo.

**12 août** vendredi
? journée libre ?

**13 août** samedi
11h - 15h Visiter client à Boulogne.

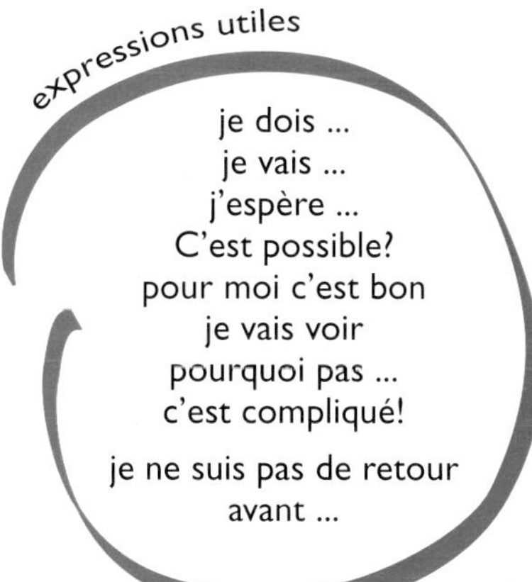
expressions utiles
je dois ...
je vais ...
j'espère ...
C'est possible?
pour moi c'est bon
je vais voir
pourquoi pas ...
c'est compliqué!
je ne suis pas de retour avant ...

# Grammaire

### *Faire*

**Faire** is a very common irregular verb with a number of meanings. Its basic meaning is *to make* or *to do*, but it also appears in a lot of idiomatic phrases, such as **Ils font combien?**, *How much are they?* and **Il fait froid**, *It's cold* (weather).

Here are the forms of **faire** in the present tense.

| **faire** to do, to make | | | |
|---|---|---|---|
| *Singular* | | *Plural* | |
| je **fais** | *I do* | nous **faisons** | *we do* |
| tu **fais** | *you do (familiar)* | vous **faites** | *you do (plural or polite singular)* |
| il / elle / on **fait** | *he / she / it does* | ils / elles **font** | *they do* |

### *Rappeler*

The phrase **Je vous rappelle** is from the verb **rappeler**, *to call back*. Notice the change in spelling at the ending: this modification is because the final **e** is not pronounced. Whenever the ending is silent, the **l** is doubled to **ll**.

Here are all the forms of the verb **rappeler** in the present tense.

| **rappeler** to call back | | | |
|---|---|---|---|
| *Singular* | | *Plural* | |
| je rappel**le** | *I call back* | nous rappel**ons** | *we call back* |
| tu rappel**les** | *you call back (familiar)* | vous rappel**ez** | *you call back (plural or polite singular)* |
| il / elle / on rappel**le** | *he / she / it calls back* | ils / elles rappel**lent** | *they call back* |

The same rule applies to **appeler**, *to call*, which you met in Unit 1: **Je m'appelle ...**, *I am called, my name is ...*

### Direct object pronouns: *Je vous rappelle*

You have already seen **vous** used in sentences such as **Vous vendez des télécartes? Vous voulez aller au restaurant?** In these examples, **vous** is doing the action of the verb.

But in the phrase **je vous rappelle**, **je** does the action of phoning back (the subject) and **vous** is receiving the action (the object). In this case, therefore, **vous** is a direct object pronoun.

**Nous** is used in a similar way: **Merci de nous rappeler**, *Please call us back.*

Notice the word order: the object pronoun comes before the main verb.

I'll call **you** back = Je **vous** rappelle

verb pronoun pronoun verb

Note that **pouvoir** and **vouloir** are not considered as main verbs:
Est-ce que je peux **vous** rappeler?

## Expressing the future: *Je vais réserver*

So far, we have used the present tense to describe actions taking place now:
Je prends le train. *I take/I am taking the train.*

and also to describe a future action:
Je prends le train demain. *I am taking the train tomorrow.*

The above sentence is perfectly correct and is commonly used in spoken French. There are, however, other tenses of the future and one of them, called the immediate future, is the equivalent of the English idea of *to be going to*. This uses the present tense of the verb **aller** (see page 138) followed by the main verb in the infinitive.

Je vais réserver une chambre. *I'm going to reserve a room.*
Je vais prendre le train. *I'm going to catch the train./I'm going to take the train.*
Elle va téléphoner. *She is going to telephone.*
Vous allez écrire tout de suite? *Are you going to write at once?*

In French, the future with **aller** indicates that the action is going to take place in the immediate future. So, if you say, *I'll telephone the station*, meaning that you are going to do it straight away, the French will say **Je vais téléphoner à la gare**.

In the negative form, **ne ... pas** is placed on either side of **aller**:
Je **ne** vais **pas** réserver. *I am not going to reserve.*

A few other verbs can be used in a similar way to **aller**. One of them is **espérer**, *to hope*:
Nous espérons arriver ... *We are hoping to arrive ...*

When the form of **espérer** has a silent ending, the accent changes: **j'espère**, **tu espères**, **il/elle/on espère**, **ils/elles espèrent**.

## *Devoir*

**Devoir**, like **pouvoir** and **vouloir**, is an irregular verb. **Devoir** means *must, to have to,* and is generally followed by another verb in the infinitive.

Je dois aller à Orléans. *I have to go to Orléans.*
Il doit conduire sa fille à Paris. *He has to drive his daughter to Paris.*

The present tense of **devoir** is as follows:

| **devoir** must, to have to | | | |
|---|---|---|---|
| *Singular* | | *Plural* | |
| je **dois** | *I have to* | nous **devons** | *we have to* |
| tu **dois** | *you have to (familiar)* | vous **devez** | *you have to (plural or polite singular)* |
| il / elle / on } **doit** | *he / she / it* } *has to* | ils / elles } **doivent** | *they have to* |

### *Voir*

This is another irregular verb, meaning *to see*. The *you* forms are often used in conversation: **Tu vois? Vous voyez?**, *Do you see?*

Here is the present tense:

| **voir** to see | | | |
|---|---|---|---|
| *Singular* | | *Plural* | |
| je **vois** | *I see* | nous **voyons** | *we see* |
| tu **vois** | *you see (familiar)* | vous **voyez** | *you see (plural or polite singular)* |
| il / elle / on } **voit** | *he / she / it* } *sees* | ils / elles } **voient** | *they see* |

## En pratique

1 Turn the following sentences into the future with **aller**:

e.g. Je prends le train. → **Je vais prendre le train.**

a) Le train part dans cinq minutes.
b) Je n'attends pas ici.
c) Nous en achetons trois.
d) Est-ce que vous rappelez demain?
e) Ils ne finissent pas aujourd'hui?
f) Nous passons deux heures avec le consultant.
g) Il conduit sa mère à Paris.
h) Vous n'arrivez pas à quatorze heures.

2 How would you say the following in French?

a) I am going to buy a box of chocolates.
b) We are hoping to spend a week in France.
c) I'll ring you back.
d) My colleague is going to send the report to you.
e) Our children are going to arrive at the station.
f) They are hoping to visit the château.
g) He is not going to wait here.
h) Are you going to spend the night in Orléans?

3 Put the words in the right order to say ...

| | |
|---|---|
| a) We can send you ... | vous / pouvons / envoyer / nous |
| b) Please call us back. | rappeler / nous / veuillez |
| c) Can you sell us ... | pouvez / nous / vous / vendre / est-ce que |
| d) I can call you back. | peux / vous / rappeler / je |
| e) We want to give you ... | voulons / donner / vous / nous |

4 Using **devoir**, ask these people if they have to ...

e.g. Nous assistons à la conférence. → **Vous devez assister à la conférence?**

| | |
|---|---|
| a) Je vais à Paris demain. | Tu ... |
| b) Je fais plusieurs visites. | Vous ... |
| c) Il part dans une heure. | Il ... |
| d) Nous acceptons les chèques. | Vous ... |
| e) Elles louent leur maison. | Elles ... |
| f) Je rappelle tout de suite. | Vous ... |
| g) J'écris à Marc. | Vous ... |

Now you have completed Unit 8, can you:

| | *tick* |
|---|---|
| 1 Explain the type of hotel room you want and make the reservation? *See pages 138-9.* | ☐ |
| 2 Understand the facilities offered by a campsite? *See pages 145-8.* | ☐ |
| 3 Make a simple phone call? *See pages 148-50.* | ☐ |
| 4 Leave a message on an answerphone? *See pages 151-2.* | ☐ |
| 5 Make arrangements? *See pages 153-5.* | ☐ |

# Vocabulaire

HOTELS, GÎTES AND CAMPING

| | |
|---|---|
| Cat. = la catégorie | *the category* (of hotel) |
| complet (m.), complète (f.) | *full, fully booked* |
| la pension complète | *full board* |
| la demi-pension | *half board* |
| disponible | *available* |
| libre | *free, available* |
| la chambre double | *the double room* |
| la chambre simple | *the single room* |
| le grand lit | *the double bed* |
| le lit jumeau | *the twin bed* |
| la clé, la clef | *the key* |
| insonorisé(e) | *soundproofed* |
| le coffre-fort | *the safe* |
| la salle de bains | *the bathroom* |
| la douche | *the shower* |
| la baignoire | *the bath* |
| le lavabo | *the washbasin* |
| le WC | *the toilet* |
| verser des arrhes (f. pl.) | *to pay a deposit* |
| verser une caution | *to pay a security deposit* |
| la bagagerie | *the luggage store* |
| la chaîne | *the channel* (TV) |
| le ménage | *cleaning* |
| la messagerie | *the message service* |
| la salle de jeu | *the games room* |
| le branchement électrique | *mains power connection* |
| un emplacement | *a (camping) space* |
| le linge | *the household linen* |
| le restaurant passage | *restaurant for non-residents* |
| le sanitaire | (here) *washing and toilet facilities* |
| le téléphone direct | *the direct-line telephone* |
| les commodités (f. pl.) | *facilities* |
| luxueux (m.), luxueuse (f.) | *luxurious* |

TELEPHONING

| | |
|---|---|
| je suis au ... (+ numéro de téléphone) | *I am on ...* (+ phone number) |
| je voudrais savoir si ... | *I would like to know if ...* |
| je vous passe ... | *I'll hand you over to ...* / *I'll put you through to ...* |
| je vous rappelle | *I'll call you back* |
| je vous remercie | *thank you* |
| l'indicatif (m.) | *the dialling code* |
| la ligne | (here) *the telephone line* |
| la tonalité | *the tone* |
| le/la correspondant(e) | (here) *the caller* |
| C'est Marc à l'appareil | *It's Marc speaking* |
| rappeler | *to call back* |
| téléphoner à ma mère | *to telephone my mother* |
| faire erreur | *to make a mistake* |
| faire le mauvais numéro | *to dial the wrong number* |

OTHER USEFUL WORDS AND PHRASES

| | |
|---|---|
| arranger | (here) *to suit, to arrange* |
| assister à ... | *to attend* (an event) |
| remercier | *to thank* |
| être de retour | *to be back* |
| savoir | *to know* (a fact) |
| absent(e) | *absent* |
| discuter (de) | *to discuss* |
| aussitôt que possible | *as soon as possible* |
| bas(se) | *low* |
| haut(e) | *high* |
| c'est bon | *it's OK* |
| chacun(e) | *each (one)* |
| compliqué(e) | *complicated* |
| convenu | *agreed* |
| comme convenu | *as agreed* |
| donc | *therefore* |
| faire | *to make, to do* |
| mauvais(e) | *bad* |
| plusieurs | *several* |
| à proximité de ... | *near to ...* |
| ancien(ne) | *former* |
| rien de grave | *nothing serious* |
| toujours | (here) *still* |
| la journée | *the day* |
| la période | *the period* |
| la saison | *the season* |
| le projet | *the project* |
| l'alimentation (f.) | *the food shop* |
| le jouet | *the toy* |
| la blanchisserie | *the laundry* |
| la laverie | *the laundrette* |
| la droguerie | *the hardware store* |
| le departement | *the department* |
| aider | *to help* |
| en ce moment | *at the moment* |
| en réunion | *in a meeting* |
| laisser | *to leave* |
| rendre visite à quelqu'un | *to visit someone* |
| espérer | *to hope* |
| espérer arriver | *to hope to arrive* |
| l'entreprise (f.) | *the organisation, the company* |
| parfait(e) | *perfect* |
| tôt | *soon, early* |
| devoir | *must, to have to* |
| voir | *to see* |

# En route!

- Driving in France
- Requesting and giving directions
- Road signs
- Service stations, breakdowns and parking

## A Tu sors par la porte d'Italie

ACTIVITÉ 1

Étudiez les ***Mots-clés***, la note sur **sortir**, et la carte de la région parisienne. Claude et Alain quittent Lille et veulent aller à Dijon. Écoutez le dialogue (page 162) et choisissez les bonnes réponses.

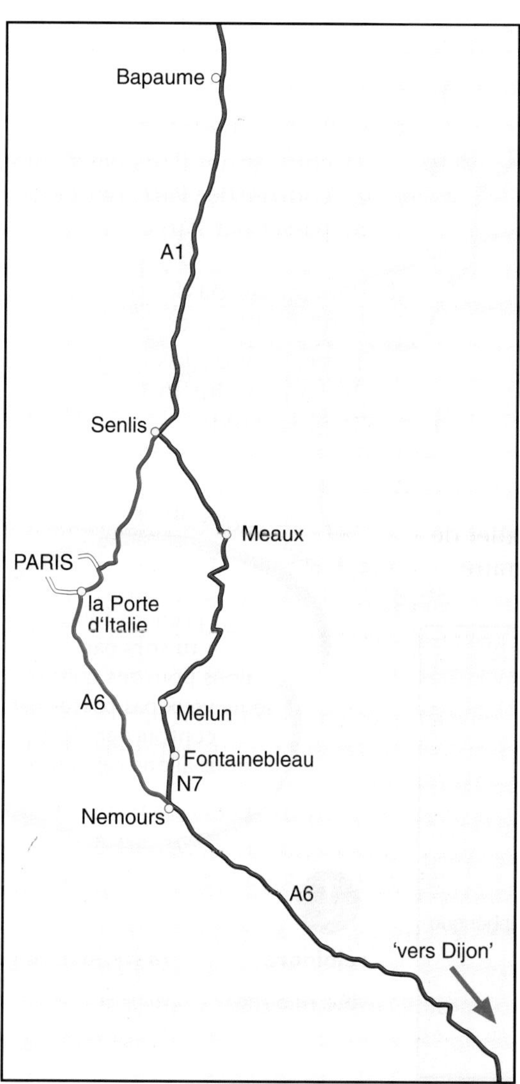

| | |
|---|---|
| **sortir** | ***to go out, to leave*** |
| tu sors<br>vous sortez | *you leave, you go out* |

➤ **page 174**

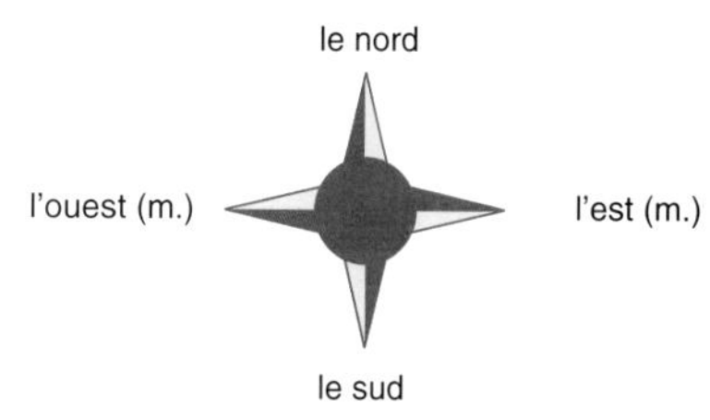


à l'est de Paris *east of Paris*

| | |
|---|---|
| la carte | *the map* |
| la route | *the road* |
| l'autoroute (f.) | *the motorway* |
| passer par ... | *to go via...* |
| le périphérique | *the ring road* |
| la porte d'Italie | a main road junction leading in and out of Paris |
| conduire | *to drive* |
| la circulation | *the traffic* |
| la région parisienne | *the Paris region* |
| quitter | *to leave* (a place) |
| contourner | *to go round, to bypass* |
| l'est (m.) | *the east* |
| rejoindre | *to (re)join, to get to* |
| encombré(e) | (here) *busy* |
| vers | *towards* |

*Jacqueline* Oh, là, là, nous sommes perdus, Michel. Demandons le chemin à cette dame là-bas.

*Michel* Pardon, madame, pouvez-vous nous indiquer la route pour le Château de St-Vidal, s'il vous plaît?

*Dame* Vous venez d'où?

*Jacqueline* De Brioude.

*Dame* Alors, vous allez tout droit pendant trois, quatre kilomètres et puis vous arrivez à un carrefour, vous rejoignez la D neuf cent six et vous tournez à droite, d'accord?

*Michel* D'accord!

*Dame* Ensuite, continuez tout droit jusqu'au Puy, et au Puy vous n'entrez pas dans le centre-ville, il y a une voie de rocade. Vous allez arriver à deux ronds-points et au deuxième, vous devez prendre la route de Langeac. Le Château de St-Vidal est indiqué au deuxième rond-point, il y a un panneau.

*Jacqueline* Je vous remercie, madame.

## À vous!

Pouvez-vous indiquer un autre itinéraire? (par Langeac)

pour aller à … s'il vous plaît?
vous rencontrez
vous continuez …/ vous allez …
tout droit
pendant trois, quatre kilomètres
vous arrivez à
vous rejoignez
vous tournez à droite / à gauche
jusqu'au Puy
vous devez prendre la route de Langeac
le (Château de St-Vidal) est indiqué

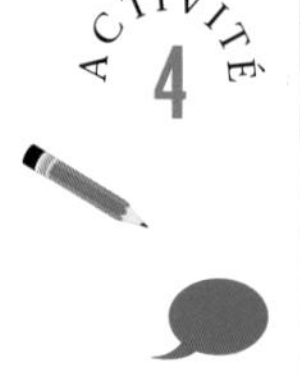


Vous êtes à St-Vidal, vous rencontrez des touristes français. Ils vous demandent le chemin du Château de Lespinasse. Répondez.

Écoutez les directions sur cassette et regardez la carte du circuit de Haute-Loire. Où arrivez-vous?

*What village are you going to see and what château can you visit there?*

**pour aller à …**

This is the simplest phrase to use when you want directions. You can also say:
**Je veux aller à …**
or **Nous voulons aller à …**

**Les instructions**

| | |
|---|---|
| Demandons | *Let's ask* |
| Continuez | *Continue* |

➤ **pages 174–5**

| **venir** | ***to come*** |
|---|---|
| Vous venez d'où? | *Where are you coming from?* |

➤ **page 175**

ACTIVITÉ 6

## C Vous êtes le co-pilote

Vous êtes le co-pilote! Vous voulez aller voir des amis à l'Hôtel La Paix à Amiens. Vous quittez Paris et votre amie française conduit la voiture. Étudiez les illustrations et répondez aux questions de votre amie.

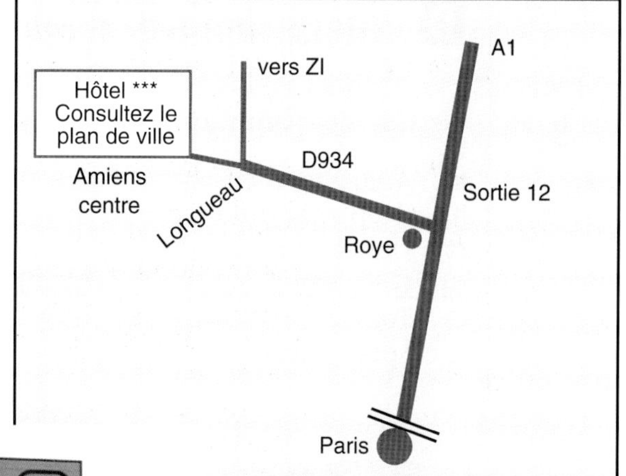


a) Voilà, nous sommes sur l'A1, on doit quitter l'autoroute? ➜

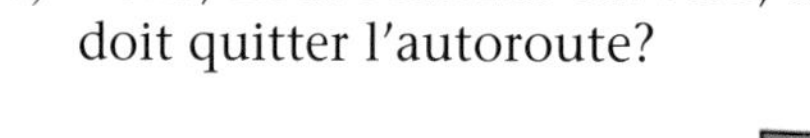

b) Regarde le panneau, c'est pour nous? ➜

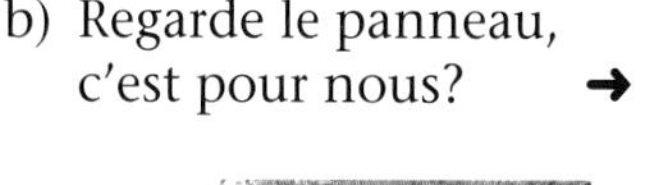

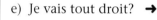

c) Ah, regarde le panneau, qu'est-ce qu'on doit faire? ←

d) Ah, nous sommes sur la D934. C'est bon? ➜

e) Je vais tout droit? ➜

f) Toujours tout droit? ↓

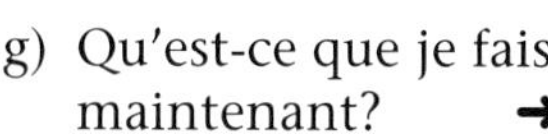

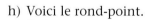

g) Qu'est-ce que je fais maintenant? ➜

h) Voici le rond-point. Qu'est-ce que je fais ici? ←

i) Je tourne à gauche ici? ➜

ACTIVITÉ 7

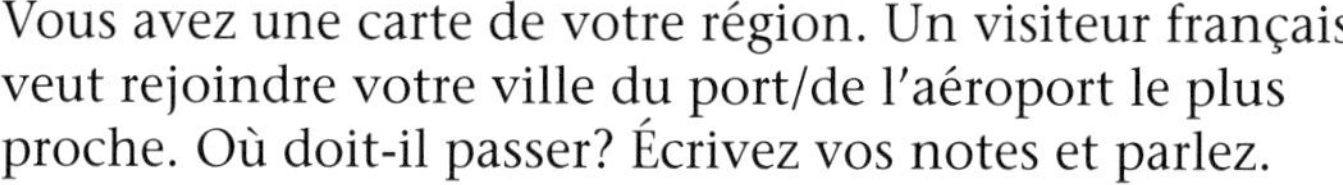

Vous avez une carte de votre région. Un visiteur français veut rejoindre votre ville du port/de l'aéroport le plus proche. Où doit-il passer? Écrivez vos notes et parlez.

## D Vitesse limitée à 80 km/h

Regardez les panneaux et trouvez l'équivalent en anglais.

a) Adjust your speed
b) Keep your distance
c) Drivers: careful!
d) Give way
e) Toll
f) Speed checks
g) Road closed
h) Have a good journey
i) Roadworks in progress
j) Road works on RN29
k) Underpass
l) Slow vehicles

4

1

2

3

TRAVAUX
SUR RD 54
ROUTE BARREE
A 1200m

### SUR LES ROUTES DE FRANCE

The original system of main trunk roads (**les grands axes**) was developed to link Paris as quickly and as directly as possible to major regional towns. As a result of this all major roads, and later all major rail routes, involved going through or round Paris.
The French motorway network has developed rapidly over the last twenty years and now efforts are being made to build major rail and road links directly across France to open up (**désenclaver**) the regions.

**Autoroutes** are indicated by a letter **A** before the number of the motorway. Most of these are toll roads (**les routes à péage**) and you should have toll money ready for the toll gate (**le péage**). It is now possible to pay by credit card at some toll gates.

There are other types of road:

- **la route nationale** - indicated by the letters **RN** or **N** in front of the number of the road, e.g. RN 10, RN 20 or sometimes N 10, N 20 (**la nationale dix, la nationale vingt**). These roads can be compared to 'A' roads in Britain or highways in the USA.
- **la route départementale** - indicated by the letter **D** or sometimes **RD** in front of the number of the road: D 10, D 20 (**la départementale dix, la départementale vingt**). These roads can be compared with British 'B' roads and often provide the best way of touring France if you have time to spare.

**Some useful travel expressions**

Vérifiez vos pneus
*Check your tyres / tires*

Ceinture de sécurité
*Seat belt*

Dormir ou conduire
*Tiredness can kill*

Roulez à droite
*Drive on the right*

Interdiction de dépasser
*No overtaking*

Ralentissez
*Slow down*

Chaussée glissante
*Slippery road*

## LES AIRES DE REPOS

The French authorities recommend that motorists follow alternative holiday routes (**les itinéraires Bison futé** or **les itinéraires Bis**) at busy times of the year. The busiest periods for holiday traffic are classified **orange** (quite busy), **rouge** (very busy) or **noir** (extremely busy). The last Saturday in July is often classified as **noir**. There may be as many as fourteen million cars on the French roads on that day as those returning from July holidays (**les juilletistes**) meet those setting out for August holidays (**les aoûtiens**). Even at the busiest times of the year it is usually possible to avoid much of the heavy traffic by following minor **routes nationales** or **routes départementales**.

Because of her geographical position, France's main roads carry high volumes of long-distance traffic and France has some of the biggest motorway service areas in Europe. There are many **aires de repos** (literally 'rest areas') along the road network (**le réseau routier**). Some may be small, simple picnic areas but in places where high volumes of traffic are expected, they can be very large.

The **aire de repos** at Beaune covers 90 hectares, has parking spaces (**des emplacements parking**) for roughly 500 cars on each side of the road, and over 200 permanent service staff. The larger **aires de repos** have restaurants, showers, picnic areas and recreation facilities; some of them also have special facilities (**les 'truckstore'**) for drivers of large goods vehicles (**les conducteurs de poids lourd**).

In summer some of the larger **aires de repos** try to encourage car drivers (**les automobilistes**) to stop and relax. The message is: 'Dès que vous êtes sur l'autoroute vous êtes en vacances' (*as soon as you are on the motorway you are on holiday*). They may have clowns and shows for children and even masseurs for the parents. It is quite common for travellers to camp overnight at an **aire de repos** and some tourists even use them for all their overnight stops on long journeys. Larger **aires de repos** are controlled by a site manager who has to make sure that the facilities pass regular safety and hygiene inspections.

ACTIVITÉ
9

Étudiez la publicité *Café Route* et répondez aux questions de votre ami anglais:

a) What do you get for breakfast at a *Café Route*?
b) Where is the nearest *Café Route* to Paris situated?
c) If you are going from Tours to Bordeaux where will you find the nearest *Café Route* to Tours?
d) What does the **formule voyageur** offer?

CAFE ROUTE

La pause tonique qui vous fait gagner du temps et de l'argent.

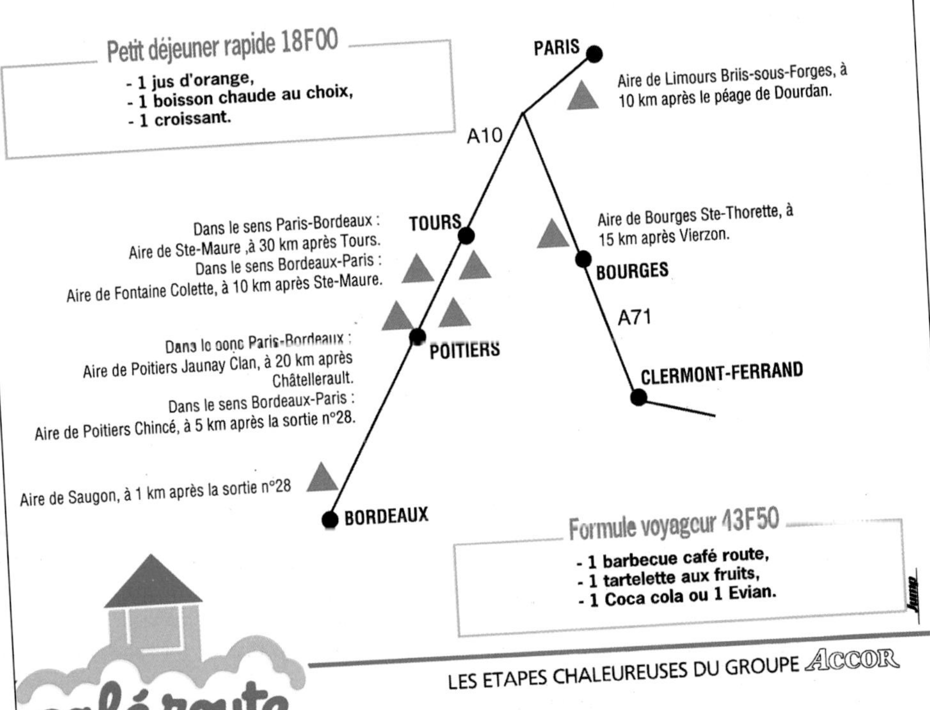
Petit déjeuner rapide 18F00
- 1 jus d'orange,
- 1 boisson chaude au choix,
- 1 croissant.
PARIS
Aire de Limours Briis-sous-Forges, à 10 km après le péage de Dourdan.
A10
TOURS
Dans le sens Paris-Bordeaux : Aire de Ste-Maure ,à 30 km après Tours. Dans le sens Bordeaux-Paris : Aire de Fontaine Colette, à 10 km après Ste-Maure.
Aire de Bourges Ste-Thorette, à 15 km après Vierzon.
BOURGES
A71
POITIERS
Dans le sens Paris-Bordeaux : Aire de Poitiers Jaunay Clan, à 20 km après Châtellerault. Dans le sens Bordeaux-Paris : Aire de Poitiers Chincé, à 5 km après la sortie n°28.
CLERMONT-FERRAND
Aire de Saugon, à 1 km après la sortie n°28
BORDEAUX
Formule voyageur 43F50
- 1 barbecue café route,
- 1 tartelette aux fruits,
- 1 Coca cola ou 1 Evian.

café route

LES ETAPES CHALEUREUSES DU GROUPE ACCOR

Café Route, ACCOR Autoroutes - 20, bd Eugène Deruelle - 69432 LYON CEDEX 03 - Tél. 78 95 11 83

ACTIVITÉ 10

## E À la station-service

Étudiez les ***Mots-clés***, écoutez le dialogue et cochez les phrases que vous entendez.

*Tick the phrases you hear.* (Le dialogue se trouve à la page 170)

- a) je voudrais le plein de sans plomb ☐
- b) il va faire chaud demain ☐
- c) vous venez de loin? ☐
- d) nous prenons notre temps ☐
- e) il n'y a pas trop de touristes ☐
- f) les routes sont encombrées ☐
- g) il y a un distributeur automatique dans le bureau ☐
- h) pour l'autoroute vous pouvez continuer tout droit ☐
- i) il n'y a pas d'erreur possible ☐

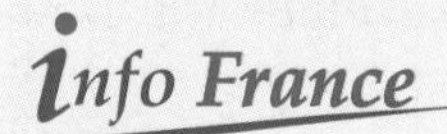



### LE RÉSEAU ROUTIER EN FRANCE

La longueur totale du réseau routier français est de 808 000 km. Les autoroutes comptent 6 300 km dont 5 850 km sont exploités par des sociétés concessionnaires. Les routes nationales ont une longueur d'environ 30 000 km, dont 3 500 à deux fois deux voies. Le reste du réseau est constitué de routes départementales, de chemins communaux et enfin de chemins ruraux (`CR') dont 80% ne sont pas revêtus d'asphalte. Les chemins ruraux sont parfaits pour les vacances à vélo.

**À la station-service**

| | |
|---|---|
| le/la pompiste | *the pump attendant* |
| plein(e) | *full* |
| je voudrais le plein | *fill it up* (with fuel) |
| sans plomb | *unleaded, without lead* |
| loin | *far* |
| prendre votre temps | *to take your time* |
| d'abord | *first of all* |
| pittoresque | *picturesque, attractive* |
| un embouteillage | *a traffic jam* |
| la pression | *the pressure* |
| le pneu | *the tyre, the tire* |
| la carte routière | *the road map* |
| frais (m.), fraîche (f.) | *cool, fresh* |
| laver | *to wash* |
| le pare-brise | *the windscreen* |
| un sens unique | *a one-way street* |
| retourner | *to return* |

| | |
|---|---|
| *Jacqueline* | Bonjour! Je voudrais le plein de sans plomb, s'il vous plaît. |
| *Pompiste* | Certainement! ... Il fait chaud pour voyager aujourd'hui ... vous allez loin? |
| *Jacqueline* | Nous allons à Sarlat, mais nous prenons notre temps, nous allons visiter l'Auvergne d'abord, c'est une région très pittoresque. |
| *Pompiste* | Ah oui, et il n'y a pas trop de touristes, si vous prenez les départementales. Les routes sont calmes, il n'y a pas d'embouteillages! ... Voilà, deux cent quatre-vingt-quinze francs, s'il vous plaît. |
| *Jacqueline* | Est-ce que je peux vérifier la pression des pneus? |
| *Pompiste* | Oui, tout est là-bas à droite, madame. Attendez, je vais laver votre pare-brise. |
| *Jacqueline* | Vous vendez des cartes routières et des boissons fraîches? |
| *Pompiste* | Il y a un distributeur automatique dans le bureau et nous vendons aussi des cartes. |
| *Jacqueline* | Et où sont les toilettes? |
| *Pompiste* | Là-bas, à droite aussi. |

(Quelques minutes plus tard:)

| | |
|---|---|
| *Jacqueline* | Pour rejoindre l'autoroute, quelle est la meilleure route? |
| *Pompiste* | Vous ne pouvez pas continuer tout droit, c'est un sens unique. Vous devez retourner en ville. C'est indiqué au premier rond-point, il n'y a pas d'erreur possible. |
| *Jacqueline* | Merci! |

## info France

### LES STATIONS-SERVICE

Outside the main towns and cities France is quite sparsely populated. There has been a steady flow of population from the country to the towns (**le dépeuplement de la France**) over the last hundred years. Since the Second World War, more and more villages have lost their inhabitants (**la désertification de la France**), in some cases becoming completely abandoned. As a result of this process, small shops (**les petits commerces**) and service stations (**les stations-service**) are disappearing fast from the villages. Once you leave the motorway and travel on a **route départementale** or even some **routes nationales**, you may find that service stations are very far apart - beware when travelling at night!

More and more service stations are self-service (**les stations self**) but you can still expect to find some where an attendant serves you and takes the money. These attendants (often students in the summer) will often wash your windscreen for you as well but will expect a small tip for doing so. In the countryside, most small service-station owners will be very happy to see you and to help with advice, directions, etc.

**Prendre de l'essence** is *to get some fuel* (don't use the word **le pétrole** which means either *crude oil* or *paraffin*). Four-star, or premium, fuel is **le super** and unleaded is **sans plomb**.

If you break down look for a garage that offers a repair service (**la réparation**; or **la réparation toutes pièces**, *repair of any part*). In France, a garage generally repairs any French make (**toutes marques**). If things are really bad, a tow is **un dépannage** or **un remorquage** and a breakdown truck is generally referred to as **une dépanneuse**. An on-the-spot repair would be **une réparation sur place**.

## F Ma voiture est en panne!

Étudiez le dessin, complétez les deux étiquettes.

**La voiture: les parties visibles**

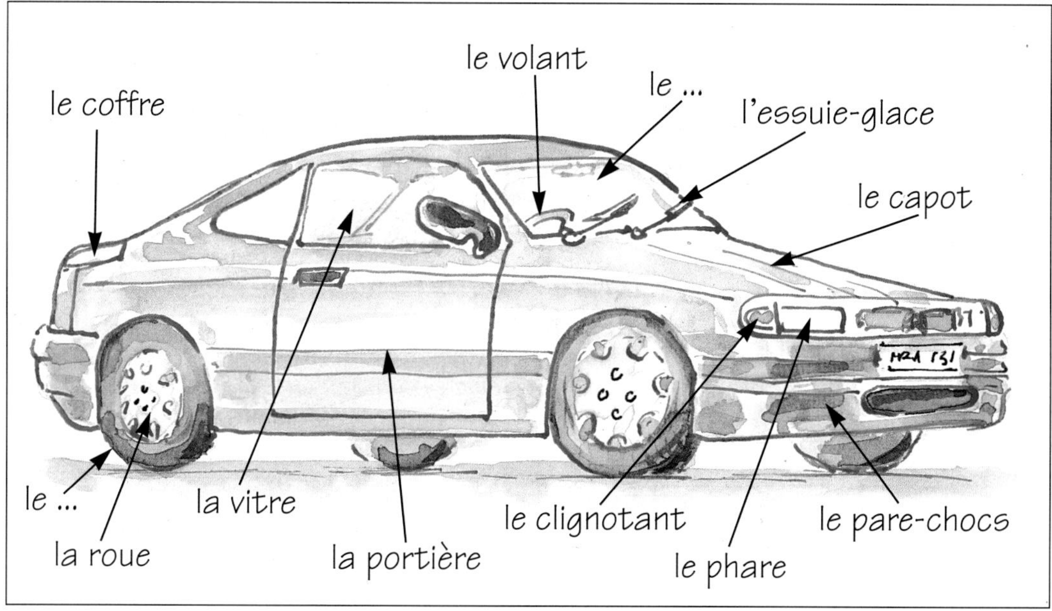

Et les parties moins visibles: pouvez-vous deviner?

| | |
|---|---|
| a) le moteur | 1) the brakes |
| b) les freins (m. pl.) | 2) the spark plug |
| c) le radiateur | 3) the carburettor |
| d) la bougie | 4) the battery (car) |
| e) le carburateur | 5) the engine |
| f) la batterie | 6) the radiator |

Cherchez la panne! Étudiez les ***Mots-clés*** et la note sur **croire** et **Il faut**. Écoutez le dialogue et trouvez la panne.

| | |
|---|---|
| la panne | *the breakdown* |
| garer la voiture | *to park the car* |
| interdit(e) | *forbidden, prohibited* |
| démarrer | *to start (up)* |
| mettre de l'essence | *to put petrol in* |
| l'essence (f.) | *the petrol* |
| marcher | (here) *to work* |
| à plat | *flat* (for a battery) |
| neuf (m.), neuve (f.) | *new* |

| **Troubleshooting** | **True** | **False** |
|---|---|---|
| a) The car starts. | ☐ | ☐ |
| b) There is enough fuel. | ☐ | ☐ |
| c) The battery is flat. | ☐ | ☐ |
| d) It might be the carburettor. | ☐ | ☐ |

*Antoine* Tu ne peux pas garer la voiture ici. C'est interdit.
*Joël* Ah oui ... Zut! Elle ne veut pas démarrer!
*Antoine* Tu as de l'essence?
*Joël* Mais oui! Pas de problème! Mais ... quelque chose ne marche pas.
*Antoine* La batterie est peut-être à plat.
*Joël* Non! la batterie est neuve!
*Antoine* Alors, les bougies?
*Joël* Non, non, je crois que c'est le carburateur.
*Antoine* Qu'est-ce qu'on fait, alors? Je ne suis pas mécanicien.
*Joël* Eh bien, il faut appeler une dépanneuse, c'est tout!

!

**croire** — ***to think, to believe***
je crois que ... — *I think that ...*

➤ **page 175**

**Il faut ...** — ***It is necessary to ...***
il faut appeler ... — we'll have to call ... / you'll have to call ...

➤ **page 176**

ACTIVITÉ 14

Qu'est-ce qu'on fait? Choisissez la solution.

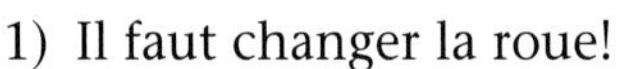

1) Il faut changer la roue!
2) Il faut mettre de l'essence!
3) On doit remplacer l'essuie-glace!
4) Je crois qu'il faut appeler une dépanneuse!

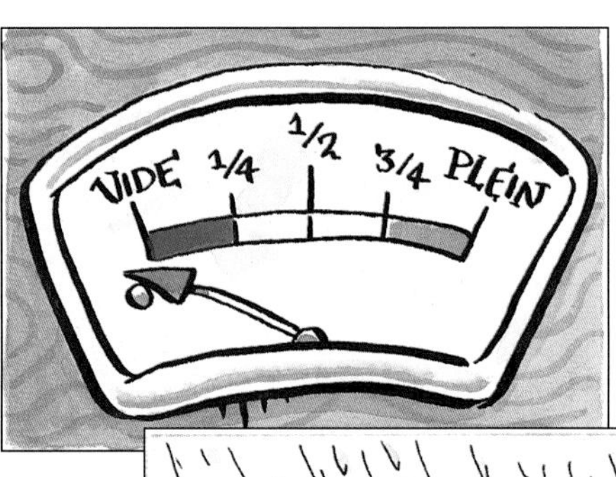


b)

a)

c)

d)

En panne! Travaillez avec un(e) partenaire. Partenaire A, vous êtes en panne sur une route française. Partenaire B, vous êtes un garagiste français, vous posez des questions. Tournez à la page 244.

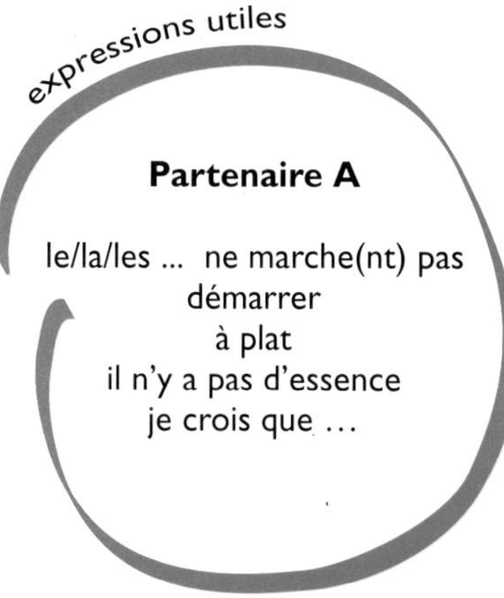

expressions utiles
Partenaire A
le/la/les ... ne marche(nt) pas
démarrer
à plat
il n'y a pas d'essence
je crois que ...


**À vous!**

Vous avez un problème avec votre voiture? Expliquez à un(e) ami(e).

## G Stationnement interdit

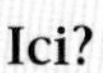

Des problèmes! Vous voulez garer votre voiture, mais où?

PRIÈRE DE NE PAS STATIONNER
SORTIE DE VOITURES


**Ici?**

a) Why can't you park here?

**... ou alors ici?**

e) How long can you park here?

f) Do you always have to pay to park here?

STATIONNEMENT
GÊNANT
SAUF
HANDICAPÉS
ET
LIVRAISONS
SUR
2 EMPLACEMENTS


**... ou ici?**

b) Why might your car be towed away?

c) Can some types of driver park here?

d) What are the two parking spaces provided for?

MARCHE
HEBDOMADAIRE
Stationnement
Interdit
le MARDI de OH à 13H
A.M du 5 Avril 1978


**... et ici alors?**

g) When must you not park here?

# Grammaire

## *Sortir*

The verb **sortir** is irregular and its forms are:

| **sortir** to leave, to go out | | | |
|---|---|---|---|
| *Singular* | | *Plural* | |
| je sors | *I leave* | nous sort**ons** | *we leave* |
| tu sors | *you leave (familiar)* | vous sort**ez** | *you leave (plural or polite singular)* |
| il / elle / on sort | *he / she / it leaves* | ils / elles sort**ent** | *they leave* |

Depending on the context, **sortir** can be translated as *to go out, to come out* or *to leave.* Use **de** after **sortir** when the verb is followed by a word indicating a place:
Je sors de l'hôtel. *I am going/coming out of the hotel.*

## *Rejoindre*

This is another irregular verb meaning *to join, to rejoin,* or *to get (back) to.* Here are its forms:

| **rejoindre** to join | | | |
|---|---|---|---|
| *Singular* | | *Plural* | |
| je rejoin**s** | *I join* | nous rejoi**gnons** | *we join* |
| tu rejoin**s** | *you join (familiar)* | vous rejoi**gnez** | *you join (plural or polite singular)* |
| il / elle / on rejoin**t** | *he / she / it joins* | ils / elles rejoi**gnent** | *they join* |

## The imperative

The imperative (e.g. **regarde, demandons**) is used for giving commands or instructions. There are only three conjugated forms. For the verb **demander**, *to ask,* these are:

Demande! *Ask!* from the **tu** form of the verb (familiar)
Demandons! *Let's ask!* from the **nous** form of the verb
Demandez! *Ask!* from the **vous** form of the verb (plural and polite singular)

Here are the imperative forms of the three main families of verbs:

| **demander** | **finir** | **attendre** |
|---|---|---|
| demande | finis | attends |
| demandons | finissons | attendons |
| demandez | finissez | attendez |

The forms of the imperative are the same as the present tense, for regular and irregular verbs, with one exception: with **-er** verbs, the **tu** form loses the final **s**:

Tu demande**s** le chemin? — *Are you asking the way?*
Demand**e** le chemin! — *Ask the way!*

This rule applies also to the irregular verb **aller**:

Va voir le château! — *Go and see the castle!*

However the imperative **va** takes an **s** (pronounced **z**) when used with **y** for ease of pronunciation.

**Vas-y!** — *Go there!* or *Go on!*

In the negative, **ne ... pas** is used in the same way as for the present tense:

Ne tournez pas à gauche! — *Don't turn left!*
Ne pars pas tout de suite! — *Don't leave straight away!*

### *Venir*

You have already met the verb **venir**, *to come*, in Unit 2 (**Je viens de Manchester**, *I come from Manchester*). This is another irregular verb, and is in frequent use. Here are its forms:

| **venir** to come | | | |
|---|---|---|---|
| *Singular* | | *Plural* | |
| je **viens** | *I come* | nous **venons** | *we come* |
| tu **viens** | *you come (familiar)* | vous **venez** | *you come (plural or polite singular)* |
| il / elle / on **vient** | *he / she / it comes* | ils / elles **viennent** | *they come* |

### *Croire*

The verb **croire** means *to believe* but it often translates as *to think*:

Je crois qu'elle est en réunion. — *I think she's in a meeting.*
Tu crois? / Vous croyez? — *Do you think so?*

| **croire** to believe | | | |
|---|---|---|---|
| *Singular* | | *Plural* | |
| je **crois** | *I believe* | nous **croyons** | *we believe* |
| tu **crois** | *you believe (familiar)* | vous **croyez** | *you believe (plural or polite singular)* |
| il / elle / on **croit** | *he / she / it believes* | ils / elles **croient** | *they believe* |

Note that the **i** changes to **y** in the **nous** and **vous** forms.

4 Now try to use the correct phrase to:

a) (On the telephone ) Ask to be put through to Monsieur Dupont.
b) (On the telephone ) Ask who is calling.
c) Say that you are going to phone Monsieur Dupont.
d) Say that you (a group) are going to have lunch at the restaurant.
e) Say that you have to go to Paris tomorrow.
f) Say that it is necessary to book the (bed) room.

---

5 Now see if you can:

a) Ask for a double room with bath.
b) Indicate how long you want to stay and give the dates.
c) Ask for the price of the room and ask if breakfast is included.
d) Enquire about the facilities of a campsite.

---

6 Can you:

a) Ask your way to the station.
b) Give simple directions (turn right, turn left, carry straight on ...)
c) Explain a route to somebody (take the A21, leave it at ..., by pass ... join the B 3145 at ...)
d) Ask where the toilets are.

---

7 On the road would you be able to:

a) Understand common road signs.
b) Get some petrol.
c) Comment on how busy or quiet the roads are.
d) Explain where you are going.

# Où ça?

- Locations and positions
- Asking for, and giving, directions in town
- Minitel
- Parts of the body and health problems

## A C'est en haut de l'escalier

ACTIVITÉ 1

Étudiez les ***Mots-clés*** et la note sur **les prépositions**. Écoutez la première partie du dialogue et complétez la **fiche de réservation**. Puis, écoutez la deuxième partie du dialogue et complétez le **plan d'occupation deuxième étage**.

**FICHE DE RÉSERVATION**

Nom ..............................

Nombre de personnes ..............................

Nombre de chambres ..............................

Type de chambre ..............................

Numéros de(s) chambre(s) ..............................

**Plan d'occupation: 2$^{e}$ étage**

JARDIN

Mme Lamotte
Nº _____

Nº 224

balcon

Nº _____

M et Mme Prouvost
Nº 219

Nº _____

COUR

**Couloir-deuxième étage**

Nº _____

escalier

Nº 222

Nº _____

ascenseur

Avenue Jules Verne

ACTIVITÉ 2

Travaillez avec un(e) partenaire. Partenaire A, vous êtes le/la réceptionniste. Regardez le plan et expliquez où sont les chambres. Partenaire B, posez des questions à Partenaire A.

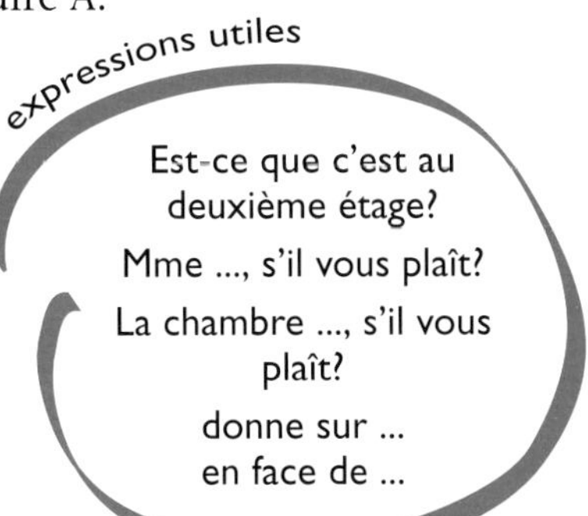

expressions utiles
Est-ce que c'est au deuxième étage?
Mme ..., s'il vous plaît?
La chambre ..., s'il vous plaît?
donne sur ...
en face de ...

| | |
|---|---|
| au nom de | *in the name of* |
| en effet | *(here) that's right* |
| la cour | *the yard* |
| l'ascenseur (m.) | *the lift, the elevator* |

| **Les prépositions** | ***Prepositions*** |
|---|---|
| en haut de | *at the top of* |
| au fond de | *at the bottom of, at the end of* |
| au-dessus de | *above* |
| à côté de | *beside, next to* |
| en face de | *opposite, facing* |

➤ page 195

# B Faisons le tour du département!

Au département de production de la société Mermaz SA, le secrétaire, Monsieur Labègue, accueille Monsieur Gillet, le nouveau technicien. Étudiez les ***Mots-clés*** et la note sur **de** et **premier**. Écoutez la cassette et complétez les étiquettes sur le plan.

| | |
|---|---|
| montrer | *to show* |
| la secrétaire de direction | *the director's secretary* |
| derrière | *behind* |
| adjoint(e) | *assistant, deputy* |
| le couloir | *corridor* |
| l'informatique (f.) | *computing* |
| le magasin | (here) *the store room* |
| la photocopieuse | *the photocopier* |
| le télécopieur | *fax machine* |
| le distributeur de boissons | *the vending machine* (drinks) |
| la détente | *relaxation* |

**Plan du département de production**

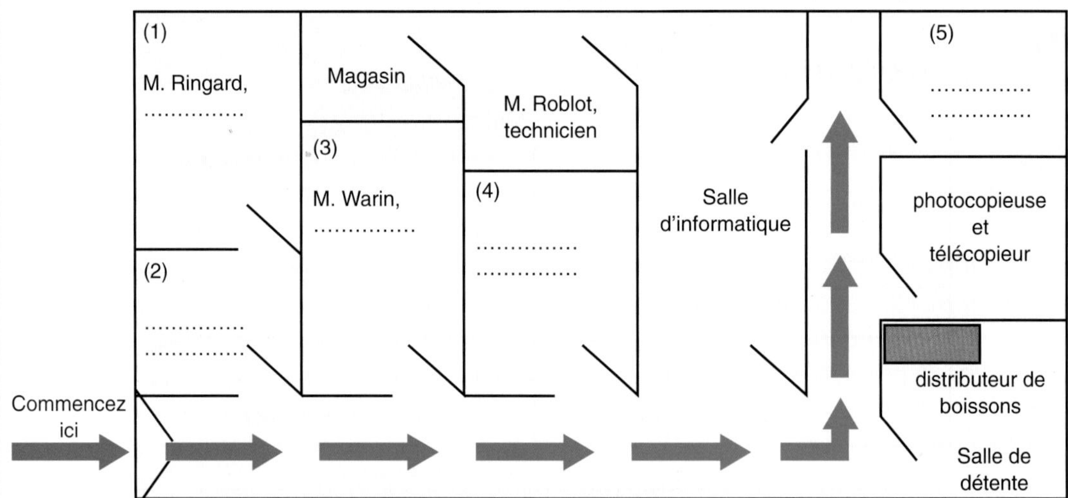


## À vous!

Continuez la visite avec un(e) partenaire. Partenaire A, vous êtes Monsieur Labègue. Partenaire B, vous êtes Monsieur Gillet et vous posez des questions.

**de**

| | |
|---|---|
| le bureau **de** Mme Lyon | *Mme Lyon**'s** office* |
| le distributeur **de** boissons | *the drinks dispenser* |

➤ **page 196**

**premier, deuxième ...**

| | |
|---|---|
| le premier bureau (m.) | *the first office* |
| la première salle (f.) | *the first room* |
| le/la deuxième ... | *the second ...* |
| le/la troisième ... | *the third ...* |

➤ **page 196**

expressions utiles

**A**

nous avons / on a
entre = *between*
ici / là, c'est ...
cette salle ...
à droite / à gauche
au fond

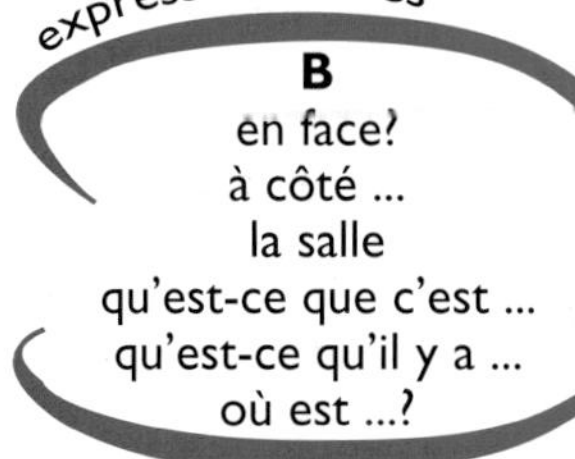

expressions utiles
B
en face?
à côté ...
la salle
qu'est-ce que c'est ...
qu'est-ce qu'il y a ...
où est ...?

## C Est-ce que vous savez où est l'église gothique?

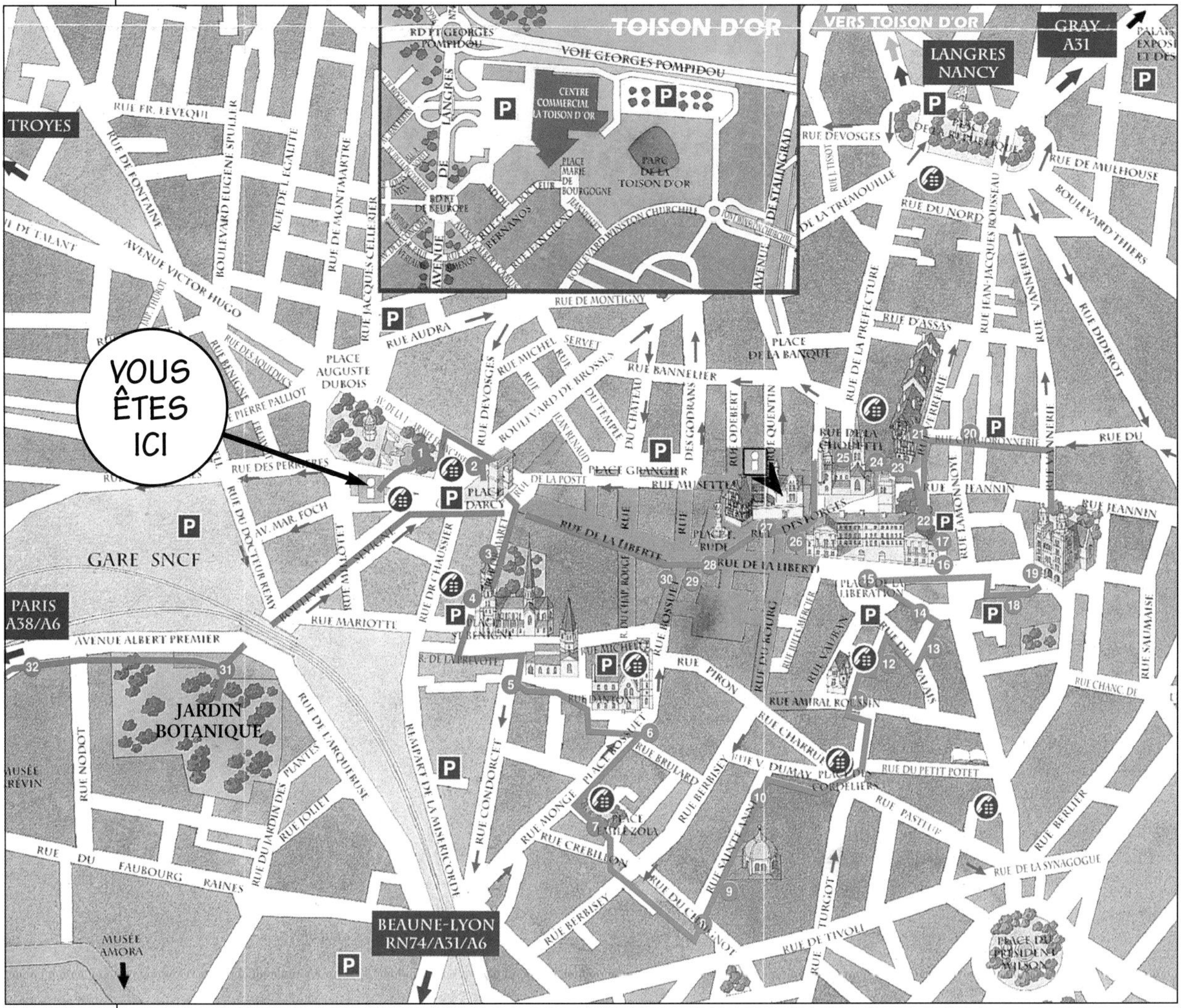

Étudiez les ***Mots-clés*** et la note sur **savoir** et **à ... d'ici**. Regardez le plan de Dijon. Écoutez le dialogue (page 184) et répondez aux questions.

a) What does the employee advise the tourists to do?
b) Where is the car park situated?
c) Why is it better to walk to the church?
d) How far do they have to walk along the Rue de la Liberté?
e) How long will it take the tourists to walk to the church from the tourist

| | |
|---|---|
| vous savez | *you know* |
| en voiture | *in a car* |
| le plan (de la ville) | *the (town) map* |
| l'avenue (f.) | *the avenue* |
| juste à côté de | *just next to* |
| aller à pied | *to go on foot* |
| la voie | *the way, the thoroughfare* |
| le piéton | *the pedestrian* |
| la voie piétonne | *the pedestrian street* |
| la zone piétonne | *the pedestrian zone* |
| le feu | (here) *the traffic light* |
| les feux | *the traffic lights* |
| traverser | *to cross* |

*Touriste* Est-ce que vous savez où est l'église gothique, s'il vous plaît? C'est loin d'ici? Nous sommes en voiture.

*Employée* Non, non, regardez sur le plan de la ville. Nous sommes ici, sur l'avenue du Maréchal Foch, et l'église est là, c'est le numéro vingt-cinq sur le plan, vous voyez? Vous garez votre voiture au parking, il est juste à côté d'ici, sur la place Darcy.

*Touriste* Et nous allons à pied. Oui, je vois, c'est préférable. Il y a des voies piétonnes dans le centre-ville.

*Employée* Oui, alors prenez la rue de la Liberté, passez le carrefour avec les feux et continuez tout droit pendant deux cents, trois cents mètres; après, traversez la place Rude et prenez vers la gauche la rue des Forges et là vous avez l'église, juste en face de vous ... c'est à environ vingt minutes d'ici. Prenez le plan, il va vous aider.

| | |
|---|---|
| **savoir** | *to know (a fact)* |
| **connaître** | *to know (a person, place or thing)* |
| Est-ce que vous savez où est l'église gothique? | *Do you know where the gothic church is?* |
| Tu connais Jean? | *Do you know Jean?* |

➤ **page 197**

**à ... d'ici**

You can use this structure with time or distance:

| | |
|---|---|
| c'est à vingt minutes d'ici | *it's twenty minutes from here* |
| c'est à cinq kilomètres d'ici | *it's five kilometres from here* |

Vous avez le plan, vous êtes à la place Rude, numéro 28 sur le plan. Des touristes français vous demandent des renseignements. Répondez et montrez sur le plan.

a) Pour aller à la rue Vauban, s'il vous plaît?
b) Je veux aller à la place Darcy.
c) Nous voulons aller au Jardin Botanique.
d) Pour aller à la gare, s'il vous plaît?

prenez
tout droit
ce n'est pas loin
c'est à 100 mètres
à droite, à gauche
c'est à ... minutes d'ici
à pied / en voiture
passez ... continuez ...
en face
le carrefour, les feux,
le magasin, l'église

## À vous!

Travaillez avec un(e) partenaire. Vous avez un plan de votre ville, vous renseignez un collègue.

Donnez des directions pour:

a) la piscine
b) les cinémas
c) une pharmacie
d) un supermarché

Vos amis français viennent bientôt dans votre ville. Vous écrivez pour expliquer le chemin ...

a) de la gare à votre maison
b) du centre-ville à votre bureau
c) du centre-ville à votre maison.

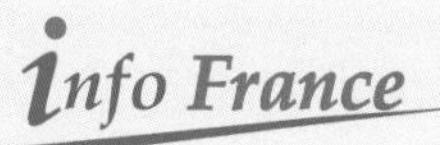


### LES SITES HISTORIQUES

Le classement d'un site est prononcé par le ministère de l'environnement; autour des sites classés, l'administration peut interdire construction, démolition ou exécution de certains travaux. Il y a quelque 37000 monuments protégés en France, dont 1435 châteaux et manoirs (sur 20 000 que compte ce pays). La région qui renferme le plus grand nombre de monuments classés est la Bretagne avec 1077 monuments. Viennent ensuite l'Île de France avec 1025, puis le Centre avec 783.

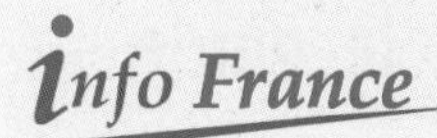


### LES MAISONS DE LA CULTURE

There are eleven **Maisons de la Culture** in France, developed under the impetus of the writer, André Malraux, when he was Minister of Culture in de Gaulle's government from 1959 to 1969. The **Maisons de la Culture** flourished in the 1970s and are still the heart of cultural life in the provinces. They receive 50% of their funding from the State and present a very wide range of cultural events. Other types of cultural centre are the **Établissements d'action culturelle** and the **Centres d'action culturelle**.

## D Lisez le guide – les sites historiques de Dijon!

**1**

Vous êtes dans la rue de la Liberté, grande rue commerçante de la ville. Vous arrivez maintenant à la place François-Rude: la fontaine, située au centre, est surmontée d'une statue qui, selon la tradition, foule le raisin avec les pieds.

**2**

De la place de la Libération, vous avez une belle vue sur le Palais des Ducs et des États de Bourgogne surmonté de la Tour Philippe-le-Bon, témoin de l'époque ducale. Le Palais est composé de trois corps qui entourent une place spacieuse.

**3**

C'est le point de départ de votre visite dans le centre historique de Dijon. Vous êtes devant l'Office de Tourisme et vous voyez la Porte Guillaume édifiée en souvenir de Guillaume de Volpiano, réformateur de l'abbaye bénédictine St-Bénigne au XI ème siècle.

**4**

La cathédrale gothique St-Bénigne est un chef d'œuvre de l'art roman de la région. Admirez tout particulièrement les magnifiques toits de tuiles. La cathédrale se trouve sur la place St-Bénigne, près de l'église St-Philibert.

**5**

Au coin des rues Vauban et Jean-Baptiste Liégeard, vous découvrez l'Hôtel Legouz-Gerland, une des maisons très pittoresques de Dijon, construites aux périodes médiévale et Renaissance.

ACTIVITÉ 8

Étudiez les ***Mots-clés*** et la note sur **se trouver**. Découvrez les sites historiques de Dijon. Quelle photo pour quelle description?

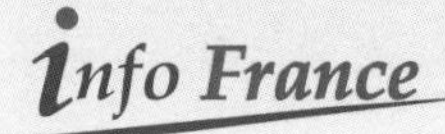

**L'HÔTEL LEGOUZ-GERLAND**

The word **hôtel** can refer to several things in French. Here it means a large town residence built for the well-to-do in times past, and might be translated as *mansion*. Many of these **hôtels** are now public buildings or offices. The **Hôtel de Ville** is the Town Hall.

| | |
|---|---|
| la rue commerçante | *the shopping street* |
| la fontaine | *the fountain* |
| selon | *according to* |
| fouler | *to crush, to trample* |
| le corps | (here) *the main part* |
| entourer | *to surround* |
| le point de départ | *the departure point.* |
| devant | *in front of* |
| le souvenir | (here) *the memory* |
| au coin de | *at the corner of* |
| le toit | *the roof* |
| la tuile | *the tile, the roof tile* |

**se trouver** ***to be found***

This verb is often used when requesting or giving directions:

Où se trouve la cathédrale? *Where is the cathedral?*

Elle est (située) à ...
Elle se trouve à ... } *It is at ...*

ACTIVITÉ 9

## À vous!

Où se trouve la pharmacie? Où se trouve le cinéma? Décrivez le centre de votre ville. Parlez ou écrivez.

## LE MINITEL

The **Minitel** consists of a small screen and a keyboard which is linked to various services and sources of information by the telephone line. The system was made available to the general public by the French telephone service, **France Télécom**, in 1982 and there are now over six million terminals in France. You will come across the **Minitel** in many people's homes, in larger post offices, hotels, in libraries, travel agencies and most companies. The system is also available in a number of other European countries. **Minitel** can now be accessed through the World Wide Web.

You can use the **Minitel** to make bookings (**les réservations**), gain information, send messages, and to access any of the thousands of other services available over the system. To access something over the **Minitel**, you type in an appropriate code number and a code name (**la rubrique**) for the service you have chosen: e.g. 36 15 GITE. The owner of the **Minitel** is charged for the 'call' at different rates according to the type of information sought. The most common use of the **Minitel** in private homes is to find a telephone number on the electronic directory. It is often used in companies to check on business information such as the latest financial results of other businesses, and to send faxes or telexes.

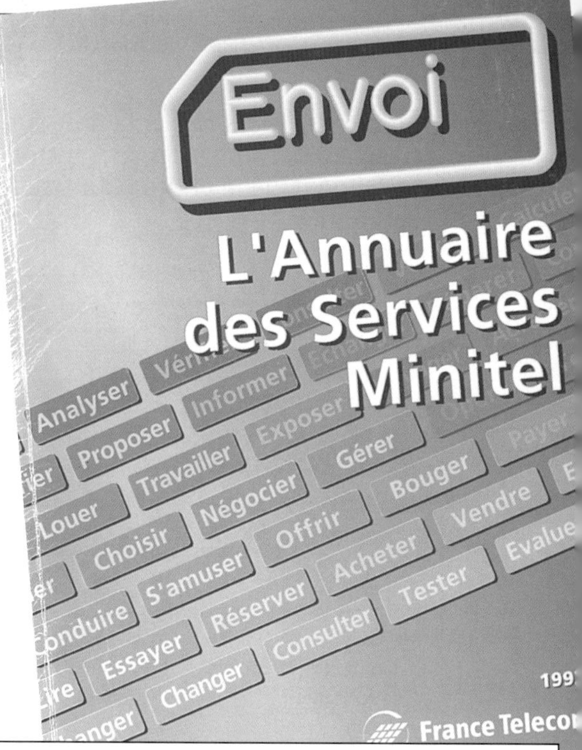


# FAXEZ VOS MESSAGES PAR MINITEL

### PARTOUT :

# 36 15 FAX

**ACCESSIBLE AUSSI PAR 36 17 FAX**

(2,19 F la minute)

Il suffit de taper votre texte sur Minitel et d'indiquer le numéro de fax du destinataire. Votre message est immédiatement transmis. En cas d'échec, la réémission est automatique. Vous pouvez envoyer vos fax en France et dans le monde entier. Il existe des réductions en tarifs de nuit (50%). Le service 36 15 FAX est accessible 24H/24. (Mode d'emploi détaillé sur le service)

**SERVICE ÉDITÉ PAR AGL**

# *info France*

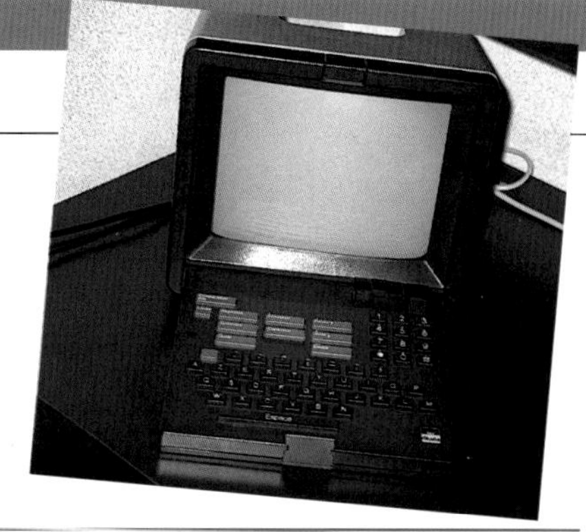

# E Appeler avec le Minitel

ACTIVITÉ 10

Étudiez les ***Mots-clés*** et la note sur **recevoir** et **appuyer**. Écoutez le dialogue et répondez Vrai ou Faux.

| | Vrai | Faux |
|---|---|---|
| a) Avec le Minitel je peux faire des achats. | ☐ | ☐ |
| b) Le Minitel est très compliqué à utiliser. | ☐ | ☐ |
| c) Il faut d'abord composer un code d'accès. | ☐ | ☐ |
| d) Je peux recevoir des catalogues avec le Minitel. | ☐ | ☐ |
| e) Il n'y a pas d'annuaire et il faut consulter le Minitel pour trouver un code d'accès. | ☐ | ☐ |

ACTIVITÉ 11

Étudiez ***L'Annuaire des Services Minitel***. Qu'est-ce que vous pouvez faire avec le Minitel?

| | |
|---|---|
| commode | *convenient* |
| utiliser | *to use* |
| le code d'accès | *the access code* |
| la Bretagne | *Brittany* |
| taper | *to type, to key in* |
| les coordonnées (f. pl.) | *personal details: name and address* |
| le catalogue | *the catalogue* |
| l'annuaire (m.) | *the directory* |
| la touche | *the key (on keyboard)* |

ACTIVITÉ 12

Lisez ***Faxez vos messages par Minitel*** et répondez aux questions:

a) Is it possible to send a fax abroad with a Minitel?
b) What do you do when you want to send a fax?
c) At what time of day is it possible to use the Minitel for faxing?
d) When is it cheapest to send a fax?

| | |
|---|---|
| partout | *everywhere* |
| il suffit de ... | *you need only ...* |
| le destinataire | *the recipient, the addressee* |
| l'échec (m.) | *the failure* |
| entier (m.), entière (f.) | *whole, entire* |

| | |
|---|---|
| **recevoir** | ***to receive*** |
| je reçois | *I receive* |

➤ **page 197**

| | |
|---|---|
| **appuyer** | ***to press, to lean*** |
| j'appuie | *I press, I lean* |

➤ **page 198**

# F Montons au premier étage

ACTIVITÉ 13

Étudiez les ***Mots-clés***. Écoutez le dialogue et complétez le plan du gîte en français.

*M. Senet* Entrez, je vous prie ... Alors, à gauche vous avez la cuisine, et derrière il y a une arrière-cuisine.

*Annick* La cuisine est bien équipée ...

*M. Senet* Oui, elle est tout confort. Regardez! Le lave-linge est dans l'arrière-cuisine en dessous du séchoir et le lave-vaisselle est à côté de l'évier dans la cuisine.

*Annick* Et à droite, c'est la salle à manger?

*M. Senet* C'est ça, et à côté, la salle de séjour. Au fond du couloir à gauche vous avez la première chambre. Venez, montons au premier étage ... Sur votre droite se trouve la salle de bains.

*Annick* Elle est spacieuse et claire, très agréable.

*M. Senet* Oui, elle est grande ... et la douche fonctionne! Ensuite vous avez ici à gauche la deuxième chambre avec un lit deux places et au fond du couloir deux chambres, l'une avec des lits jumeaux et l'autre avec un lit une place.

Ground floor

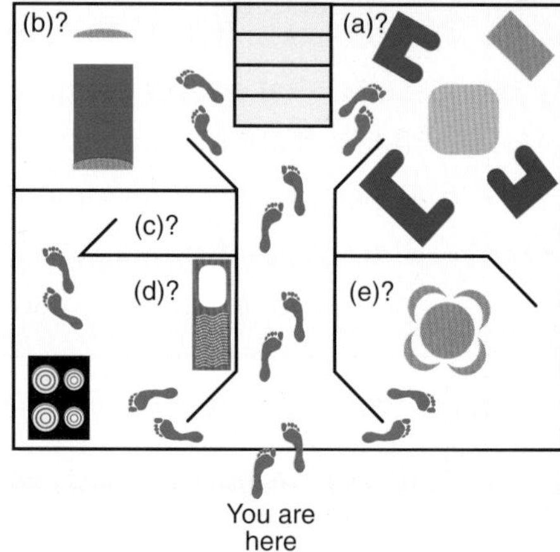


First floor

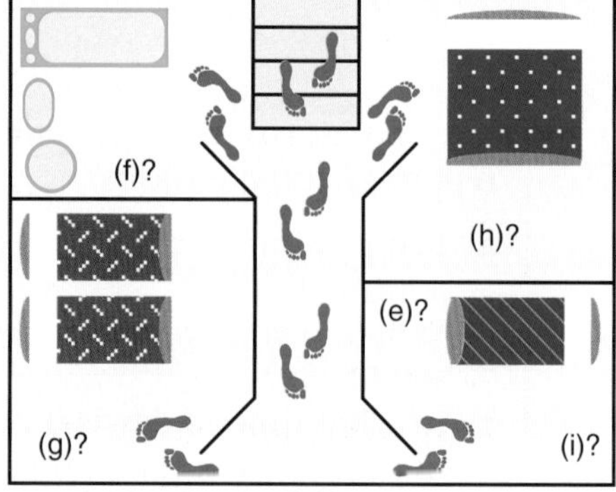

| | |
|---|---|
| l'arrière-cuisine (f.) | *the utility room* |
| le lave-linge | *the washing machine* |
| en dessous de | *below* |
| le séchoir | (here) *the tumble drier* |
| le lave-vaisselle | *the dishwasher* |
| monter | *to go up* |
| spacieux (m.), spacieuse (f.) | *spacious* |
| clair(e) | *bright, light* |
| agréable | *pleasant* |
| fonctionner | *to work, to function* |
| à votre gauche | *on your left* |

ACTIVITÉ 14

Vous voulez louer votre maison / votre appartement. Faites un plan et présentez les pièces et les équipements à un visiteur.

expressions utiles

Entrez, je vous prie
à votre gauche / sur votre gauche
à votre droite / sur votre droite
derrière
monter
en dessous de
équipé(e)

## G Le troisième rayon à droite

ACTIVITÉ 15

Trouvez l'équivalent des mots français dans la liste NOS RAYONS.

**NOS RAYONS**

*Tout pour la maison, tout pour la famille*

| | | | |
|---|---|---|---|
| a | spiritueux | 1 | *butter* |
| b | lait | 2 | *cakes* |
| c | beurre | 3 | *fresh fish* |
| d | conserves | 4 | *spirits* |
| e | produits surgelés | 5 | *milk* |
| f | poisson frais | 6 | *cooked meat* |
| g | viande | 7 | *household cleaning goods* |
| h | vêtements messieurs | 8 | *bread* |
| i | charcuterie | 9 | *tinned food* |
| j | pain | 10 | *deep-frozen food* |
| k | gâteaux | 11 | *pasta* |
| l | produits ménagers | 12 | *meat* |
| m | pâtes | 13 | *men's clothing* |

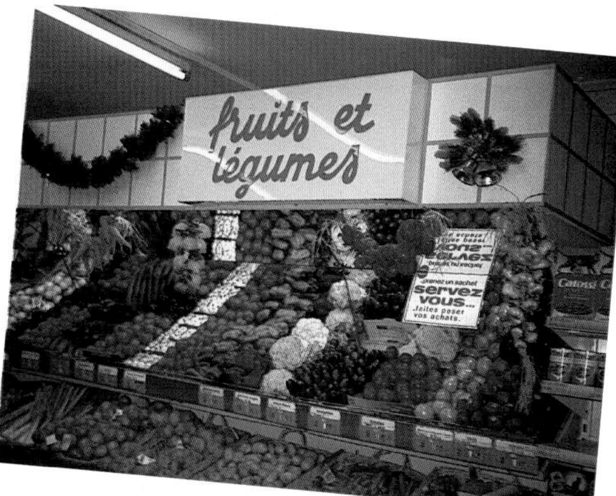

### info France

**LES MAGASINS LIBRE-SERVICE**

In order to protect the small shops, the development of supermarkets in France is tightly controlled by the **loi Royer** (**la loi** = *the law*). Under this law, new supermarkets are built in carefully selected sites. A little known part of the law also provides for the use of part of supermarket profits to support small village shops in the more remote rural areas. These days, nearly all small towns have a **supérette** or larger **supermarché**. (**Un magasin libre-service** = *a self-service shop*.) Hypermarkets (**les hypermarchés**) are generally to be found on the outskirts of the larger towns. Town centres have the larger department stores (**les grands magasins**) and perhaps a shopping centre (**un centre commercial**). All the larger shops have specialised areas or sections of shelves (**les rayons**). The cheese section (**le rayon fromages**) can contain a very impressive display of some of France's hundreds of types of cheese. Sales of medicines are very tightly controlled. The supermarket may sell some general products for personal hygiene (**les produits d'hygiène**) and cosmetics (**les produits de beauté**) but only the most basic products for sore throats, headaches, etc. All other medicines are found at the chemist's.

**Vous cherchez ...?** Travaillez avec un(e) partenaire. Partenaire B, vous cherchez dans un supermarché. Regardez votre liste d'achats à la page 245 et demandez.

Partenaire A, vous travaillez à l'accueil d'un supermarché, vous renseignez les clients. Regardez le plan du supermarché et répondez.

**expressions utiles**

vous cherchez ... ?
Est-ce que je peux vous aider?
Vous désirez?
c'est ...
il(s) / elle(s) est / sont
le troisième / quatrième rayon
à droite / à gauche
à votre service
je vous en prie

Partenaire A
Partenaire B: vous êtes ici
entrée
les caisses
accueil
vins, bières, spiritueux
boissons, non alcoolisées, jus de fruit
conserves
farine, pâtes, riz
produits ménagers
vêtements dames
fruits
vêtements messieurs
légumes
vêtements enfants
lait, fromages, yaourts, beurre
produits surgelés
desserts
poissons frais
viande, charcuterie
pain, gâteaux

## H J'ai mal

Lisez et écoutez les deux parties du dialogue. Répondez aux questions.

a) What part of the supermarket does Alice want to go to?
b) Where does Alice have to go to buy medicines?
c) Where is the chemist's?

**À l'accueil du supermarché ...**

*Alice* Est-ce qu'il y a un rayon pharmacie, s'il vous plaît?
*Employé* Non, madame. Pour les médicaments, il faut aller à la pharmacie. À la sortie, c'est à gauche, au coin de la rue.
*Alice* Merci beaucoup.

| **Comment décrire les symptômes** | ***How to describe symptoms*** |
|---|---|
| avoir mal | *to have a pain* |
| avoir mal au ventre | *to have a stomach ache* |
| avoir la diarrhée | *to have diarrhoea* |
| vomir | *to be sick, to vomit* |
| avoir mal aux dents | *to have toothache* |
| avoir mal au cœur | (colloquial) *to feel sick* |
| avoir mal à la tête | *to have a headache* |
| avoir un coup de soleil | *to have sunstroke* |
| avoir une piqûre d'insecte | *to have been stung/bitten by an insect* |
| avoir un virus | *to have a virus* |

**Plus tard, à la pharmacie ...**

| | |
|---|---|
| *Alice* | Je voudrais de l'aspirine, s'il vous plaît. |
| *Pharmacien* | Voici, c'est tout? |
| *Alice* | Non, avez-vous quelque chose pour la diarrhée? |
| *Pharmacien* | Oui, nous avons des comprimés ou un sirop. |
| *Alice* | Je préfère les comprimés. |
| *Pharmacien* | Alors, voici, vous devez prendre deux comprimés toutes les trois heures ... Et allez voir le médecin s'il n'y a pas d'amélioration après trois jours. |

d) What medicines does Alice want?
e) What choice of medicine is there?
f) What form of medicine does Alice prefer?
g) What is the recommended dose?
h) What is the chemist's final advice?

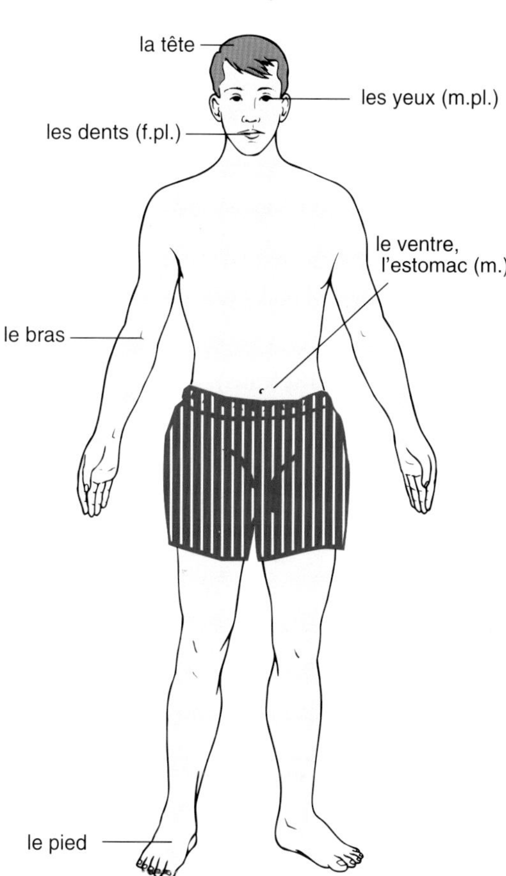


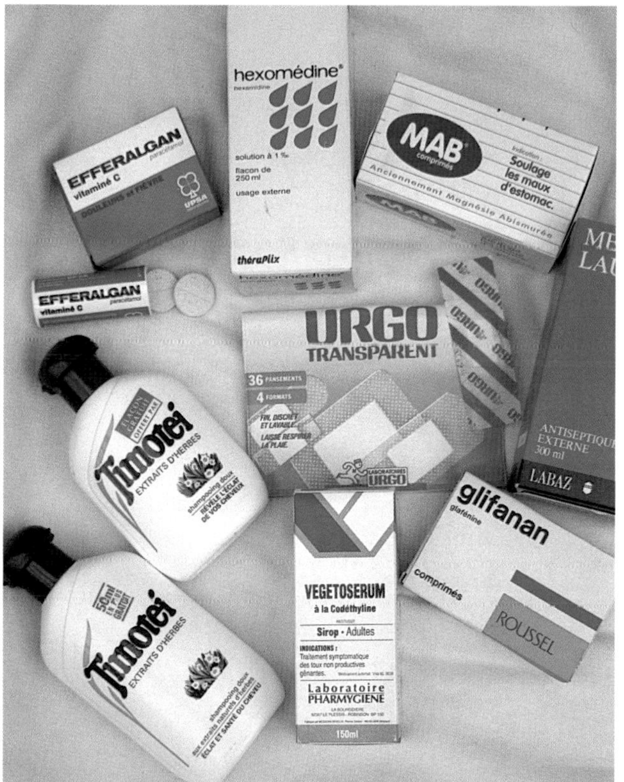

| | |
|---|---|
| des vitamines (f. pl.) | *vitamins* |
| des comprimés (m. pl.) | *tablets* |
| l'antiseptique(m.) | *antiseptic* |
| le sirop | *syrop, mixture* |
| le shampooing | *shampoo* |
| des pansements (m. pl.) | *plasters, dressings* |
| la crème | *cream* |
| la pommade | *ointment* |
| les suppositoires (m. pl.) | *suppositories* |

### ÊTRE MALADE EN FRANCE

In France, the chemist (**le pharmacien** or **la pharmacienne**) at the local chemist's will be a well qualified person, able to advise you on treatment for minor ailments. Many chemists also stock homeopathic remedies (**des remèdes homéopathiques**) as well as the common medicines (**les médicaments**). Medicines may be intended to be taken through the mouth (**par voie buccale**) but a wide range is available in the form of suppositories (**les suppositoires**).

In general, it will be necessary to see a doctor (**un médecin**) in order to obtain a prescription (**une ordonnance**) for more serious problems. It is possible to visit most country doctors without an appointment (**un rendez-vous**). The local telephone directory is available through the popular Minitel system and this may be used to find the address of the nearest chemist, doctor or hospital.

Patients usually pay the doctor directly for medical examinations and are refunded by the Health Service (**la Sécurité Sociale**). Most French citizens also expect to pay for their prescriptions although they may later be able to claim all or part of the cost of the medicine back from the State and private health insurance schemes. The French are among the biggest consumers of antibiotics and sleeping pills in the world.

Don't expect to find films and photographic equipment at a **pharmacie** or medicines at a **droguerie**. **La droguerie** sells polishes, cleaning products and other items for the home. **Le droguiste** is a specialist in paints! But some large French towns now have a **drugstore**, a shop which offers roughly the same range of products as drugstores in Britain or in the USA.

Travaillez avec un(e) partenaire. Partenaire A, vous avez mal. Expliquez le problème. Partenaire B, vous êtes le/la pharmacien(ne). Donnez une réponse possible.

**Partenaire A**

| | |
|---|---|
| J'ai ... | mal au ventre |
| Mon fils a ... | mal aux yeux |
| Ma fille a ... | mal aux pieds |
| Mon ami(e) a ... | la diarrhée |
| | mal au bras |
| | un coup de soleil |

**Partenaire B**

| | |
|---|---|
| Vous devez ... | des comprimés |
| Il doit ... | de l'aspirine |
| Elle ... | un sirop |
| Il faut ... | toutes les ... heures |
| prendre ... | la crème |
| continuer ... | le médecin |
| aller voir ... | le dentiste |

# Grammaire

## Prepositions and adverbs

This unit includes many words and phrases which explain where things are; these are *prepositions* or *adverbs*. As well as those listed on page 181, such phrases include:

| | |
|---|---|
| au bout de | *at the end of* |
| en bas de | *at the bottom of* |
| en dessous de | *underneath, below* |
| au coin de | *at the corner of* |
| à l'arrière de | *at the back of* |
| près de | *near* |
| à droite de | *to the right of* |

There are much simpler prepositions:

| | |
|---|---|
| à | *at / to* |
| en | *in* |
| entre | *between* |
| derrière | *behind* |
| devant | *in front of* |
| sur | *on* |
| sous | *under* |
| dans | *in* |
| vers | *towards* |

Prepositions are important words which cover many ideas in addition to position and location:

| | |
|---|---|
| sans | *without* |
| avec | *with* |
| par | *by* |
| après | *after* |
| pour | *for* |
| selon | *according to* |

Remember that prepositions do not always translate directly:

| | |
|---|---|
| Je vais **à** pied. | *I'm going* ***on*** *foot.* |
| Il arrive **vers** neuf heures. | *He's arriving* ***at about*** *nine o'clock.* |
| Nous allons **en** voiture. | *We're going* ***by*** *car.* |

The word **tout** can be added to many phrases indicating direction or location, giving an extra emphasis to the phrase:

| | |
|---|---|
| tout au bout de la rue | *right at the end of the street* |
| tout en bas du frigo | *right at the bottom of the fridge* |
| tout en haut | *right at the top* |

ACTIVITÉ 11

Vous avez visité le Futuroscope, 'le Parc européen de l'image', près de Poitiers. Vous envoyez une carte. (Utilisez **nous**, **je** et **on**).

*expressions utiles*

(**voyager**) toute la nuit
(**visiter**) tous les endroits intéressants
(**déjeuner**) dans un des cafés
(**aimer**) les cinémas
Marie (**aimer**) l'architecture
(**finir**) la visite à sept heures
(**dîner**) dans un excellent restaurant

Conçu, réalisé et financé par le département de la Vienne, le FUTUROSCOPE est la seule réalisation s'appuyant sur les trois activités principales de l'homme : les loisirs, la formation, le travail.

LA GYROTOUR

D'une hauteur de 45 m, vous avez une vision panoramique de l'architecture superbe de l'ensemble du FUTUROSCOPE : parc de loisirs, palais des congrès, aire technologique, aire de formation.

# L'OMNIMAX

L'image hémisphérique. Dans cette salle, l'image est projetée sur une gigantesque coupole, grâce à un objectif particulier dit "fish-eye". Elle occupe ainsi tout votre champ de vision et vous plonge totalement au cœur de scènes spectaculaires avec de nouvelles images cette saison.

# Restauration

**Régalez-vous comme bon vous semble**

**EN FAMILLE**

**SANS RÉSERVATION**

**La restauration traditionnelle :**
l'Entracte, l'Europe, la Vienne, le Cristal : des cartes et des menus variés de 80 Frs à 110 Frs

**La restauration rapide :**
La Cafétéria et le Resto'Vite

**La restauration à emporter :**
Sandwicherie, Viennoiserie, Saladerie, Pizzéria, Pâtes fraîches, Glaces, Crêpes, Gaufres,...

# D J'ai obtenu mon diplôme

ACTIVITÉ 12

Étudiez les ***Mots-clés*** et la note de grammaire. Écoutez le dialogue et complétez les notes de M. Blin (Page 208).

**mille sept cent quatre-vingt-neuf**

**mille neuf cent soixante-huit**

NOTES: entretien avec J. SELLET

Études:

19 ____ à 1995 — DUT: techniques de commercialisation, IUT Le Havre

1981 à 19 ____ — BTS (Rouen)

1981 à 1984 — Lycée Édouard Gand (Rouen)

Expérience professionnelle:

19 ____ à 1995 — Société Danone

## info France

**PROFESSIONAL QUALIFICATIONS IN FRANCE**

At the end of their secondary studies (**les études secondaires**), French pupils take **le baccalauréat**, often referred to as **le Bac**. If they pass they can then proceed to university (**l'université**) or an IUT (**Institut Universitaire de Technologie**). The brightest students can go to special preparatory schools (**les écoles préparatoires**) to study for the competitive entrance examinations (**les concours d'entrée**) which select students for entry to one of the small number of specialised **Grandes Écoles**. These prestigious schools train the future top business people, engineers and top civil servants.

Among the many diplomas that a French student can take after the **Bac** are:

- **le BTS** (**le Brevet de Technicien Supérieur**), two years of study after the Bac
- **le DUT** (**le Diplôme Universitaire de Technologie**), equivalent to an ordinary degree
- **la licence**, a university degree
- **la maîtrise**, a master's degree
- **le doctorat**, a doctorate.

Some verbs are irregular in the past tense.

prendre:
j'ai **pris** — *I took, I have taken*

obtenir:
j'ai **obtenu** — *I obtained, I have obtained*

faire:
j'ai **fait** — *I made/did, I have made/done*

lire:
j'ai **lu** — *I read, I have read*

écrire:
j'ai **écrit** — *I wrote, I have written*

➤ **page 215**

## Entretien avec Josiane Sellet

*Josiane* Bonjour, monsieur, je suis Josiane Sellet.

*M. Blin* Entrez, je vous prie, Mademoiselle Sellet, asseyez-vous! Vous avez fait bon voyage?

*Josiane* Excellent, merci.

*M. Blin* Vous venez de loin?

*Josiane* Oui, de Lyon, j'ai pris le TGV ce matin à six heures.

*M. Blin* Très bien. J'ai étudié votre CV, il est impressionnant. Vous avez commencé vos études secondaires à Rouen en mille neuf cent quatre-vingt-un.

*Josiane* C'est cela, j'ai obtenu mon diplôme de BTS en mille neuf cent quatre-vingt-six. J'ai préparé un diplôme universitaire de techniques de commercialisation de mille neuf cent quatre-vingt-huit à mille neuf cent quatre-vingt-neuf.

*M. Blin* Ensuite vous avez passé six ans chez Danone ...

*Josiane* Oui, j'ai commencé en mille neuf cent quatre-vingt-onze; j'ai travaillé au département des ventes, puis au département de marketing.

| | |
|---|---|
| l'entretien (m.) | *the interview* |
| asseyez-vous | *take a seat, sit down* |
| les études (f. pl.) | *studies* (at school, university) |
| le diplôme | *the diploma, degree* |
| préparer (un examen) | *to prepare for* (an exam) |
| en 1996 | *in 1996* |
| la technique | *the technique* |
| les techniques de commercialisation | (here) *sales techniques* |
| chez | (here) *at* (see p.217) |
| impressionnant | *impressive* |
| les ventes (f. pl.) | *sales* |

| | |
|---|---|
| la connaissance | *knowledge* |
| la langue | *language* |
| l'informatique (f.) | *computing* |
| l'équipe (f.) | *team* |
| le stage | *training period, work experience* |
| la traduction | *translation* |
| à temps partiel | *part-time* |
| financer | *to finance* |
| courant | (here) *fluent* |
| les centres d'intérêt (m. pl.) | *interests* |
| faire du cyclisme | *to cycle* (regularly) |
| faire de la natation | *to swim* (regularly) |

Un entretien. Travaillez avec un(e) partenaire. Étudiez le Curriculum Vitae et les ***Mots-clés***. Partenaire A, vous êtes l'employeur. Regardez vos notes et posez des questions à Emma Thelwell. Partenaire B, vous êtes Emma Thelwell. Répondez aux questions.

*expressions utiles*

**Partenaire A**
Parler une langue étrangère
Quand avez-vous obtenu ...?
Est-ce que vous avez travaillé ...?
Où avez-vous fait ...?
Qu'est-ce que vous avez fait ...?
Vous aimez ...?
Vous parlez ...?

**Partenaire A**

Ask Emma:

- where she did her secondary education.
- when she got her A-levels.
- if she worked in the States and what she did there.
- what she has done to finance her studies.
- if she speaks foreign languages?
- whether she likes sport.

*expressions utiles*

**Partenaire B**
j'ai travaillé
j'ai passé
j'ai obtenu
j'ai été
j'ai préparé
j'ai étudié
j'ai fait
je fais (du ..., de la ...)
j'aime

EMMA THELWELL

| | |
|---|---|
| *Date de naissance* | le 4 janvier 1976 |
| *Adresse* | 45 Water Lane, Parbury Park,<br>Rudgeworth, Dorset, BH11 5LD,<br>Grande-Bretagne |
| *Téléphone* | (1202) 478 920 |

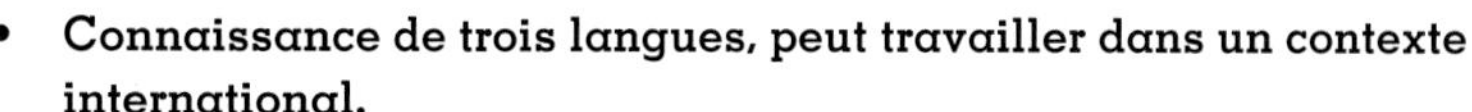

- **Connaissance de trois langues, peut travailler dans un contexte international.**
- **Bonnes techniques d'informatique.**
- **Expérience professionnelle avec le public et travail d'équipe.**

| | |
|---|---|
| *Objectif* | Diplômée de l'Université de Bournemouth, je recherche un poste à responsabilités dans une entreprise internationale. |

EXPÉRIENCE PROFESSIONNELLE

| | |
|---|---|
| juillet 1994 - juin 1995 | Stage en entreprise, responsable des relations clients avec les pays anglo-saxons, traductions: Société Meubléna, Bordeaux. |
| 1993 à ce jour | Travail à temps partiel pour financer mes études universitaires: vendeuse à Greba Stores, Bournemouth, G.B. |
| juin – sept 1993 | Travail temporaire: animatrice de camp de vacances (Summer Camp), Pikewater, Pennsylvania. |
| mai 1990 | Stage professionnel, assistante dans une école de langues, travail de bureau et de réception avec les étudiants étrangers: Albion English Academy, Bournemouth, G.B. |

FORMATION

| | |
|---|---|
| 1993 à ce jour | Licence de marketing international, Université de Bournemouth. |
| 1991 – 1993 | A-levels (équivalence Bac): Anglais, Français, Histoire. Truro Sixth Form College, Truro, Cornwall, G.B. |

| | |
|---|---|
| LANGUES | Anglais: langue maternelle<br>Français: courant (neuf ans d'études)<br>Espagnol: lu, écrit, et parlé (deux ans à l'université, plusieurs séjours à Madrid) |
| CENTRES D'INTÉRÊT | Cyclisme, natation, volleyball, canoë-kayac, lecture, musique, cinéma. Fréquents voyages aux États-Unis et en France. |
| RÉFÉRENCES | Monsieur C. Lamayé, professeur de Français, Bournemouth University, Talbot Campus, Fern Barrow, Bournemouth, Dorset, BH12 5BB, G.B.<br>Madame B. Carling, directrice du personnel, Greba Stores, 23 Old Christchurch Road, Bournemouth, BH1 2AA, G.B. |

## F Nous avons eu un temps splendide

Étudiez les ***Mots-clés*** et la note de grammaire. Écoutez et lisez le dialogue et écrivez **a**, **b** ou **c**.

*Invitation à tous les francophiles!*

*Nous sommes heureux de vous inviter à la première réunion cette année de notre cercle français.*

*Venez rencontrer les nouveaux membres du cercle et discuter du programme des manifestations autour d'un verre de rouge!*

| | |
|---|---|
| *Françoise* | Patrick! Comment ça va? Les vacances ont été bonnes? |
| *Patrick* | Excellentes, merci, nous sommes allés à St-Tropez et nous avons eu un temps splendide! Voici Isabelle, ma nièce, elle est française et va passer une année ici. |
| *Isabelle* | Enchantée, madame. |
| *Françoise* | Bonjour! Quand êtes-vous arrivée? |
| *Isabelle* | La semaine dernière; j'ai eu le temps de visiter la ville et les environs. |
| *Patrick* | Son anglais est excellent. Isabelle a passé deux ans en Irlande. |
| *Françoise* | Comme assistante? |
| *Isabelle* | Non, je suis allée comme jeune fille au pair, pour six mois d'abord, et j'ai décidé de rester. |
| *Patrick* | ... Et toi, Françoise, qu'est-ce que tu as fait? Tu es allée en Bretagne? |
| *Françoise* | Non, nous sommes descendus dans le Sud, nous sommes allés à Biarritz et nous avons passé deux semaines dans un gîte très confortable; nous sommes partis là-bas en juillet et nous avons eu un temps magnifique ... |

**a** = Françoise et sa famille.
**b** = Patrick et sa femme.
**c** = Isabelle.

1) Elle a visité la ville. ______
2) Ils sont allés à St-Tropez. ______
3) Elle est arrivée la semaine dernière. ______
4) Ils sont descendus dans le Sud. ______
5) Elle est allée au pair. ______
6) Ils sont partis à Biarritz en juillet. ______
7) Elle a commencé son travail hier. ______
8) Ils sont restés dans un gîte. ______

Another irregular past tense:

**avoir**:

| | |
|---|---|
| nous avons **eu** | *we had, we have had* |

➤ **page 216**

More past tenses with **être**:

| | |
|---|---|
| vous êtes arrivé(e)(s) | *you arrived* |
| nous sommes descendu(e)s | *we went down* |

➤ **pages 216–7**

| | |
|---|---|
| la manifestation | (here) *the event* |
| autour d'un verre de rouge | *over a glass of red wine* |
| les environs (m. pl.) | *the surroundings* |
| l'assistant(e) | (here) *language assistant in a school* |
| décider de | *to decide to* |
| descendre | *to go/come down* |

## G Qu'est-ce que vous avez fait hier soir?

ACTIVITÉ 17

**Qu'est-ce que vous avez fait hier soir?** Aidez Yves! Il doit répondre à l'inspecteur.

| | |
|---|---|
| *Inspecteur Nagret* | Le cambriolage de la banque a eu lieu à une heure du matin. Pouvez-vous nous donner votre emploi du temps d'hier soir? |
| *Yves* | Eh bien … |

**expressions utiles**

je suis allé/resté
j'ai rencontré/mangé/regardé
nous avons rencontré/parlé/écouté
ils/elles sont venu(e)s/resté(e)s
nous sommes resté(e)s jusqu'à

À vous! Trouvez des alibis pour Yves.

*exemple:*
(1) À sept heures et demie je suis allé …

**aller, manger**

**aller, regarder**

… un film superbe, Inspecteur Nagret!

| | |
|---|---|
| *L'Inspecteur* | Est-ce que vous êtes allé seul au cinéma? |

**venir**

| | |
|---|---|
| *L'Inspecteur* | Et ensuite? |

**aller, rester, rencontrer**

| | |
|---|---|
| *L'Inspecteur* | Hum … et après, vous avez quitté le bar, vous êtes retourné à votre appartement et vous avez passé la nuit dans votre lit, c'est ça? |
| *Yves* | Euh … non, pas exactement … |

**venir, écouter, parler, rester**

… mes amis peuvent confirmer, je peux vous donner leurs noms.

| | |
|---|---|
| le cambriolage | *the burglary, the robbery* |
| avoir lieu | *to take place* |
| l'emploi du temps (m.) | *the timetable* |
| hier soir | *last night* |

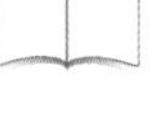

Regardez les agendas de Françoise et de Robert. Qu'est-ce qu'ils ont fait la semaine dernière?

lundi, Robert ...; mardi, il ...

**DIARY**

Monday
2 p.m. *Meeting with marketing director*

Tuesday
9 – 12 a.m. *Visit factory in Rouen*
3 p.m. *See clients*

Wednesday
2 p.m. *Telephone Milan (organise visit in June)*

Thursday
2 – 6 p.m. *Go to conference*

**ROBERT**

**FRANÇOISE**

AGENDA

**mardi**
*Cercle français 19h30*

**mercredi**
*Chez Pauline 18h00*

**jeudi**
*Chez moi*

**vendredi**
*Les Thibaut viennent dîner 20h00*

mardi, Françoise ...; mercredi, elle ...

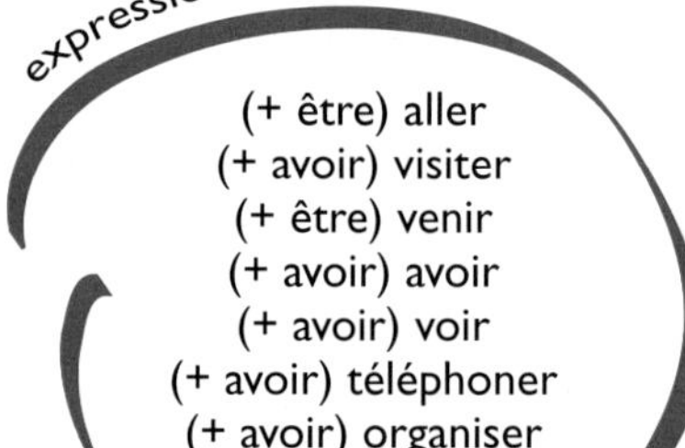

expressions utiles
(+ être) aller
(+ avoir) visiter
(+ être) venir
(+ avoir) avoir
(+ avoir) voir
(+ avoir) téléphoner
(+ avoir) organiser
(+ être) sortir

**Placing events in the past**

| | |
|---|---|
| hier | *yesterday* |
| hier soir | *last night* |
| la semaine dernière | *last week* |
| le mois dernier | *last month* |
| l'année dernière | *last year* |
| pendant les vacances | *during the holidays* |

➤ **page 217**

Another irregular past tense:

voir:
il a **vu** — *he saw*

➤ **page 215**

## À vous!

Qu'avez-vous fait hier soir? Qu'avez-vous fait pendant les vacances? Parlez avec votre partenaire, avec votre professeur.

# Grammaire

### *J'ai travaillé, j'ai vendu, j'ai dormi*

These verbs are in the past. There are several tenses of the past. This one is the perfect tense or **passé composé**, literally the 'compound past', 'compound' because the conjugation is in two parts: **avoir** + the verb in the past participle, e.g **travaillé.**

Compare with the English:

**j'ai travaillé** can be translated as *I have worked*

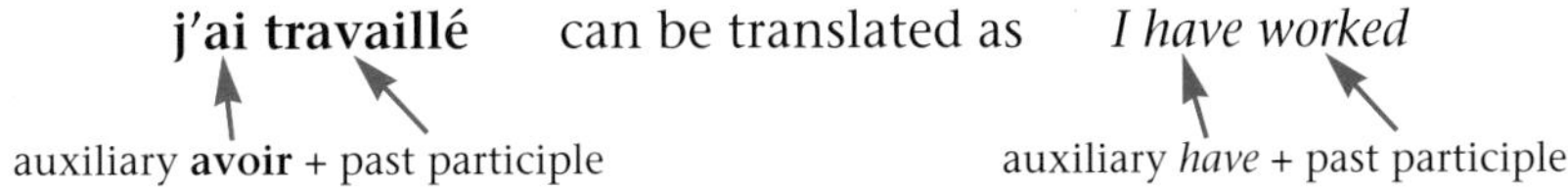


It is not always easy to compare the French and the English like this and the translation will depend on the context. The verbs found in this unit can also often be translated into the 'simple past' in English: **J'ai travaillé**, *I worked.*

Here is the conjugation of the verb **travailler** in the perfect tense:

| *Singular* | | *Plural* | |
|---|---|---|---|
| **j'ai** travaillé | *I (have) worked* | nous **avons** travaillé | *we (have) worked* |
| tu **as** travaillé | *you (have) worked (familiar)* | vous **avez** travaillé | *you (have) worked (plural or polite singular)* |
| il / elle / on } **a** travaillé | *he / she / it } (has) worked* | ils / elles } **ont** travaillé | *they (have) worked* |

Note that when verbs are conjugated with **avoir**, the past participle does not change, whether it is used with **il/elle** or **nous**, **ils**, etc.

The past participles of the regular verbs are formed as follows:

| | | |
|---|---|---|
| verbs ending in **-er** | **é** | travailler → travaillé |
| verbs ending in **-ir** | **i** | finir → fini |
| verbs ending in **-re** | **u** | vendre → vendu |

There are a number of irregular past participles in French, and several appear in this unit:

| | | | |
|---|---|---|---|
| faire, *to do, to make* | → | **fait** | vous avez fait |
| prendre, *to take* | → | **pris** | j'ai pris |
| obtenir, *to get, to obtain* | → | **obtenu** | j'ai obtenu |
| lire, *to read* | → | **lu** | il a lu |
| écrire, *to write* | → | **écrit** | nous avons écrit |
| être, *to be* | → | **été** | ils ont été |
| avoir, *to have* | → | **eu** | tu as eu |
| voir, *to see* | → | **vu** | vous avez vu |

Note that the past participles of both **être** and **avoir** are irregular, and that they both take the auxiliary **avoir**:

| | |
|---|---|
| j'ai été | j'ai eu |
| tu as été | tu as eu |
| il/elle a été | il/elle a eu |
| nous avons été | nous avons eu |
| vous avez été | vous avez eu |
| ils/elles ont été | ils/elles ont eu |

### *Je suis partie, je suis allée*

Most French verbs take **avoir** as the auxiliary in the perfect tense: **j'ai attendu**, **j'ai travaillé**. But a few verbs use **être**:

| | |
|---|---|
| je **suis** allé | *I have gone, I went* |
| tu **es** resté | *you have stayed, you stayed* |

Here is a list of verbs which are formed with **être** in the perfect. Note that some of the verbs have irregular past participles.

| | |
|---|---|
| **aller**, *to go* | allé |
| **partir**, *to leave* | parti |
| **entrer**, *to come in, to go in* | entré |
| **retourner**, *to return* | retourné |
| **venir**, *to come* | venu |
| **descendre**, *to come down, to go down* | descendu |
| **mourir**, *to die* | mort |
| **naître**, *to be born* | né |
| **arriver**, *to arrive* | arrivé |
| **sortir**, *to come out, to go out* | sorti |
| **monter**, *to come up, to go up* | monté |
| **rester**, *to stay* | resté |
| **tomber**, *to fall* | tombé |

To these must be added all the verbs built up from the ones listed, e.g. **repartir**, *to leave again*, **revenir**, *to come back again*, **devenir**, *to become.*

Many of the verbs taking the auxiliary **être** in the past indicate *movement.*

When the past participle is used with **être**, it behaves like an adjective and changes according to the subject of the verb. If the subject is feminine, an **e** is added:

| | |
|---|---|
| Je **suis** allé (m.) | Je **suis** allée (f.) |
| Tu **es** allé (m.) | Tu **es** allée (f.) |
| Il **est** allé (m.) | Elle **est** allée (f.) |

If the subject is plural, an **s** is added; or, if all the elements are feminine, **es**:

| | |
|---|---|
| Nous **sommes** allés (m. pl.) | Nous **sommes** allées (f. pl.) |
| Vous **êtes** allés (m. pl.) | Vous **êtes** allées (f. pl.) |
| Ils **sont** allés (m. pl.) | Elles **sont** allées (f. pl.) |

Remember that if any males are present, the masculine form is used! For example, a woman could write: **Nous sommes allées à Weymouth pour la journée** if all members of the group were women. If only one of the group was a man she would write: **Nous sommes allés à Weymouth pour la journée**. The same rule applies for **vous**.

### Negatives and questions

To form a negative sentence, **ne ... pas** is placed on either side of the auxiliary verb:
j'ai travaillé → je **n'**ai **pas** travaillé

Just as in the present tense, one way of forming questions in the past is to add **Est-ce que** at the beginning of the sentence:
Vous avez travaillé. → **Est-ce que** vous avez travaillé?

Or, you can invert the pronoun and auxiliary:
Avez-vous travaillé?
Êtes-vous resté?

### *Chez Danone*

When used with the name of a company, **chez** means **at**. When used in sentences such as **nous allons chez Roger**, **nous restons chez mon père**, it translates as *we are going to Roger's, we are staying at my father's*. Bars, restaurants and cafés in France often have names like **Chez Janine** or **Chez Pierre**.

### *La semaine dernière*

Note the position of the adjective **dernière** after the noun **semaine**. We have already seen **dernier** in front of the noun in phrases like: **le dernier train**, *the last train*.

Compare **la semaine dernière**, *last week* with **la dernière semaine**, ***the** last week*:
Je suis allée chez Sophie la semaine dernière.
C'est la dernière semaine des vacances.

The position of the adjective in French can sometimes be important for the meaning of the sentence.

### *Retrouver, retourner*

The prefix **re-** or **r-** added to a verb generally indicates either that the action is done again:

| | |
|---|---|
| retrouver, *to find again* | recommencer, *to begin again* |
| refaire, *to do again* | rappeler, *to call back, to call again* |

or movement back towards the starting place:
revenir, *to come back*
retourner, *to return, to go back*
rentrer, *to come back (in), to go back (in)*

# 12 Histoires

- Recounting your life so far
- Understanding historical descriptions

## A Il est né à Tignes

ACTIVITÉ 1

Lisez cette premiére partie de l'article, regardez les ***Mots-clés*** à la page 221 et choisissez la phrase correcte.

a) Jean-Claude est né à Tignes. ☐
Jean-Claude est né à Val d'Isère. ☐
b) Jean-Claude va avoir cinquante ans. ☐
Jean-Claude a plus de cinquante ans. ☐
c) Il a fait du ski pour la première fois à quatre ans. ☐
Il a commencé à skier à quatorze ans. ☐
d) Jean-Claude a été un très bon élève. ☐
Il n'a pas eu de résultats remarquables à l'école. ☐

**SEMAINE DE FRANCE**

### *Entrevue exclusive avec Jean-Claude Rially*

*Pour les lecteurs de Semaine de France, entrevue exclusive avec Jean-Claude Rially*

*Brigitte a rencontré l'ex-champion de ski dans son magasin de sports de Val d'Isère. Il a parlé de sa carrière de sportif et de sa reconversion.*

**Brigitte** Vous allez bientôt avoir cinquante ans, Jean-Claude, c'est l'âge des bilans: lorsque vous regardez votre passé, êtes-vous content de votre vie ou avez-vous une certaine nostalgie des jours de gloire?

**Jean-Claude** Moi, mais je suis heureux! Plus heureux qu'à vingt ans; j'ai eu une vie passionnante, j'ai beaucoup travaillé, j'ai été champion et ensuite j'ai réussi à retrouver une vie 'normale' intéressante.

**Brigitte** Retournons en arrière; vous êtes un enfant de la montagne, n'est-ce pas?

**Jean-Claude** En effet, je suis né à Tignes et j'ai commencé à skier à quatre ans.

**Brigitte** Est-ce que vos parents vous ont encouragé, est-ce qu'ils ont décidé de faire de vous un champion?

**Jean-Claude** Non, non! (*rires*) Vous savez, tous les enfants de la montagne font la même chose! J'ai eu une enfance heureuse, je suis allé à l'école primaire puis au collège; je peux même dire que je n'ai pas été un élève brillant!

*suite à la page 222>*

| | | | |
|---|---|---|---|
| naître | *to be born* | passionnant(e) | *fascinating* |
| je suis né(e) | *I was born* | réussir | *to succeed* |
| le lecteur | *the reader* | en arrière | *backwards* |
| le ski | *skiing* | encourager | *to encourage* |
| la carrière | *the career* | l'enfance (f.) | *infancy, childhood* |
| la reconversion | *starting a new career* | rires (m. pl.) | *laughter* |
| le bilan | (here) *taking stock* | la même chose | *the same thing* |
| lorsque | *when* | l'école primaire (f.) | *primary school* |
| la vie | *life* | le collège | *secondary school* |
| la nostalgie | *nostalgia* | l'élève (m. / f.) | *the pupil* |
| la gloire | *glory* | brillant(e) | *brilliant* |

ACTIVITÉ 2

## B Il a quitté la compétition il y a 15 ans

Étudiez les ***Mots-clés*** à la page 222, et la note sur **pendant, depuis, il y a**. Continuez la lecture de l'article et choisissez la phrase correcte.

a) Jean-Claude a retrouvé une autre carrière après dix ans de compétition. ☐

Il a eu des problèmes à retrouver une vie normale. ☐

b) Jean-Claude a gagné le critérium de la première neige en 1963. ☐

Jean-Claude n'est pas arrivé premier en 1963. ☐

c) Il a une certaine nostalgie de sa vie de champion. ☐

Il n'a pas de regrets pour le monde du sport. ☐

d) Jean-Claude a un magasin de sports. ☐

Jean-Claude a plusieurs magasins de sports. ☐

e) Jean-Claude a épousé une amie d'enfance. ☐

Il a épousé une femme avec trois enfants. ☐

f) Jean-Claude a quitté la compétition il y a quinze ans. ☐

Sa carrière de champion a duré quinze ans. ☐

g) Le secteur du sport a toujours passionné Jean-Claude. ☐

Jean-Claude n'aime pas sa nouvelle carrière. ☐

!

**pendant, depuis, il y a**

These phrases are used to indicate time and duration:

J'ai suivi un entraînement intensif **pendant** deux ans.
*I underwent (followed) intensive training **for** two years.*

Il est propriétaire d'une chaîne **depuis** cinq ans.
*He has owned a chain (of stores) **for** five years.*

**Depuis** les années 80 ...
***Since** the 1980s ...*

Il a quitté la compétition **il y a** quinze ans.
*He gave up (left) competition fifteen years **ago**.*

➤ **page 232**

Entrevue exclusive avec Jean-Claude Rially (suite)

**Brigitte** Parlez-moi de votre itinéraire de champion.

**Jean-Claude** J'ai d'abord fait de la compétition au niveau régional et puis un jour un entraîneur a remarqué mes talents, j'ai alors suivi un entraînement intensif pendant deux ans pour arriver au top-niveau. Et en 1963 je suis venu ici, à Val d'Isère, pour le critérium de la première neige - plus comme spectateur mais comme concurrent.

**Brigitte** Et vous êtes arrivé premier?

**Jean-Claude** Non, non! mais cette première compétition a marqué le début de ma carrière.

**Brigitte** Et de vos succès ... vous avez gagné beaucoup de médailles, vous êtes devenu un champion international, et cela a duré environ dix ans.

**Jean-Claude** Oui, c'est ça ... ensuite les jeunes sont arrivés et j'ai décidé de quitter la compétition il y a quinze ans.

**Brigitte** Est-ce que cela a été difficile?

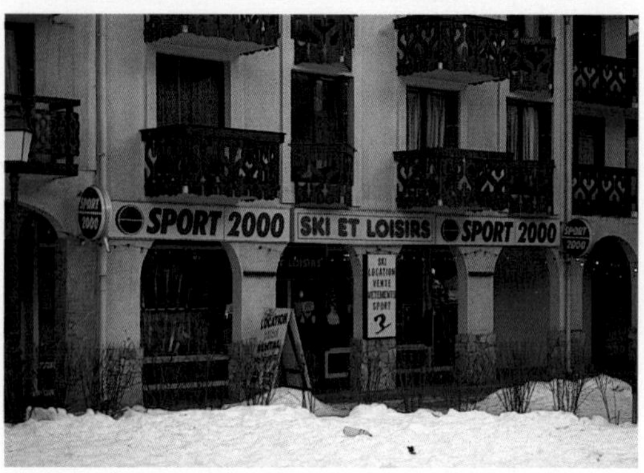


**Jean-Claude** Je n'ai pas eu vraiment de regrets, vous savez, le monde du sport est un monde impitoyable et il faut travailler très dur pour survivre.

**Brigitte** Vous avez ouvert un magasin de sports il y a dix ans et vous êtes propriétaire d'une chaîne depuis cinq ans ...

**Jean-Claude** Oui, je suis devenu homme d'affaires mais dans le secteur qui m'a toujours passionné. Je suis resté à Val d'Isère, j'ai épousé une amie d'enfance, j'ai trois enfants, et je vous répète, je suis un ex-champion heureux! heu–reux!

| | |
|---|---|
| parlez-moi de ... | *tell me about ...* |
| le niveau | *the level* |
| l'entraîneur (m.) | *the trainer* |
| remarquer | *to notice* |
| intensif (m.), intensive (f.) | *intensive* |
| posséder | *to own* |
| le critérium de la première neige | *the first ski competition of the season* |
| plus | (here) *no longer* |
| marquer | *to mark* |
| le début | *the beginning* |
| gagner | *to win* |
| la médaille | *the medal* |
| le regret | *regret* |
| le monde | *the world* |
| impitoyable | *pitiless* |
| dur | *hard* (adv.) |
| survivre | *to survive* |
| la chaîne | (here) *the chain* |
| qui | (here) *which* |
| épouser | *to marry* |

### Jean-Claude Rially

- a commencé à skier à quatre ans
- a eu une carrière de champion pendant dix ans
- a quitté la compétition il y a quinze ans
- possède une chaîne de magasins de sport depuis cinq ans

**More irregular past participles:**

| | |
|---|---|
| **suivre** | ***to follow*** |
| j'ai suivi | *I followed* |
| **ouvrir** | ***to open*** |
| j'ai ouvert | *I opened* |

➤ **page 232**

Écoutez Lucette Chauny et répondez aux questions:

1) Where did Lucette grow up?
2) How many brothers and sisters does she have?
3) What did she start doing at the age of eighteen?
4) When did she go to Paris?
5) What did she study at the Sorbonne?
6) When did she publish her first novel?
7) When did she start living in a small town?

| | |
|---|---|
| un écrivain | *a writer* (there is no feminine form) |
| une nouvelle | *a short story* |
| la philosophie | *philosophy* |
| étudier la philosophie | *to study philosophy* |
| publier | *to publish* |
| un roman | *a novel* |
| souvent | *often* |
| le côté | *the side* |
| à part | *apart from* |
| semblable à | *similar to* |
| ils ont acquis | *they acquired* |
| vivre | *to live* |
| citer | *to quote, to list* |
| parmi | *among* |
| le lien | *the link* |
| le cas | *the case* |
| créer | *to create* |
| le ministère | *the ministry* |

## *info France*

### LA FRANCOPHONIE DANS LE MONDE

Dans la presse ou à la radio on parle souvent de l'Hexagone. Ce terme indique simplement la France, qui, avec six côtés presque égaux, a la forme d'un hexagone. À part la France métropolitaine (la France seule), il existe aussi la France d'Outre-mer, composée de départements et de territoires. On a appelé ces parties de la France les DOM-TOM (Départements d'Outre-mer, Territoires d'Outre-mer). Les Départements d'Outre-mer, qui ont un statut administratif semblable aux départements de la France métropolitaine, sont les suivants: la Guadeloupe, la Guyane, la Martinique, et la Réunion. Les Territoires d'Outre-mer créés en 1946 sont des collectivités territoriales de la République française et ont acquis une plus grande autonomie. Ils sont au nombre de quatre: Wallis-et-Futuna, la Polynésie française, la Nouvelle Calédonie, et les Terres australes et antarctiques françaises. Deux autres collectivités territoriales sont Saint-Pierre-et-Miquelon et Mayotte.

Il y a environ deux millions de Français qui vivent dans la France d'Outre-mer et qui parlent le français. Mais la France a eu un grand empire colonial au XIX$^{e}$ siècle et on estime à 150 millions le nombre de personnes qui utilisent le français comme langue maternelle ou 'familière'. Citons parmi les nombreux pays francophones le Québec, l'Afrique du Nord (Maroc, Tunisie et Algérie), certains pays de l'Afrique Centrale (le Sénégal, le Cameroun ...) et Madagascar. Enfin, on parle français dans certaines parties du monde qui ont eu à un moment de leur histoire des liens avec la France. C'est le cas de Pondichéry et de la Louisiane.

Les Français essayent de résister à l'influence de l'anglais qui est devenu la langue dominante dans le monde.

En 1986, la première conférence des chefs d'État des pays qui ont en commun l'usage du français a eu lieu à Paris. Cette conférence a regroupé 41 participants. La même année, Jacques Chirac a créé un secrétariat d'État à la francophonie, département ministériel rattaché au ministère de la culture.

Vous regardez un album de photos. Étudiez les notes en anglais et commentez les photos avec votre partenaire.

*Give a commentary on the photos with your partner.*

**Alors là c'est David, il ...**

expressions utiles
il a deux ans
ils ont obtenu
ils sont allés
je crois que ...
est né
ils ont fait
ils sont restés
ils sont retournés
ensuite
faire une excursion
le mariage
futur(e)


**1**

Born in 1954, he is two on this photo.

**2**

David and his brother went to a grammar school in Brighton, stayed there for five years, got excellent results.

**3**

David went to Keele University where he studied French and History. Here he is with his friends; they have gone on a trip in the Pennines. I think the student there is Rachel, his future wife.

**4**

David married Rachel in 1979. They lived in Birmingham for two years, then went back to Keele.

## À vous!

Vous avez des vieilles photos de votre famille ou de vos vacances? Montrez et commentez ces photos à un(e) partenaire.

# C C'est elle qui a créé le château

Étudiez les ***Mots-clés*** et la note de grammaire. Écoutez et lisez le dialogue. Vous visitez le Château de Chenonceau avec un(e) ami(e) américain(e); il / elle ne parle pas très bien le français. Vous répondez à ses questions:

a) When did François 1er buy the château?
b) Did he actually live there?
c) What happened when Henri II became king?
d) What did Diane de Poitiers create at Chenonceau?
e) What happened in 1559?
f) What did Catherine have built?

| | |
|---|---|
| guidé(e) | *guided* |
| le règne | *the reign* |
| la chasse | *the hunt* |
| le/la rival(e) | *the rival* |
| le roi | *the king* |
| reprendre | *to take back* |
| apporter | *to bring* |
| le pont | *the bridge* |
| la galerie | *the gallery* |
| appartenir | *to belong to* |

| | |
|---|---|
| **qui** | ***who, which*** |
| c'est elle qui ... | *it's she who ...* |
| le secteur qui m'a toujours passionné | *the field which has always interested me* |
| **acquérir** | ***to acquire*** |
| elle a acquis | *she acquired* |
| **appartenir** | ***to belong*** |
| il a appartenu | *it has belonged* |

➤ **pages 232, 233**

**Une visite guidée ...**

| | |
|---|---|
| *Guide* | François 1er a acquis le château de Chenonceau en mille cinq cent trente-cinq. |
| *Touriste* | Et il a habité ici pendant son règne? |
| *Guide* | Non, pas vraiment, il a utilisé cette résidence pour ses chasses. Ensuite, en mille cinq cent quarante-sept, Henri II est monté sur le trône et a donné le château à la belle Diane de Poitiers. |
| *Touriste* | Et c'est elle qui a créé le château comme il est aujourd'hui? |
| *Guide* | En effet, vous voyez le jardin italien là-bas, à gauche, c'est elle qui a fait les plans, c'est elle aussi qui a été à l'origine du pont sur le Cher. De l'autre côté, à droite vous voyez le jardin de Catherine de Médicis. |
| *Touriste* | La rivale de Diane de Poitiers? |
| *Guide* | Oui, la femme d'Henri II. Le roi est mort en mille cinq cent cinquante-neuf et Catherine a repris le château, elle a apporté beaucoup de modifications: une galerie au-dessus du pont, en particulier. |
| *Touriste* | Et ensuite, il y a eu plusieurs propriétaires? |
| *Guide* | Oui, le château a appartenu à plusieurs familles mais c'est Diane de Poitiers et Catherine de Médicis qui ont été les grandes figures de l'histoire du château. Chenonceau appartient maintenant à la famille Menier. |

À l'intérieur du château, continuez la visite. Écoutez le guide et répondez aux questions de votre ami(e) américain(e).

a) Which is the most interesting room?
b) What did Jean Goujon design in Diane's room?
c) What was the gallery used for during the First World War?
d) Where exactly did the demarcation line go during the Second World War?
e) Where is the guide taking us next?

*Guide* Nous sommes ici au rez-de-chaussée, il y a quatre pièces: la plus intéressante est peut-être la chambre de Diane de Poitiers. C'est Jean Goujon qui a créé cette magnifique cheminée au fond de la pièce.

...

Maintenant nous passons dans la galerie. Remarquez le pavé noir et blanc.

*Touriste* Cette galerie a joué un rôle dans les deux guerres n'est-ce pas?

*Guide* Oui, les Français ont utilisé cette galerie comme hôpital militaire pendant la première guerre et à la Deuxième Guerre Mondiale, de mille neuf cent quarante à mille neuf cent quarante-deux la ligne de démarcation est passée au milieu de la galerie.

...

Si vous voulez me suivre nous allons passer au premier étage.

## info France

**LA LIGNE DE DÉMARCATION**

During the first half of the Second World War, France was divided into two parts. From 1939 to 1942 the northern part was occupied by the Germans and the southern part, called the '**zone libre**' was under the Vichy Government headed by General Pétain. The demarcation line between the two zones roughly followed the Loire valley and went through the middle of the château of Chenonceau.

| | |
|---|---|
| le pavé | *the paving* |
| la guerre | *the war* |
| l'hôpital militaire (m.) | *the military hospital* |
| la démarcation | *the demarcation* |
| au milieu de | *in the middle of* |

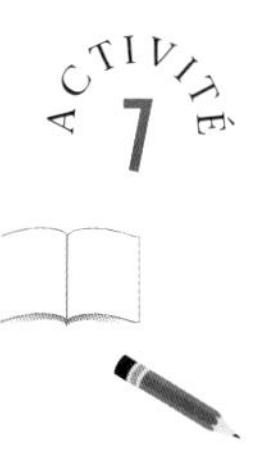


Quel est l'ordre des événements? Vous écrivez un court article sur le Centre de Conférences du Château de Dombières. Voici vos notes, elles ne sont pas dans l'ordre et tous les verbes sont au présent!

**Le Château de Dombières est situé à 22 km à l'ouest de Paris. Avant ...**

Avant la révolution de 1789: propriétaire le comte de Hautefeuille.

20 chambres tout confort.

En 1792 la famille émigre en Angleterre.

5 salles de séminaires (de 10 à 100 places).

Restaurant gastronomique.

Aujourd'hui le château offre des prestations exceptionnelles.

Maintenant complètement rénové.

En 1812 les Ponsot, riches fabricants de meubles, achètent le château.

Pendant 20 ans, après le départ de la famille de Hautefeuille, reste fermé.

En 1985 un consultant, M. Paget, acquiert la demeure et rénove l'intérieur.

Quelques années après la fin de la Deuxième Guerre mondiale, la famille Ponsot restaure le château.

Passe de père en fils jusqu'à la Deuxième Guerre mondiale.

Les bombes allemandes endommagent le corps principal.

| | |
|---|---|
| l'événement (m.) | *the event* |
| court(e) | *short* |
| la révolution | *the revolution* |
| le comte | *Count* |
| émigrer | *to emigrate* |
| le fabricant | *the maker, manufacturer* |
| les meubles (m. pl.) | *the furniture* |
| la bombe | *the bomb* |
| endommager | *to damage* |
| le consultant | *the consultant* |
| la demeure | *the residence* |

## D Connaissez-vous Reysac?

Étudiez les ***Mots-clés***. Une amie veut installer une petite entreprise dans le sud-ouest de la France. Elle a écrit à Reysac et a reçu une réponse. Vous aidez votre amie à traduire les passages indiqués.

Reysac, le 4 mars 19—

Madame,

En réponse à votre demande d'information sur Reysac et sa région, veuillez trouver ci-joint notre brochure *Pour construire l'avenir, Reysac votre ville*, ainsi qu'une plaquette présentant les services de la Chambre de Commerce et d'Industrie de la région.

Nous restons à votre disposition et vous prions d'agréer, Madame, l'expression de nos salutations distinguées.

*Sophie Pérot*

Sophie Pérot
Service Documentation

### Pour construire l'avenir
### REYSAC, VOTRE VILLE

Reysac, bourg ancien, plein de charme mais également ville dynamique qui entre dans le 21ème siècle avec des atouts dans le domaine culturel, touristique, mais aussi économique et technologique.

Le cœur historique de la ville a gardé un certain nombre de caractéristiques médiévales. Il y a cinq siècles, le petit village de Reysac est devenu un gros bourg très animé avec sa foire annuelle. Cette foire a attiré pendant des siècles tous les marchands et artisans de la région et a contribué à développer la bourgade. Reysac est donc depuis longtemps le centre des activités de la région. Il y a cinquante ans, avec la fin de la Deuxième Guerre mondiale, la ville est entrée dans une nouvelle phase de développement. L'industrialisation de l'après-guerre a transformé une partie de la ville, mais Reysac a maintenu un artisanat dynamique qui fait aujourd'hui encore la renommée de la région. Depuis les années 80, une nouvelle révolution marque l'agglomération qui a accueilli plusieurs entreprises de composants électroniques et propose aujourd'hui à des prix très intéressants des sites dans son parc d'affaires créé il y a cinq ans.

N'oublions pas l'agriculture qui a joué à toutes les époques un rôle important dans l'économie régionale. C'est maintenant une agriculture moderne et compétitive qui apporte richesse et emplois à Reysac et ses environs. Il y a aussi le tourisme vert qui depuis quelques années redonne vie aux petits villages autour de Reysac.

Venez à Reysac, et redécouvrez la douceur de vivre de la France rurale!

| | |
|---|---|
| la plaquette | *the booklet* |
| le bourg | *the town* |
| l'atout (m.) | (here) *the advantage, the key quality* |
| garder | *to keep* |
| le siècle | *the century* |
| animé | *lively* |
| la foire | (here) *the fair* |
| annuel (m.) annuelle (f.) | *annual* |
| attirer | *to attract* |
| la bourgade | *the market town* |
| longtemps | *for a long time* |
| maintenir | *to maintain* |
| la renommée | *fame, renown* |
| l'agglomération (f.) | *urban area* |
| depuis les années 80 | *since the '80s* |
| jouer un rôle | *to play a role* |
| autour de | *around* |

Découvrez votre ville. Choisissez les phrases et expressions appropriées.

... est un(e)

| | |
|---|---|
| **petit(e)** | ville |
| **grand(e)** | village |
| **gros(se)** | bourg |

situé(e) à ... km de ...

C'est un(e)

| | | | |
|---|---|---|---|
| village | **très** | industriel(le) | **plein(e) de charme** |
| agglomération | **assez** | rural(e) | **avec des atouts économiques** |
| ville | **peu** | touristique | |

Il y a [cinq / dix / vingt] ans, son développement [**industriel / artisanal / touristique**] a été [lent / rapide]

[**et / mais**] sa population [reste stable / augmente] depuis vingt ans.

Depuis longtemps c'est [**l'agriculture / le tourisme / les industries**] qui apporte(nt) richesse et emplois à ...

## À vous!

Continuez avec votre professeur.

### *info France*

**LE BOURG**

France is still a rural country composed of a large number of villages and small towns. There are 36 000 communes, **la commune** being the smallest administrative entity, usually a village or small town. Many of the villages in rural France have only a few hundred inhabitants. When the population reaches about a thousand, the French prefer to use the terms **petite ville**, **bourg**, **bourgade**. **Agglomération** is a term which can be applied to any town and its suburbs in a more technical or economic context.

# E La Renault Dauphine est apparue en 1956

Étudiez les ***Mots-clés***. Vous devez écrire un article sur les voitures Renault. Vous avez enregistré (*recorded*) une conversation avec un responsable du marketing de la firme automobile française. Votre assistant(e) a transcrit une partie de l'entrevue: écoutez la cassette et retrouvez le reste de la conversation.

**a)** ________________, la quatre chevaux ________________; elle ________________ le grand succès des ________________ de paix: c'est une petite voiture avec moteur à l'arrière. Elle ________________ les clients des classes moyennes et ________________ à développer le niveau de vie des ________________.

**b)** La Renault Dauphine ________________. Elle ________________ l'entreprise de sérieuses difficultés financières. C'est une voiture fonctionnelle, pas très sophistiquée.

**c)** En 1964, Renault ________________ un nouveau modèle. La R16 ________________ de nombreuses ________________. L'usine de Sandouville ________________ cette voiture ________________.

**d)** ________________ en 1972, c'est la Renault 5 qui ________________. ________________ la firme ________________ plus de ________________ de ce modèle. C'est une voiture moderne, ________________.

| | |
|---|---|
| chevaux | (here) *horsepower* |
| la paix | *peace* |
| le moteur à l'arrière | *rear-engined* |
| les classes moyennes (f. pl.) | *the middle classes* |
| le niveau de vie | *the standard of living* |
| sauver | *to save* |
| sérieux (m.) sérieuse (f.) | *serious* |
| la difficulté | *the difficulty* |
| fonctionnel(le) | *functional* |
| sophistiqué(e) | *sophisticated* |
| lancer | *to launch* |
| fabriquer | *to make, to manufacture* |

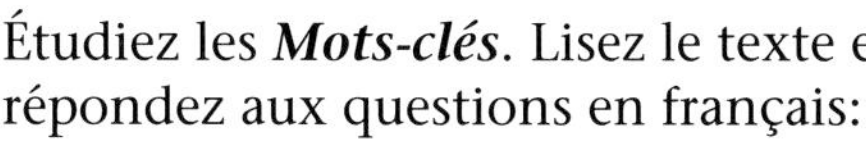

Étudiez les ***Mots-clés***. Lisez le texte et répondez aux questions en français:

1) La production de la Mégane a commencé en quelle année?
2) Pourquoi est-ce que Renault a modernisé ses installations?
3) Quel modèle est-ce que la Mégane remplace?
4) Renault a produit combien de R19?
5) Le nouveau modèle sort quand, exactement?
6) Quelles autres versions vont suivre?
7) Quel type de clients vont aimer le monospace?

| | |
|---|---|
| il y a peu | *not long ago* |
| la gamme | *the range (of products)* |
| milieu de gamme | *middle of the range* |
| le robot | *the robot* |
| remplacer | *to replace* |
| une chaîne | (here) *production line* |
| produire | *to produce, to make* |
| produit(e) | *made, produced* |
| séduire | (here) *to attract, to appeal to* |
| le conducteur | *the driver* |
| le coupé | *the coupé* |
| le monospace | *the people carrier* |

'Il y a peu, en 1995, la production de la Mégane a commencé: c'est une voiture milieu de gamme, confortable et belle. Renault a modernisé ses installations et ce sont les robots qui fabriquent une grande partie de la voiture.

Elle remplace la R19 qui a eu beaucoup de succès pendant des années avec trois millions de voitures produites. Avec ce modèle nous attirons une clientèle traditionnelle.

Notre nouveau modèle sort ce mois-ci de nos chaînes et va séduire les conducteurs qui désirent une voiture puissante mais économique. Deux autres versions vont suivre dans les 18 prochains mois; le coupé va intéresser les jeunes, et les clients qui aiment les voitures fonctionnelles vont aimer notre monospace.'

## À vous!

Décrivez votre première voiture, puis votre voiture actuelle (*your present car*) et ensuite imaginez votre prochaine voiture. Écrivez ou parlez!

D'abord en 19— ...
Ensuite, en 19— ...
Maintenant ...
Bientôt, en 19— ...
Je vais ...

**expressions utiles**

j'ai acheté / j'ai eu
j'ai vendu
j'ai choisi
le nouveau modèle / la nouvelle voiture
... est sorti(e)
une voiture d'occasion = *second-hand car*
j'ai / je possède
je vais acheter
je vais choisir

Avec un(e) partenaire, parlez de votre vie passée et de vos projets. Vous avez fait ...? Vous allez faire ...?

**expressions utiles**

je suis né(e)
j'ai fait mes études ...
je travaille ... depuis ...
j'habite
j'ai travaillé
je vais préparer
j'ai épousé
pendant ... ans
j'ai passé ...
je vais acheter
nous avons habité

# Grammaire

## More irregular past participles

This unit has used several more irregular past participles. Here are the ones you have met, together with some others in common use:

| | | |
|---|---|---|
| suivre, *to follow* | → | **suivi** |
| ouvrir, *to open* | → | **ouvert** |
| acquérir, *to acquire* | → | **acquis** |
| appartenir, *to belong* | → | **appartenu** |
| reprendre, *to take back* | → | **repris** |
| recevoir, *to receive* | → | **reçu** |
| apparaître, *to appear* | → | **apparu** |
| boire, *to drink* | → | **bu** |
| devoir, *must, to have to* | → | **dû** |
| dire, *to say* | → | **dit** |
| mettre, *to put* | → | **mis** |
| pouvoir, *can, to be able to* | → | **pu** |
| savoir, *to know* | → | **su** |
| connaître, *to know* | → | **connu** |
| tenir, *to hold* | → | **tenu** |
| vivre, *to live* | → | **vécu** |
| vouloir, *to want, to wish* | → | **voulu** |

## Expressing periods of time: *pendant, depuis, il y a*

The word **pendant**, meaning *during* or *for*, can be used in the past as well as in the present. Here are a few examples:

| | |
|---|---|
| Elle est allée aux États-Unis pendant la guerre. | *She went to the USA during the war.* |
| Je suis restée à Paris pendant deux ans. | *I stayed in Paris for two years.* |
| Nous allons à la montagne pendant les vacances d'été. | *We go to the mountains during the summer holidays.* |

Note that, when used with a past tense, **pendant** refers to a situation which is over, finished.

The word **depuis**, meaning *for* or *since*, also refers to a period of time, but if the situation is still going on, the present tense is used in French:

| | |
|---|---|
| Reysac est depuis longtemps le centre. | *Reysac has been the centre for a long time.* |
| Il possède un magasin depuis cinq ans. | *He has owned a shop for five years.* |
| Depuis les années 80 une nouvelle révolution marque ... | *Since the '80s a new revolution has left its mark on ...* |
| J'habite ici depuis 1993. | *I have lived here since 1993.* |
| J'étudie le français depuis 1994. | *I have been studying French since 1994.* |

Compare:

| | |
|---|---|
| J'ai étudié le français **pendant** deux ans. | *I studied French for two years.* |
| J'étudie le français **depuis** deux ans. | *I have been studying French for two years.* |

We have already seen **il y a** with the meaning of *there is, there are*: **Il y a deux hôtels.**

The phrase **il y a** can also mean *ago*:

| | |
|---|---|
| il y a deux jours | *two days ago* |
| il y a une dizaine d'années | *about ten years ago* |
| il y a peu de temps | *a short while ago* |
| il y a (très) longtemps | a *(very) long time ago* |
| il y a des années | *years ago* |

Note that **il y a** goes at the beginning of the time phrase. The verb is in a past tense:

Le village de Reysac est devenu un gros bourg il y a cinq siècles.
*The village of Reysac became a big market town five centuries ago.*

### *Qui*: who, which

In English you can stress a word within a sentence using the tone of voice: ***She*** *created the gallery*. It is not possible to stress a word in this way in French and the structure **c'est ... qui** is used: **C'est elle qui a créé la galerie**. Here are some examples of this emphatic form:

| | |
|---|---|
| C'est moi qui ai envoyé la lettre. | ***I*** *sent the letter.* |
| C'est toi qui as payé. | ***You*** *paid.* |
| C'est elle qui a reçu le client. | ***She*** *saw the client.* |

Note that the verb (**ai envoyé**, **as payé**) agrees with the real subject (**moi**, **toi**) and not with **qui**.

### Appartenir

This irregular verb, meaning *to belong*, has the same conjugation as the verb **tenir**, *to hold*, and **maintenir**, *to maintain*. Here are its forms in the present tense:

| **appartenir** ***to belong*** | | | |
|---|---|---|---|
| *Singular* | | *Plural* | |
| j'appar**tiens** | *I belong* | nous appar**tenons** | *we belong* |
| tu appar**tiens** | *you belong (familiar)* | vous appar**tenez** | *you belong (plural or polite singular)* |
| il / elle / on } appar**tient** | *he / she / it* } *belongs* | ils / elles } appar**tiennent** | *they belong* |

## En pratique

1 Put the elements together to make French sentences in the perfect tense.

e.g. Nous (**aller**) en France / *two months ago* → **Nous sommes allés en France, il y a deux mois.**

a) La famille Ponsot (**habiter**) le château / *fifty years ago*.
b) Josiane (**aller**) aux États-Unis / *eight years ago*.
c) *About ten years ago* / la ville (**accueillir**) les premières entreprises d'électronique.

d) *A long time ago* / le village (**devenir**) un bourg animé.
e) *A few months ago* / nous (**passer**) une dizaine de jours dans les Alpes.
f) Mes amis (**venir**) passer le week-end / *a short while ago.*
g) Je (**parler**) au directeur / *a few minutes ago.*

2 Use the pattern below to link the elements, inserting **depuis**, and using the correct form of the verb.

e.g. Ils / passer / leurs vacances en France / les années 70 → **Ils passent leurs vacances en France depuis les années 70.**

a) Il / skier / l'âge de quatre ans
b) J' / habiter / cette maison / longtemps
c) Martine / travailler / au département des ventes / 1990
d) Nous / attendre / Luc / une heure
e) Mes parents / être / ici / deux semaines
f) Je / chercher / l'hôtel / une demi-heure
g) Nous / louer / ce chalet / plusieurs années

3 Conjugate the verbs in brackets in the required tense (present, perfect, or immediate future) according to context. Some of the verbs are irregular.

Naf-Naf

Deux frères et leur sœur (**créer**) ________________ un atelier de confection il y a plus de vingt ans dans le quartier du Sentier à Paris. L'entreprise (**naître**) ________________ dans une pièce de 18 $m^2$ et (**développer**) ________________ ses activités pendant les premières années. Les créateurs (**vouloir**) ________________ d'abord attirer les adolescents, puis ils (**décider**) ________________ de diversifier leur production et des nouveaux vêtements (**apparaître**) ________________ dans les boutiques. Maintenant, la femme de trente ans (**acheter**) ________________ encore ses vêtements chez Naf-Naf parce qu'elle (**aimer**) ________________ leur style.

L'avenir? Naf-Naf (**pénétrer**) ________________ le marché masculin et les responsables du marketing (**modifier**) ________________ l'image – négative dans certains pays – du petit cochon.

| | | | |
|---|---|---|---|
| un atelier | *a workshop* | la confection | *the clothing industry* |
| un vêtement | *a garment* | | |

Now you have completed Unit 12, can you: *tick*

1 Talk about the main events of your past? ☐
*See pages 220-31.*

2 Explain what other people did in the past? ☐
*See pages 220-4.*

3 Understand the description of historical events? ☐
*See pages 225-31.*

4 Say briefly what you have done, what you are doing now and what you are going to do next (at work, at home)? ☐
*See pages 220-31.*

# Vocabulaire

LIFE'S PROGRESS

| | |
|---|---|
| naître | *to be born* |
| le début | *the beginning* |
| l'enfance (f.) | *infancy, childhood* |
| l'élève (m./f.) | *the pupil* |
| l'école primaire (f.) | *the primary school* |
| le collège | *the secondary school* |
| la carrière | *the career* |
| l'événement (m.) | *the event* |
| la reconversion | *starting a new career* |
| le bilan | (here) *taking stock* |
| la difficulté | *difficulty* |
| la nostalgie | *nostalgia* |
| la vie | *the life* |
| le niveau | *the level* |
| le niveau de vie | *the standard of living* |
| le regret | *regret* |
| le(s) succès | *the success(es)* |
| le talent | *the talent* |
| encourager | *to encourage* |
| épouser | *to marry* |
| étudier le français | *to study French* |
| réussir | *to succeed* |
| suivre | *to follow* |
| survivre | *to survive* |
| vivre | *to live* |

COMMUNITIES AND INDUSTRY

| | |
|---|---|
| l'agglomération (f.) | *urban area* |
| l'agriculture (f.) | *agriculture* |
| l'artisan (m.) | *the craftsman* |
| l'artisanat (m.) | *craftsmanship* |
| l'atelier (m.) | *the workshop* |
| le bourg | *the town* |
| la bourgade | *the market town* |
| la chaîne | *the chain (of shops); the production line* |
| les classes moyennes (f. pl) | *the middle classes* |
| la commune | *smallest administrative entity* |
| la confection | *the clothing industry* |
| le fabricant | *the maker, manufacturer* |
| la foire | (here) *the fair* |
| la gamme | *the range* |
| l'hôpital militaire (m.) | *the military hospital* |
| (le) moteur à l'arrière | *rear-engined* |
| le pont | *the bridge* |
| le robot | *the robot* |
| milieu de gamme | *middle of the range* |
| fabriquer | *to manufacture* |
| lancer | *to launch* |
| produire | *to produce* |

OTHER USEFUL WORDS AND PHRASES

| | |
|---|---|
| l'atout (m.) | *the advantage, the key quality* |
| la bombe | *the bomb* |
| le cas | *the case* |
| la chasse | *the hunt* |
| le comte | *Count* |
| le côté | *the side* |
| la demeure | *the residence* |
| l'écrivain (m.) | *the writer* |
| la gloire | *the glory* |
| la guerre | *the war* |
| la lecture | *reading* |
| le lecteur | *the reader* |
| le lien | *the link* |
| la médaille | *the medal* |
| les meubles (m. pl.) | *the furniture* |
| le ministère | *the ministry* |
| le monde | *the world* |
| la nouvelle | *the short story* |
| la paix | *the peace* |
| la plaquette | *the booklet* |
| la renommée | *the renown, reputation* |
| la révolution | *the revolution* |
| le/la rival(e) | *the rival* |
| le règne | *the reign* |
| le roi | *the king* |
| le roman | *the novel* |
| le rôle | *the role* |
| le siècle | *the century* |
| le ski | *skiing* |
| à part | *apart from* |
| au milieu de | *in the middle of* |
| autour de | *around* |
| longtemps | *(for) a long time* |
| depuis | *for, since* |
| pendant | *during, for* |
| il y a | *ago* |
| lorsque | *when* |
| même | *same* |
| d'occasion | *second-hand* |
| outre | *beyond* |
| outre-mer | *overseas* |
| parmi | *among* |
| qui | (here) *who, which* |
| semblable à | *similar to* |
| souvent | *often* |
| court(e) | *short* |
| brillant(e) | *brilliant* |
| dur(e) | *hard* |

# Faisons le point!

**Où en sommes-nous?** *Let's see where we've got to.*

Check that you can do the following in French. We have seen all the vocabulary and grammar in the preceding three units.

1 How would you:

a) Say that the manager's office is next to the secretary's office.
b) Indicate that the room is opposite the lift.
c) Explain that your house is behind the station.
d) Say that your office is at the bottom of the corridor on the left.

---

2 Now can you:

a) Ask if the station is far from where you are.
b) Give directions to go to the station from where you are now.
c) Explain where your house is in relation to the town centre.
d) Describe the layout of the rooms in your house.
e) Explain how to use a Minitel (you need only, to key in ...).
f) Explain to the chemist that you have toothache.

---

3 Match the following French words to their English translation:

a) derrière
b) au-dessous de
c) à droite de
d) vers
e) devant
f) au fond de
g) entre

1) behind
2) between
3) in front of
4) below
5) at the end of
6) to the right of
7) towards

---

4 Put these verbs into the correct form of the past tense:

a) Il ... (**naître**) en 1960
b) Nous ... (**attendre**) mes parents pendant une heure
c) Nos amis ... (**ne ... pas**) (**partir**) en vacances cette année
d) Elles ... (**retourner**) en Espagne cet été
e) Il ... (**finir**) son travail il y a une heure

---

5 How would you say that:

a) You have had a good journey.
b) You spent two weeks in the Alps.
c) You did not work yesterday.
d) You went to the States in 1995.

---

6 Talking about yourself, can you:

a) State where you were born.
b) Say which school / university you went to and what you studied there.
c) Give a brief description of your town.
d) Talk about the different cars you have had.
e) Describe your present car.

---

7 Translate these sentences into English:

a) J'étudie le français depuis le mois de septembre.
b) Il y a beaucoup d'entreprises dans l'agglomération.
c) Son père a passé deux ans aux États-Unis pendant la Deuxième Guerre mondiale.
d) Nous sommes allées en Corse il y a deux ans.
e) Est-ce que vous habitez ici depuis longtemps?

# Student B

## Unité 2

un téléphone — *a telephone*
un répondeur automatique — *an answering machine*

*Like Partner A, you are considering a house swap for your next holiday. Will your house suit your partner and will your partner's house suit you?*

**Partenaire B**, voici votre salon. Étudiez les ***Mots-clés*** et relisez la note sur avoir à la page 29.

Répondez aux questions de votre partenaire, et posez des questions sur le salon de votre partenaire.

***Partner B**, here is your living room. Study the **Mots-clés** and re-read the note on avoir on page 29. Answer your partner's questions and ask questions about your partner's living room.*

*exemple:*
– Vous avez un téléviseur?
– Oui, j'ai un téléviseur et un magnétoscope.
– Vous avez des chats?
– Non, je n'ai pas de chat.

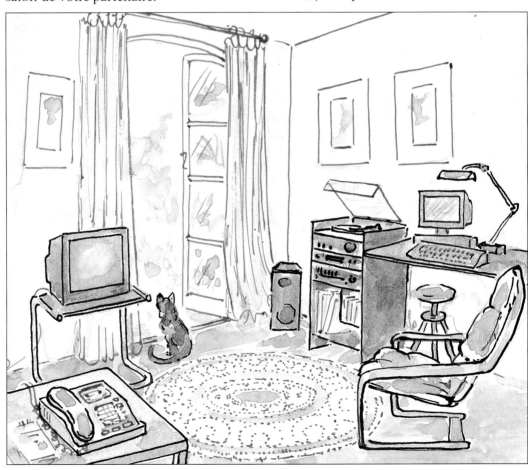

# Unité 3

ACTIVITÉ 5

**Partenaire B**
Lisez votre publicité sur Rochechouart. Cochez ou rayez les attractions sur votre liste.

*Read your advertisement on Rochechouart. Tick or cross the entertainments on your list.*

Posez des questions sur les attractions à Peyrat-le-Château.

*Ask questions about the attractions at Peyrat-le-Château.*

*exemple:*
– **À Peyrat-le-Château, il y a des tennis?**
– Non, il n'y a pas de tennis. ☒, ou
– Oui, il y a des tennis. ☑

| Peyrat | | Rochechouart |
|---|---|---|
| ☐ | | ☐ |
| ☐ | | ☐ |
| ☐ | | ☐ |
| ☐ | | ☐ |
| ☐ | | ☐ |
| ☐ | | ☐ |
| ☐ | | ☐ |

ROCHECHOUART
Tous Commerces
Station Verte de Vacances - Son Château
Le Musée Départemental d'Art Contemporain
Son plan d'eau et son camping **
Pêche, Randonnées pédestres

Mairie ☎ 55 03 60 15

ACTIVITÉ 12

**Partenaire B**
Regardez votre carte de l'Europe (à la page 240). Posez des questions à votre partenaire pour compléter le tableau et répondez aux questions de votre partenaire.

*Look at your map of Europe. Ask your partner questions to fill the gaps in the table and reply to your partner's questions.*

*exemple:*
Quel temps fait-il à Rome en été?
Quelle est la température à Bonn en hiver?

| | hiver | °C (moyenne) | été | °C (moyenne) |
|---|---|---|---|---|
| Rome | | | | 30 |
| Londres | | 6 | | |
| Paris | | | | |
| Barcelone | | 9 | | 31 |
| Bonn | | | | |

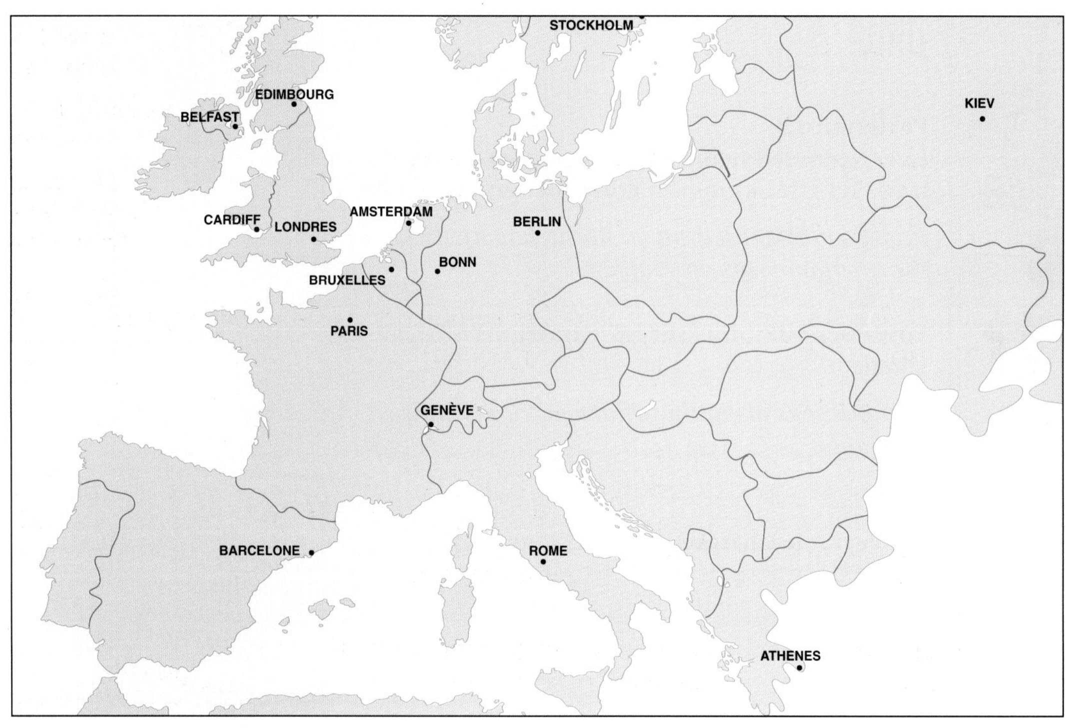


# Unité 4

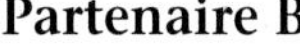

**Partenaire B**

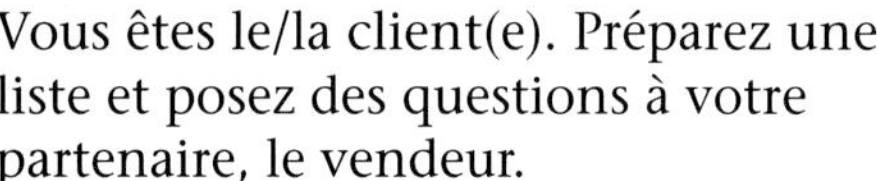

Vous êtes le/la client(e). Préparez une liste et posez des questions à votre partenaire, le vendeur.

*You are the customer. Prepare a list and ask questions of your partner, the seller.*

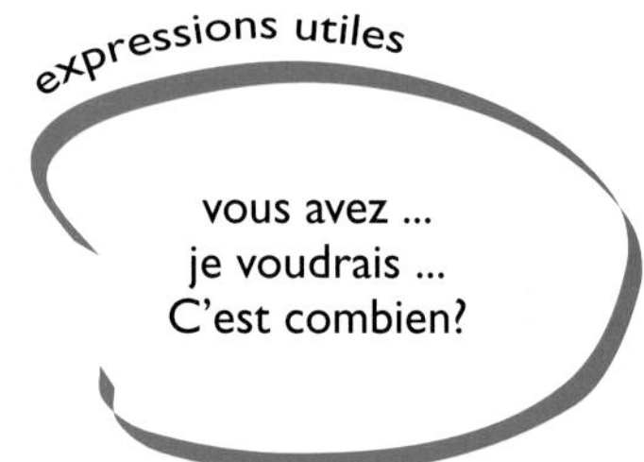


*exemple:*

**B.** Vous avez des tomates?
**A.** Oui, monsieur / madame.
**B.** Je voudrais un kilo de tomates, s'il vous plaît. C'est combien?
**A.** Ça fait douze francs.

*Now you are the seller and here is your stall. Answer your partner's questions.*

## Unité 7

**Partenaire B**
Vous êtes employé(e) à une agence de voyages à Paris. Regardez le tableau et donnez des renseignements à votre partenaire, un voyageur.

expressions utiles

le vol dure ...
Il part de ...
Combien de temps dure le vol?
Ça fait ... F
Combien fait le billet?
Quel aéroport?

| Départ | Destination | Durée de voyage | tarif |
|---|---|---|---|
| Paris – Orly | Toulouse | ? | 650 F |
| Paris – Orly | Marseille | 1h 05 | ? |
| Paris – ? | Bordeaux | 1h | ? |
| Paris – Charles de Gaulle | New York | ? | 2200 F |
| Paris – Charles de Gaulle | Londres | 45min | 850 F |
| Paris – ? | Edimbourg | ? | ? |

Maintenant, demandez des renseignements à votre partenaire, pour compléter votre tableau.

## Unité 8

**Partenaire B**
1 Vous êtes réceptionniste à l'hôtel. Regardez la fiche et répondez à votre partenaire.

expressions utiles

Vous êtes combien?
Pour combien de nuits?
nous avons ...
le prix est de ...
c'est la chambre numéro ...
Désolé(e)

| Chambres simples avec douche | Chambres familiales avec bains | Chambres doubles (lits jumeaux) avec bains | Chambres doubles (grand lit) avec bains |
|---|---|---|---|
| *Chambres libres:* n° 100, 113, 200 | *Chambres libres:* n° 157, 210, 250 | Chambres toutes réservées | *Chambres libres:* n° 134, 230 |
| 310F *petit déjeuner compris* | 430F *petit déjeuner compris* | 500F *petit déjeuner compris* | 460F *petit déjeuner compris* |

2 Maintenant, vous faites des réservations. Vous êtes:
a) un couple de retraités
b) un couple avec quatre enfants.

expressions utiles

je voudrais ...
elle fait combien?
elles font combien?
nous voulons .../ on veut ...
d'accord
on prend ...

**Partenaire B**
Vous êtes Michèle à l'Office de Tourisme. Regardez les détails des hôtels dans la ville. Répondez aux questions de votre partenaire, Gérard.

**OFFICE DE TOURISME**

| HÔTELS ★ | A | B | C | D | E | F | G | H | I |
|---|---|---|---|---|---|---|---|---|---|
| LA CLEF DES CHAMPS | | X | X | | X | X | | (1) | |
| LE MONT JOLI | X | X | X | | X | X | | X | |
| LA GELINOTTE | X | | X | X | X | | | X | X |

(1) Fermé 26 juillet – 18 août
A Restaurant passage
B Téléphone direct
C Parking privé
D Salle de séminaire
E Chiens admis dans chambre
F Carte de crédit acceptée
G Salle de jeu
H Ouvert toute l'année
I Garage privé

expressions utiles

Alors, vous avez ...
le prix est de ... à ...
il y a ...
demi-pension
pension complète
fermé le ... au ...
salle de jeu = *games room*
restaurant passage = *for non-residents*

si possible
je voudrais ...
c'est pour une / deux nuits
nous voulons ... / je veux ...
nous ne voulons pas ...
je ne veux pas
tôt = *early*

**Partenaire B**
Vous êtes des clients français. Vous voulez faire une réservation à l'Hôtel Leclerc.

*Make sure that you state your requirements. Enquire where the available rooms are and ask about the price of each room.*

**HOTELS DE TOURISME**

| Clients | Number of nights | Type of room meals | Evening | Breakfast |
|---|---|---|---|---|
| Couple | 2 | 1 double room with large bed and bath | Yes | Yes |
| Sales representative | 1 | 1 single room with bath | Yes | Yes: early if possible - 6.30 a.m.? |
| Family (6 people) | 1 | 1 double room with large bed and bath. 2 double rooms with twin beds and shower. | No | Yes: 8.30 a.m. possible? |

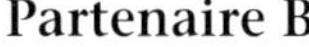

**Partenaire B**

Vous voulez des renseignements sur:

1) une banque (pour changer de l'argent)
2) un bar (cocktail pour 20 personnes)
3) une bonne boulangerie-pâtisserie (une tarte pour dimanche)
4) un garage (problème avec voiture)
5) un magasin de sports (des baskets)
6) une blanchisserie/laverie

Demandez à votre partenaire les numéros de téléphone, et écrivez.

*exemple:*
Je voudrais acheter un jouet. Vous avez le numéro d'un magasin de jouets?

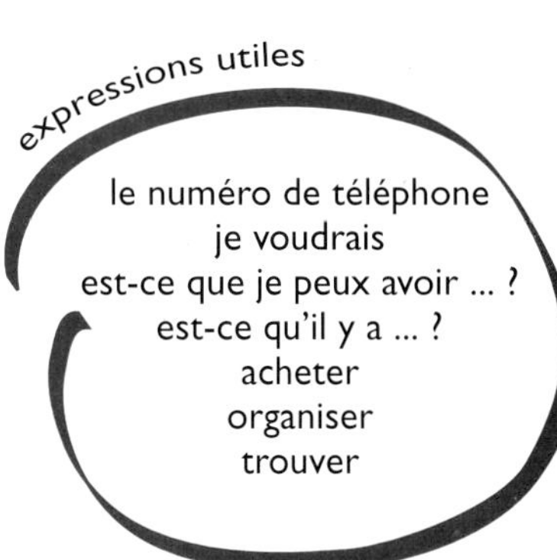

expressions utiles
le numéro de téléphone
je voudrais
est-ce que je peux avoir ... ?
est-ce qu'il y a ... ?
acheter
organiser
trouver

**Partenaire B**
Vous êtes réceptionniste chez Nodel S.A.
Voici vos notes. Répondez à chaque correspondant(e).

| *Caller wants to speak to:* | *Availability:* | *Further action:* |
|---|---|---|
| Mme Briant | Is not in her office.<br>Is away on business. | Say Mme Briant can call back tomorrow.<br>Ask for the caller's telephone number. |
| The person in charge of twinning | One moment, please.<br>You are putting them through. | Ask who is calling. |
| The bank manager | Line engaged. | Ask if you can help.<br>Arrange a new appointment.<br>Ask the caller to leave a telephone number. |

je suis désolé(e)
c'est de la part de qui?
la ligne est occupée
je vous passe ...
... est en déplacement
(= *on business*)

Étudiez vos agendas et parlez avec votre partenaire. Trouvez un moment libre pour aller déjeuner au restaurant.

*exemple:*
– Vendredi, c'est bon pour moi.
– Non, c'est impossible, je dois assister à une conférence.

**Partenaire B**

expressions utiles
je dois ...
je vais ...
j'espère ...
C'est possible?
pour moi c'est bon
je vais voir
pourquoi pas ...
c'est compliqué!
je ne suis pas de retour avant ...

**7 août** — **dimanche**
*19h Dîner chez Jean et Delphine.*

**8 août** — **lundi**
*10h - 14h Orléans, voir nouveaux ordinateurs.*

**9 août** — **mardi**
*Visiter le nouveau laboratoire.*
*19h Cinéma avec Josette.*

**10 août** — **mercredi**
*Bureau.*
*17h Réunion avec Monsieur le Maire.*

**11 août** — **jeudi**
*19h Conduire Sophie chez son amie.*

**12 août** — **vendredi**
*9h - 16h Conférence sur les écosystèmes, Amiens.*

**13 août** — **samedi**
*? week-end à la mer ?*

# Unité 9

**Partenaire B**
Vous êtes un garagiste. Posez des questions à votre partenaire et cochez ou rayez les difficultés dans votre liste.

| | Marche | ne marche pas |
|---|---|---|
| le moteur | ☐ | ☐ |
| les freins | ☐ | ☐ |
| le radiateur | ☐ | ☐ |
| la bougie | ☐ | ☐ |
| le carburateur | ☐ | ☐ |
| la batterie | ☐ | ☐ |
| la roue | ☐ | ☐ |
| de l'essence | ☐ | ☐ |
| les essuie-glace | ☐ | ☐ |
| les phares | ☐ | ☐ |

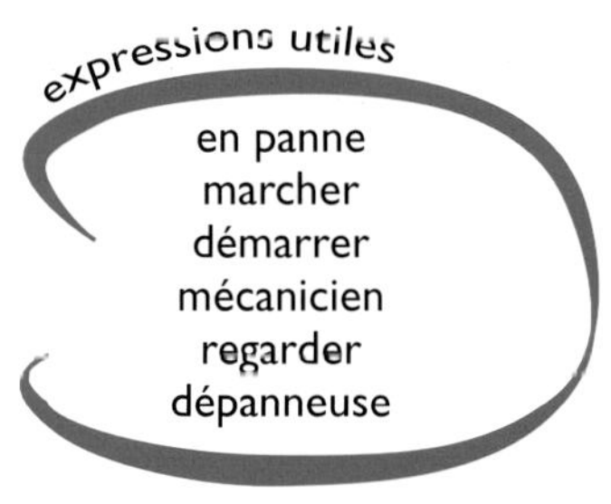

expressions utiles
en panne
marcher
démarrer
mécanicien
regarder
dépanneuse

# Unité 10

**Partenaire B**
Vous cherchez dans un supermarché. Voici votre liste d'achats. Votre partenaire travaille à l'accueil. Posez des questions à votre partenaire et complétez le plan.

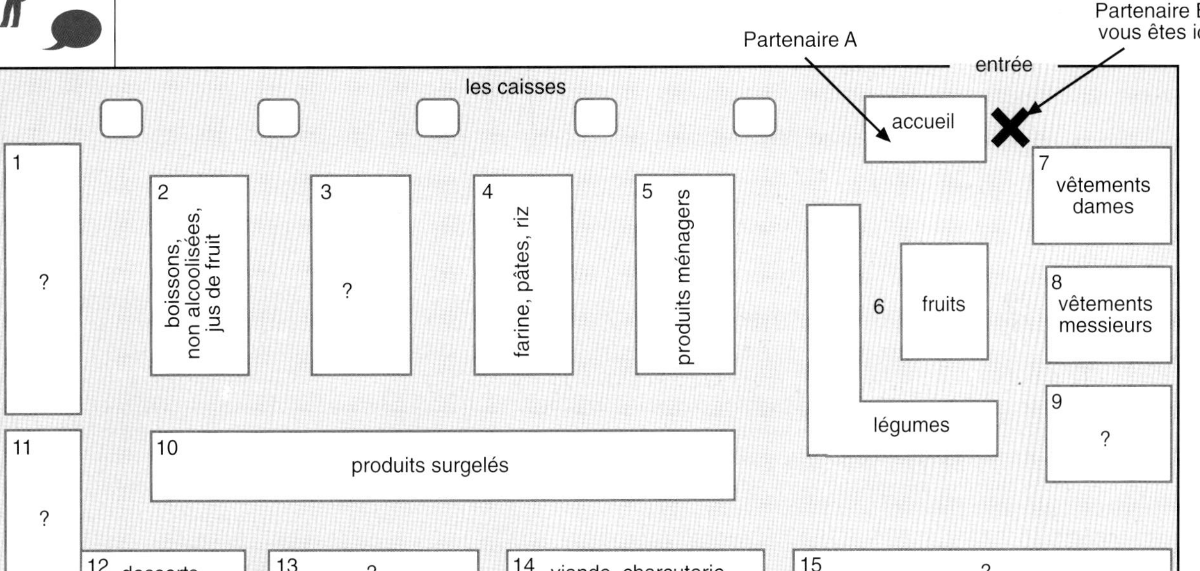


bottle of wine
milk
tin of peas
fresh fish
socks for Fleur and Vincent
bread

expressions utiles
je cherche ...
je voudrais ...
où est / sont
où se trouve(nt)
je ne trouve pas
je vous remercie
merci
d'accord

# Glossary

## French – English

**abbreviations used:**
m., masculine
f., feminine
pl., plural

**Note:** the meanings given in English relate to the way the French word or phrase has been used in the book.

à *at*
à bientôt! *hope to see you soon*
c'est à 2 mn d'ici *it's 2 mins from here*
à droite *on the right*
à la campagne *in the country*
à partir de (date) *from (+ date)*
à pied *on foot*
4 timbres à 3 F 10 *4 stamps at three francs ten*
à Redport *at Redport*
à son bureau *in his / her office, at his / her desk*
à vendre *for sale*
à vous! *over to you, your turn*
a, il a *he has,* see **avoir**
abordable *affordable*
absent(e) *absent*
accepter *to accept*
l'accessoire (m.) *the accessory*
l'accompagnateur (m.) *the person accompanying a group*
l'accord (m.) *the agreement*
d'accord *agreed*
accordé(e) *allowed, granted*
l'accueil (m.) *the reception*
l'achat (m.) *the purchase*
acheter *to buy*
acquérir *to acquire*
adapté *adapted*
l'addition (f.) *the bill*
adjoint(e) *assistant, deputy*
admirer *to admire*
adorer *to adore, to like a lot*
l'adresse (f.) *the address*
l'aérodrome (m.) *the airfield*
l'aérogare (f.) *the air terminal*
l'aéroport (m.) *the airport*
l'affaire (f.) *the business (e.g. a company)*
les affaires (f. pl.) *business*
affectueux(se) *affectionate*
afficher *to put up, stick up*
s'afficher *to display*
l'agenda (m.) *the diary, the programme*
l'agglomération (f.) *the agglomeration*
l'agneau (m.) *the lamb*
agréable *pleasant*
l'agriculture (f.) *agriculture*
l'agroalimentaire (m.) *the food industry*
ai, j'ai *I have,* see **avoir**
aigu(ë) *sharp, high pitched*
l'aire (f.) *area, space*
aimer *to love, to like*
l'air conditionné (m.) *air conditioning*
ajouter *to add*
aller *to go, an irregular verb*
aller à... *to go to ...*
aller à pied *to go on foot*
un aller-retour (m.) *the return journey*
un aller-retour *a return ticket*
l'aller simple (m.) *a single*
allumer *to switch on*
alors *so that's ..., then*
l'amande (f.) *the almond*
l'ambiance (f.) *the atmosphere*
l'amélioration (f.) *the improvement*
améliorer *to improve*
l'ami (m.) *the friend (male)*
l'amie (f.) *the friend (female)*
l'amiral (m.) *the admiral*
s'amuser *to enjoy oneself*
l'an (m.) *the year*
un an *one year*
il a six ans *he is 6 years old*
analyser *to analyse*
ancien, ancienne *former*
anglais(e) *English*
en anglais *in English*
l'année (f.) *the year*
l'annonce (f.) *the advertisement (a small ad)*
l'annuaire (m.) *the directory*
annuel, annuelle *annual*
anonyme *anonymous*
août *August*
l'appareil (m.) *the machine,*
Marc à l'appareil *Marc speaking*
l'apartement (m.) *the appartment, the flat*
appartenir *to belong to*
apparu(e) *appeared*
appeler *to call*
je m'appelle ... *my name is ...*
applaudir *to congratulate*
apporter *to bring*
apprécier *to appreciate*
l'apprenti (m.) *the apprentice*
appuyer *to press (on)*
après *after*
arboré(e) *tree lined, full of trees*
arranger *to suit, to arrange*
l'arrière-cuisine (f.) *the utility room*
l'arrivée (f.) *the arrival*
arriver *to arrive*
l'artisan (m.) *the craftsman*

l'artisanat (m.) *the craftsmanship*
as, tu as *you have,* see **avoir**
l'ascenseur (m.) *the lift*
asseyez-vous *sit down*
assez *quite, enough*
l'assiette (f.) *the plate*
l'assistant(e) (m. / f.) *the assistant*
assister à... *to take part in, to attend ... (an event)*
l'assurance (f.) *the insurance*
assuré(e) *guaranteed*
l'atout (m.) *the advantage, the key quality*
attendre *to wait for*
attirer *to attract*
les attractions (f. pl.) *entertainments*
au + numéro de téléphone *on ... (phone number)*
au-dessus de *above*
au deuxième étage *on the second floor*
au jambon *with ham*
aucun problème *no problem*
aujourd'hui *today*
Auriez-vous l'obligeance de nous envoyer ... *Please send ... , a standard way of making a polite request in a formal letter*
aussi ... que *as ... as ...*
aussi *as well, too*
aussitôt que possible *as soon as possible*
l'automobiliste (m. / f.) *the motorist*
l'autoroute (f.) *the motorway*
autour *around*
autour d'un verre de rouge! *over a glass of red wine!*
autre *the other*
autre chose *something else*
autres *other*
aux raisins *with raisins*
avant *before*
avant de *before*
avant de prendre *before taking*
avec *with*
avec ceci *with that*
l'avenir (m.) *the future*
l'avenue (f.) *the avenue*
avez, vous avez *you have,* see **avoir**
l'avion (m.) *the aeroplane*
avoir *to have*
avoir l'intention de *to intend to, to have the intention of*
pour avoir *to obtain*
avons, nous avons *we have,* see **avoir**

la bagagerie *the luggage store*
la baignade *the bathing (lake, river or sea)*
la baignoire *the bathtub*
le bain de soleil *the sun bathing*
la salle de bains *the bathroom*
le balcon *the balcony*
le bar *the bar*
bas(se) *low*
en bas *downstairs*
basé(e) *based*
les baskets (m. pl.) *the trainers*
le bateau *the boat*
les bateaux *the boats*
le bâtiment *the building*
la batterie *the battery*
beau, belle *beautiful*
beaucoup *a lot*
beaucoup de *a lot of*
la beauté *the beauty*
un bermuda *a pair of bermuda shorts*
le beurre *the butter*
la bibliothèque *the library*
bien *good, well*
eh bien *well*
Bien à vous *Best wishes*
bien sûr *of course*
bientôt *soon*
bienvenue à... *welcome to...*
la bière pression *the draught beer*
le bilan *taking stock*
bilingue *speaks two languages*
le billet *the ticket, the (bank) note*
la billetterie *the cash dispenser (notes), the ticket dispenser*
le biscuit *the biscuit*
bizarre *strange*
boire *to drink*
la boisson *the drink*
la boîte *the tin, the box*
la bombe *the bomb*
bon *good*
bon marché *cheap*
bon voyage! *have a good trip!*
le bonbon *the sweet*
bonjour *hello (informal)*
bonjour, Monsieur, bonjour, Madame, bonjour, Mademoiselle *good morning, good afternoon (a formal greeting)*
bonsoir *good evening (informal)*
bonsoir, Monsieur /Madame *good evening* (formal)
bordé par *bordered by*
la boucherie *the butcher's*
bouger *to move*
la bougie *the spark plug*
la boulangerie *the baker's*
le boulodrome *the area for playing boules*
le bourg *the market town*
la bourgade *the market town*
la bouteille *the bottle*
une demi-bouteille *a half bottle*
la boutique *the shop*
BP, la Boîte Postale *the post box*
le branchement électrique *mains power connection*
le bras *the arm*
la Bretagne *Brittany*
le bricolage *DIY*
faire du bricolage *do some DIY*
brillant(e) *brilliant*
la brochette *the kebab*
une brochette d'agneau *a lamb kebab*
BTS, Brevet de Technicien Supérieur *a type of higher level qualification*
le buffet *the buffet*
le bureau *the office, the desk*

c'est *it is*
c'est? *is it?*
c'est bon *it's ok*
c'est ça *that's right*
c'est combien? *how much is it?*
c'est de la part de qui? *who's calling?*
c'est là *it's there (a place)*
c'est pour 2 nuits? *is it for 2 nights?*
c'est tout? *is that all?*
c'est un ...? *is it a ...?*
c'est vrai *that's true*
ça *that*
ça va! *ok, fine (informal)*
ça va? *how are you? (informal)*
ça ne va pas *I am not alright*
la cabine *the sleeping compartment, cabin, changing room in a shop*
le cadeau *the present*
en cadeau *as a gift*
le café *the café, a cup of coffee*
la caisse *the cash desk, the check out*
calme *calm*
la campagne *the country*
le camping *the camping site*
le canard *the duck*
la cantine *the canteen*
le canoë – kayac *the canoeing*
le carburateur *the carburettor*
le cardigan *the cardigan*

le carrefour *the crossroads*
la carrière *the career*
la carte *the card, postcard, map*
la carte des vins *the wine list*
le cassis *the blackcurrant*
la catégorie, Cat. *the category (of hotel)*
le catalogue *the catalogue*
la caution *the security deposit*
la cave *the cellar*
la cave salon *the basement room (converted cellar)*
ce soir *this evening*
Ce que j'aime ... *What I like ...*
célibataire *single*
celui-ci, celle-là *this one, that one*
la centrale de réservations *the reservations centre*
le centre *the centre*
cependant *however*
certains jours *certain days*
la chambre, ch. *the (bed)room*
chacun *everybody*
chacun, chacune *each (one)*
la chaîne *the chain, the channel (TV)*
la chaise *the chair*
le chalet *the chalet*
la chaleur *the heat*
chaleureux, chaleureuse *warm (friendly)*
la chambre *the bedroom*
la chambre d'hôte *bed and breakfast*
le champion, la championne *the champion*
la chance *the luck*
le change *the exchange rate*
changer *to change*
chaque *each*
la chasse *the hunt*
le chat *the cat*
chaud(e) *hot*
les chaussettes (f. pl.) *the socks*
les chaussures (f. pl.) *the shoes*
le chef *the boss*
le chef d'oeuvre *the masterpiece*
le chemin *the way*
la chemise *the shirt*
le chemisier *the blouse*
le chèque *the cheque*
cher, chère *dear*
chercher *to look for*
chevaux *horsepower*
chez Danone *at Danone*
chez eux *at their house*
le chien *the dog*
le chocolat *the chocolate*
choisir *to choose*
le choix *the choice*
chômage, au chômage *unemployed*
le chômeur, la chômeuse *the unemployed person*
la chose *the thing*
le chou *the cabbage*
ci-joint *enclosed (correspondence)*
la circulation *the traffic*
circuler *to run, to circulate*
le citron *the lemon*
clair(e) *bright*
les classes (f. pl.) moyennes *the middle classes*
le clavier *the keyboard*
la clé *the key*
le client *the customer*
le climat *the climate*
cocher *to tick*
le cochon *the pig*
le code d'accès *the access code*
le coin *the corner, the place*
le collège *the secondary school*
le (la) collègue *the colleague*
combien de ...? *how many?*
commander *to order*
commencer *to begin*
comment allez-vous? *how are you?*
comment est ... ? *what is ... like?*
la commission *the commission*
les commodités (f. pl.) *the facilities*
compact(e) *compact*
comparé(e) à *compared to*
comparer *to compare*
compétitif, compétitive *competitive*
complet *full, fully booked*
complètement *completely*
compléter *to complete*
compliqué(e) *complicated*
composé de *made up of*
composer *to dial*
comprenant *including*, see **comprendre**
comprendre *to understand*
le comprimé *the tablet*
compris(e) *included*
comptable *the accountant*
le comte *the Count*
le comté *the county*
le concours *the competition*
le concurrent *competitor*
conduire *to drive*
confortable *comfortable*
connaître *to know (a person or place)*
conseiller *to advise*
la consommation *the consumption*
constitué de ... *made up of ...*
construit(e) *constructed, built*
le consultant *the consultant*
consulter *to look (up), to check*
content(e) *happy*
continuer *to continue*
contourner *to go round, to bypass*
le contrat *the contract*
contribuer à *to contribute to*
convenu *agreed*
  comme convenu *as agreed*
convivial(e) *friendly*
les coordonnées (f. pl.) *personal details (name and address)*
copieux, copieuse *copious*
le corps *the body, large part of a building*
correcte *correct*
  la phrase correcte *the correct sentence*
correspondant(e) *the caller*
la Corse *Corsica*
le côte *the coast*
la côté *the side*
  à côté de *next to*
  juste à côté de *just next to*
le cou *the neck*
le couloir *the corridor*
couper *to cut*
la coupole *the dome*
la cour *the yard*
la courgette *the courgette*
le courrier *the post*
le couteau *the knife*
couvert(e) *covered*
couvrir *to cover*
créer *to create*
un crème *a white coffee*
le critérium de la première neige *the first ski competition of the season*
croire *to think, to believe (making suggestions)*
je crois *I think so, I believe*, see **croire**
le croissant *the croissant*
le croque-monsieur *fried ham and cheese sandwich*
la cuillère *the spoon*
la cuisine *the cooking, kitchen*
le cultivateur *the farmer*
la culture *the culture*

d'abord *at first, first of all*
d'accord *OK*
  c'est d'accord *agreed, it's OK*
d'occasion *second hand*
la dame *the lady*
dans *in*

dans cinq minutes *in five minutes*
la date *the date*
dates d'ouverture *dates open*
de *from, of*
de ... à ... *from... to...*
le début *the beginning*
le décor *the decor*
découvrir *to discover*
décrire *to describe*
dehors *outside*
déjà *already*
le déjeuner *the lunch*
le petit-déjeuner *the breakfast*
demain *tomorrow*
la demande *the request*
demander *to ask*
la démarcation *the demarcation*
démarrer *to start up*
la demeure *the dwelling*
demi-pension *half-board*
la demie *the half*
le dentiste *the dentist*
les dents (f. pl.) *the teeth*
la dépanneuse *breakdown truck*
le départ *the departure*
la dépendance *the outbuilding*
en déplacement *away on business*
le dépliant *the leaflet*
depuis *since*
depuis combien de temps? *how long?*
dernier, dernière *last, the last*
derrière *behind*
des *some, any, (plural of* un / une*)*
désirer *to desire, to wish (to do something)*
désolé(e) *sorry*
le dessert *the dessert*
le destinataire *the addressee*
le détail *the detail*
la détente *the relaxation*
détester *to detest*
deux *two*
le (la) deuxième *the second*
devenir *to become*
deviner *to guess*
devoir *to have to, must*
la diarrhée *the diarrhoea*
la difficulté *the difficulty*
dimanche *Sunday*
diner *to dine*
direct(e) *direct*
le (train) direct *the through train*
le directeur *the manager, the director*
la discothèque *the disco*
discuter *to discuss*
disparaître *to disappear*
disparu *disappeared*, see **disparaître**
disponible *available*
la disposition *the arrangement*
à votre disposition *at your disposal*
le distributeur automatique *the cash till*
le distributeur de boissons *the vending machine (drinks)*
divorcé(e) *divorced*
le domaine *the area*
donc *therefore*
les données (f. pl) *the data, information*
donner *to give*
donner sur *to overlook, to open onto*
dont *of which*
dormir *to sleep*
la douche *the shower*
douillet, douillette *cosy*
le droit *the right, law*
tout droit *straight on*
dur *hard*
durer *to last*
le DUT, Diplôme universitaire de technologie *University degree of technology*

l'eau (f.) *the water*
échanger *to exchange*
l'échec (m.) *the failure*
en cas d'échec *in the case of failure*
l'école (f.) *the school*
écouter *to listen*
écouter de la musique *to listen to music*
écrasé(e) *(literally) crushed*
prix écrasés *prices slashed*
écrire *to write*
édifié(e) *built*
l'effet (m.) *the effect*
en effet *so I see*
également *equally, as well*
élevé(e) *high*
l'emballage (m.) *the packing*
l'embouteillage (m.) *the traffic jam*
émigrer *to emigrate*
l'emplacement (m.) *the space*
un emplacement parking *a parking space*
l'emploi (m.) *the employment*
l'employé(e) de bureau (m. / f.) *the office worker*
emporter *to take away*
en *in*
en-dessous de *below*
en 1986 *in 1986*
en toute sécurité *quite safely*
en voiture *in a car, by car*
il y en a deux *there are two of them*
enchanté(e) *pleased to meet you*
encombré(e) *very busy*
encourager *to encourage*
endommager *to damage*
l'enfance (f.) *the infancy, childhood*
l'enfant (m. / f.) *the child*
enfin *finally, at last*
ensuite *after that*
entendre *to hear*
entendu *understood, agreed*
entourer *to surround*
l'entraîneur (m.) *the trainer*
entre *between*
l'entrée (f.) *the entrance, the entrée (food)*
l'entreprise (f.) *the company*
l'entretien (m.) *the interview*
l'entrevue (f.) *the interview*
les environs (m. pl.) *the surroundings*
envoyer *to send*
épeler *to spell*
l'épicerie (f.) *the grocer's*
l'époque (f.) *the period*
épouser *to marry*
équipé(e) *equipped*
l'équipement (m.) *the equipment*
l'équitation (f.) *the horseriding*
l'erreur (f.) *the mistake, error*
es, tu es *you are*, see **être**
l'escalier (m.) *the staircase*
espérer *to hope*
essayer *to try*
l'essence (f.) *the petrol*
est *is*
et *and*
établir *to make out (e.g. a bill, a document)*
l'étage (m.) *the floor , storey*
l'état (m.) *the State*
été *been*, see **être**
l'été (m.) *the summer*
êtes, vous êtes ...? *you are ... ?*, see **être**
l'étiquette (f.) *the label*
l'étoile (f.) *the star*
étonnant *astonishing*
à l'étranger *abroad*
l'étranger (ère) (m. / f.) *foreigner*
les études (f. pl.) *the studies*
l'étudiant (e) (m. / f.) *the student*
étudier *to study*
évaluer *to evaluate*

exact(e) *exact*
exactement *exactly*
excellent(e) *excellent*
exclusif, exclusive *exclusive*
les excuses (f.) *the apologies*
excusez-moi *I am sorry*
l'exemple (m.) *the*
par exemple *for example*
l'exigence (f.) *the requirement*
l'expérience (f.) *the experience*
expliquer *to explain*
l'exposition (f.) *the exhibition*
l'exportation (f.) *the export*
exporter *to export*
exposer *to expose*
extra-fin *extra fine, top quality*

le fabricant *the maker, manufacturer*
fabriqué(e) *made*, see **fabriquer**
fabriquer *to make*
la face *side, face*
en face *opposite, facing*
la facture *the invoice*
faim *hunger*
j'ai faim *I'm hungry*
faire *to make, to do*
je fais du 44 *I'm size 44, I take size 44*
faites l'appoint *"tender exact money", change not given*
fameux, fameuse *famous*
la famille *the family,*
fatigant(e) *tiring*
fatigué(e) *tired*
il faut *it is necessary*
faux, fausse *false*
le fax *the fax message, the fax machine*
la femme *the woman, the wife*
la fenêtre *the window*
fermé(e) *closed*
la fermette *the smallholding*
les fêtes (f. pl.) *public holidays*
le feu *the traffic light*
la fille *daughter*
le fils *the son*
la fin *end*
à la fin *at the end*
fin(e) *fine*
finir *to finish*
la firme *the firm, the company*
la foire *the fair*
fonctionnel, fonctionnelle *functional*
fonctionner *to function, to work*
le fond *the bottom*
au fond du *at the bottom of, at the end of*

la fontaine *the fountain*
la forêt *the forest*
le forfait *the all-in price, package*
la formation *the growth*
le formulaire *the form*
la formule *the package*
fouler *to crush with the feet, to trample*
le four à micro-ondes *the microwave oven*
la fourchette *the fork*
le foyer *the home*
les frais (m. pl.) *the expenses*
les frais d'émission *the cost of transmission*
la fraise *the strawberry*
français(e) *French*
le frère *the brother*
le frigo *the fridge*
les frites (f. pl.) *chips*
froid(e) *cold*
le fromage *the cheese*
le plateau-fromages *the cheeseboard*
la frontière *the frontier*
les fruits de mer (f.) *sea-food*
futur(e) *future*

gagner *to win*
la gamme *the range (of products)*
le garage *the garage*
garder *to keep*
la gare *the station*
garer *to park (a car)*
le gasoil *diesel*
gastronomique *gastronomic*
la gauche *the left*
à votre gauche *on your left*
génant(e) *creates an obstruction*
les gens (m. pl.) *the people*
gentil, gentille *nice*
gérer *to manage*
le gibier *the game*
la glacière *the cool box*
la gloire *the glory*
le golf *the golf course*
grâce à *thanks to*
grand(e) *big*
la grandmère *the grandmother*
le grandpère *the grandfather*
gras, grasse *greasy, thick*
en gras *in bold type*
gratuit(e) *free*
grave, ce n'est pas grave *that's all right*
gros, grosse *large*
le groupe *the group*
la guerre *the war*
guidé(e) *guided*

habiter *to live (in)*
la halte-garderie (f.) *crêche*
le haricot (m.) vert *the green bean*
haut(e) *high*
en haut de *at the top of*
haut de gamme *top of the range*
hebdomadaire *weekly*
l'hébergement (m.) *the accommodation*
l'heure (f.) *the hour*
quelle heure est-il? *what time is it?*
heureux, heureuse *happy*
la hi fi (f.) *the hi fi*
hier soir *last night*
l'histoire (f.) *history*
l'hiver (m.) *the winter*
en hiver *in winter*
le homard *the lobster*
l'homme (m.) d'affaires *the businessman*
l'hôpital (m.) militaire *military hospital*
l'horaire (m.) *the timetable*
l'hôte (m.) *the host*
l'hôtel (m.) *the hotel*
l'hôtesse (f.) *the hostess*
l'hypermarché (m.) *the hypermarket*

idéal(e) *ideal*
l'idée (f.) *the idea*
il y a *there is, there are*
il y a 2 jours *2 days ago*
il n'y a pas de ... *there is / are no ...*
il n'y a pas de restaurant *there is no restaurant*
l'image *the image, film, picture*
imbattable *unbeatable*
impitoyable *pitiless*
l'implantation (f.) *the setting up*
impressionnant(e) *impressive*
impressionné(e) *impressed*
inclus(e) *included*
indiquer *to indicate*
l'industrialisation (f.) *industrialisation*
l'infirmière (f.) *the nurse*
l'information (f.) *the information*
l'informatique (f.) *the computing*
informer *to inform*
l'ingénieur (m.) *the engineer*
insonorisé(e) *soundproofed*
un instant *a moment*
nous arrivons à l'instant *we've just arrived*
l'invité (m.), l'invitée (f.) *the guest*

intensif(ive) *intensive*
inviter *to invite*
italien, italienne *Italian*
l'IUT (m.), Institut universitaire de technologie *technological college (equivalent to University)*

jamais *never*
la jambe *the leg*
le jambon *the ham*
le jardin *the garden*
jaune *yellow*
le jeu *the game*
jeune *young*
un jeune *a youngster*
jouer *to play*
le journal *the newspaper*
le (la) journaliste *the journalist*
la journée *the day*
juillet *July*
juin *June*
la jupe *the skirt*
le jus *the juice*
jusqu'à / au *up to, until, as far as*

là *there*
 là-bas *over there*
le lac *the lake*
le lait *the milk*
lancer *to launch, throw*
la langue *the language*
le lapin *the rabbit*
le lavabo *the washbasin*
le lave-linge *the washing machine*
laver *to wash*
le lecteur *the reader*
la lecture *the reading*
léger, légère *light*
leur *their*
lever *to lift*
libre *free, available*
la ligne *the line*
le linge *the linen*
lire *to read*
la liste *the list*
la livraison *delivery, unloading*
un livre *a book*
une livre *a pound (£1)*
la location *the hire, the rent*
loin *far*
les loisirs (m. pl.) *hobbies, leisure time activities*
long, longue *long*
longtemps *for a long time*
lorsque *when, after*
la lotte *angler fish*
louer *to rent*
lundi *Monday*
les lunettes (f. pl.) de soleil *the sun glasses*
le luxe *the luxury*
luxueux *luxurious*
le lycée *a grammar school*

le magasin *the shop*
les magasins libre-service (m. pl.) *self-service shops*
le magnétoscope *the video player*
la main *the hand*
maintenant *now*
maintenir *to maintain*
le Maire *the Mayor*
la Mairie *the Town Hall*
mais *but*
la maison *the house*
maman *mummy*
manger *to eat*
le manteau *the overcoat*
les marais (m. pl.) *the marshes*
le marcassin *the young wild boar*
le marchand *the merchant*
marcher *to walk / to work, go*
le mari *the husband*
le mariage *the wedding*
marié(e) *married*
marquer *to mark*
le match de foot *the football match*
le matin *the morning*
mauvais(e) *bad*
le mécanicien *the mechanic*
la médaille *the medal*
le médecin *the doctor*
le médicament *the medicine*
médiéval(e) *medieval*
le melon *the melon*
même *even*
le / la même *the same*
le ménage *the cleaning*
la menthe *the mint*
le menu *the menu*
la mer *the sea*
merci *thank you*
mercredi *Wednesday*
la mère *the mother*
Mesdames *Ladies (plural of* Madame*)*
la messagerie *message service*
Messieurs *Gentlemen (plural of* Monsieur*)*
Messieurs-Dames *Ladies and Gentlemen, everyone*
le métier *the profession, the trade*
les meubles (m. pl.) *the furniture*
le milieu *the middle*
au milieu de *in the middle of*
militaire *military*
moi *me, I*
 pour moi *for me*
moins *less*
 neuf heures moins cinq *five to nine*
 l'hôtel le moins cher *the least expensive hotel*
 moins de *less than*
 moins fatigant que *less tiring than*
mondial(e) *world*
le moment *the moment*
mon ..., ma ..., mes ... *my ...*
la monnaie *the change*
monter *to go up*
montrer *to show*
le mot *the word*
le moteur *the motor*
le mouchoir en papier *the paper handkerchief*
moyen, moyenne *medium, average*
la moyenne *the average*
 en moyenne *on average*
mûr(e) *ripe*
 bien mûr(e) *good and ripe*
le musée *the museum*

la nationalité *the nationality*
la nature *the nature*
 nature *nothing added*
 omelette nature *plain omelette*
ne ... jamais *never*
né *born,* see **naître**
négocier *to negotiate*
la neige *the snow*
il neige *it snows, it is snowing*
le nez *the nose*
le niveau de vie *the standard of living, the level*
les NN (f. pl.), Les Normes Nouvelles *official government rating of standard of comfort provided by French hotels*
noir(e) *black*
le nom *the name*
le nom de famille *the surname*
nombreux, nombreuses *numerous*
non *no*
 service non compris *service not included*
la nostalgie *nostalgia*
les notions (f. pl.) *the knowledge*
 j'ai des notions d'italien *I have some knowledge of italian*
notre *our*
nourrir *to feed*
nous deux! *both of us, us two!*

nouveau, nouvelle *new*
la nouveauté *the novelty, the new item*
la nuit *the night*
le numéro *the number*
le numéro de téléphone *the telephone number*
le numéro vert *an 0800 number, freephone*

l'objectif (m.) *the lens*
obtenir un diplôme *obtain a diploma*
occupé(e) *busy*
vous avez occupé *you have occupied*
l'oeil (m.) *the eye*
l'oeuf (m.) *the egg*
l'offre (f.) *the offer*
offrir *to offer*
l'oie (f.) *the goose*
on *one, you (polite form)*
on peut *one can, you can*
on veut *one wants (to)*
si on veut *if one wants, if you want*
onctueux, onctueuse *smooth*
ont, ils ont *they have,* see **avoir**
opter pour *to opt for*
l'orange (f.) *the orange*
ordinaire *ordinary*
le croissant ordinaire *a croissant made without butter*
l'ordinateur (m.) *the computer*
l'oreille (f.) *the ear*
l'organisation (f.) *the organizing, organization*
organiser *to organise*
l'origine (f.) *the origin*
ou *or*
où *where*
où se trouve...? *where is...?*
oublier *to forget*
oui *yes*
outre *beyond*
outre-mer *across the seas*
ouvert *open*

le pain *the bread*
le pain grillé *the toast*
la paix *the peace*
la panne *the breakdown*
être en panne *to break down*
le panneau *the sign*
le pantalon *the trousers*
le paquet de *the packet of*
le paquet-cadeau *gift wrapped*
par *by*
par jour *per day*
par personne *per person*
par train *by train*
par un de nos spécialistes *by one of our specialists*
le parc *the park*
parce que *because*
le parcotrain *the parkway, parking next to station*
pardon *excuse me, sorry*
le pare-brise *the windscreen*
les parents (m. pl.) *the parents*
parfait(e) *perfect*
le parfum *the flavour*
le parking *the car park*
parler *to speak*
partir *to leave, an irregular verb*
partout *everywhere*
pas ici *not here*
pas mal *not bad*
pas trop mal *not too bad*
le passeport *the passport*
passer *to spend (time), to pass*
je vous passe ... *I'll hand you over to ..., I'll put you through to ...*
passer par ... *to go via...*
passionnant(e) *fascinating*
payer *to pay*
le paysage *the landscape*
la pêche *fishing, the peach*
aller à la pêche *to go fishing*
la pellicule *the film*
pendant *during, for*
la pension complète *the full board*
perdu(e) *lost*
le père *the father*
la période *the period*
la périphérie *round the edges, the periphery*
le périphérique *the ring road*
permettre *to allow, to make possible*
personnalisé(e) *personalised*
les perspectives (f. pl.) *the prospects*
petit(e) *small*
peu *little*
peut-être *perhaps*
la phase *the phase*
la photo *the photo*
photographier *to photograph*
la photocopieuse *the photocopier*
la phrase *the sentence*
la pièce *the room*
une pièce d'identité *proof of identity*
une pièce de 5F *a 5F coin*
le pied *the foot*
à pied *on foot*
le piéton *the pedestrian*
la rue piétonne *the pedestrian street*
le pique-nique *the picnic*
la piscine *the swimming pool*
la pistache *the pistachio*
pittoresque *picturesque*
la place *the seat, the place*
la place *the square*
sur place *where purchased*
placer *to place*
la plage *the beach*
le plan *the plan*
le plan de ville *the town map,*
la plante *plant*
les plantes vertes *the houseplants*
à plat *flat (for a battery)*
le plat *the course, the dish*
le plat du jour *the day's special*
plein de *full of*
plein(e) *full*
pleut, il pleut *it is raining*
le plomb *the lead*
sans plomb *unleaded*
plus *more*
l'hôtel le plus cher *the most expensive hotel*
plus cher que *more expensive than*
un peu plus... que *a little more than*
plusieurs *several*
le pneu *the tyre, the tire*
le point de départ *the departure point*
le point rencontre *the meeting point*
la poire *the pear*
le poireau *the leek*
le poisson *the fish*
le poivron *the green pepper*
la pomme *the apple*
la pomme de terre *the potato*
les pommes-vapeur (f. pl.) *boiled potatoes*
le pompiste *the petrol pump attendant*
le pont *the bridge*
le port *carriage (of goods)*
posséder *to possess*
la poste *the post office*
le poste *post, position, job*
le pot-au-feu *the stew*
la poularde *(big) chicken*
pour *for*
pourquoi *why*
pratiquement *pratically*
préchauffer *to preheat*

à prédominance *predominantly*
la préférence *the preference*
de préférence *preferably*
préférer *to prefer*
premier, première *the first*
prendre *to take*
prendre le petit déjeuner *to have breakfast*
prendre votre temps *to take your time*
le prénom *the Christian name*
préparer *to prepare*
près de *near to*
présenter *to introduce*
préserver *to preserve*
pressé(e) *in a hurry*
la pression *the pressure*
prière de ne pas ... *please don't ...*
je vous en prie *don't mention it, that's alright*
je vous prie de agréer ... *a standard polite ending for a letter in French*
principal(e) *main, principal*
privé(e) *private*
privilégié(e) *privileged*
le prix *the price*
prochain(e) *next*
proche *near*
le produit *the product*
le professeur *the teacher, lecturer*
professeur d'anglais *English teacher / lecturer*
la profession *the profession*
le projet *the project*
la promenade *the walk*
faire des promenades *go for walks*
le promontoire *the promontory*
proposer *to propose*
propre *clean*
le propriétaire *the owner*
la propriété *the property*
le prospectus *the prospectus, the brochure*
proximité ... *near to ...*
la prune *the plum*
la publicité *advertising*
puis *then*
puissant(e) *powerful*
le pull *the pullover*

qu'est-ce que ... *what is ...*
Qu'est-ce que c'est? *What is it?*
Qu'est-ce que tu veux? *What would you like?*
Qu'est-ce que vous avez fait? *What did you do / what have you done?*
quand est-ce que ...? *when ...?*
le quai *the platform*
le quart *the quarter*
quel, quelle, quels, quelles *which*
quelque chose *something*
quelquefois *sometimes*
le questionnaire *the questionnaire*
qui *who, which*
qui font cent *which makes 100 (colloquial)*
quitter *to leave (a place)*

les raisins (m. pl.) *the raisins*
ralentir *to slow down*
ranger *to tidy up*
rapide *rapid*
rappeler *to call back*
le rapport *connection, relationship*
en rapport avec *related to*
la ratatouille niçoise *vegetable dish*
le rayon *the shelf*
rapporteur *the reporter, the group secretary*
recevoir *to receive*
recevoir les clients *to meet (receive) customers*
recommander *to recommend*
la reconversion *starting a new career*
redonner *to give (again)*
le réfrigérateur *the refrigerator*
le réformateur *the reformer*
régalez-vous *treat yourself*
regarder *to look*
la région *the region*
la région parisienne *the Paris region*
régional(e) *regional*
régler *to pay, to settle a bill*
le règne *the reign*
le regret *the regret*
regrouper *to bring together*
régulièrement *regularly*
rejoindre *to join*
les relations (f. pl.) *the relations, contacts*
le relief *(here) three-dimensional (at the cinema)*
remarquable *remarkable*
remarquer *to notice*
remercier *to thank*
je vous remercie *thank you*
remplacer *to replace*
remplir *to fill in*
rencontrer *to meet*
le rendez-vous *the appointment*
la renommée *the renown, reputation*
rénové(e) *renovated*
les renseignements (m. pl.) *the information*
renseigner *to give information*
rentrer *to come back* vous êtes rentrées *you (f. pl.) came back*
réparer *to repair*
le repas *the meal*
répéter *to repeat*
le répondeur automatique / enregistreur *the answer phone*
la réponse *the reply*
reprendre *take up*
le représentant *the representative, sales representative*
le réseau *the network*
réserver *to reserve, to book*
réservé *reserved*
responsable de *in charge of, responsible for*
le restaurant *the restaurant*
le restaurant de passage *restaurant for non residents*
la restauration *the meals*
rester *to stay*
les restes (m. pl.) *the leftovers, the remains*
le résultat *the result*
le retard *the delay*
être en retard *to be late*
retirer *to withdraw*
le retour *the return*
être de retour *to be back*
retourner *to go back, to return*
la retraite *the retirement*
parti à la retraite *retired*
retraité(e) *retired*
le rétroprojecteur *overhead projector*
la réunion *the meeting*
revenir chez moi *to come back home*
revenir *to come back*
rêver *to dream*
revoir *to see again*
au revoir *good-bye*
la révolution *the revolution*
le rez-de-chaussée *the ground floor*
riche *rich*
la richesse *the riches*
rien *nothing*
rien de grave *nothing serious*
le rival, la rivale *the rival*
la rive *the bank (of a river)*
la rivière *the river*
la robe *the dress*
le robot *the robot*
la voie de rocade *the by-pass*
le roi *the king*
le rôle *the role*

roman(e) *Roman*
le rond-point *the roundabout*
rose *pink*
rouge *red*
la rue commerçante *shopping street*
rustique *rustic, rural*

la SA, la société anonyme *(roughly) the Plc*
le sable *the sand*
sacré(e) *sacred*
sais, je sais *I know,* see **savoir**
 je ne sais pas *I don't know,* see **savoir**
la saison *the season*
sale *dirty*
la salle *the room*
 la salle de bains *the bathroom*
 la salle de jeu *the games room*
 la salle à manger *the dining room*
 la salle de séjour *the living room*
Salut! *Hi!*
le sanitaire *the washing and toilet facilities*
sans *without*
la s.a.r.l., la société à responsabilité limitée *a private limited company*
la sauce *the sauce*
sauf *except for*
sauvé(e) *saved*
sauver *to save*
savoir *to know (a fact)*
le séchoir *the tumble drier*
secondaire *second, secondary*
le (la) secrétaire *the secretary*
le (la) secrétaire de direction *the director's secretary, the PA*
la sécurité *the safety*
le sel *the salt*
les selfs(m. pl.) *self-service restaurants*
selon *in accordance with*
la semaine *the week*
sembler *to seem*
le sens unique *the one way street*
septembre *September*
la série *the series*
sérieux, sérieuse *serious*
le service *the service, the department*
le service des ventes *the sales department*
servir *to serve*
seul(e) *on your own, alone*
seulement *only*

le short *a pair of shorts*
si *if*
le siècle *the century*
signer *to sign*
simple *simple, single,*
sinon *otherwise*
le sirop *the syrup/mixture*
situé(e) *situated*
 bien situé(e) *well situated*
le ski *the skiing*
la société *the company*
la soeur *the sister*
soif *the thirst*
 j'ai soif *I'm thirsty*
les soins (m. pl.) *care*
 aux petits soins *waiting on your every need*
le soir *the evening*
le soleil *the sun*
le sommaire *the summary*
sommes, nous sommes *we are,* see **être**
 nous sommes sept *there are seven of us*
le son *the sound*
le sondage *the survey*
sophistiqué(e) *sophisticated*
le sorbet maison *chef's own make of sorbet*
sors, je sors *I go out,* see **sortir**
la sortie *the exit*
sortir *to go out*
 le nouveau modèle est sorti *the new model has come out*
le souvenir *the souvenir*
spacieux, spacieuse *spacious*
spécialisé(e) *specialised, specialising*
spécial(e) *special*
splendide *wonderful*
le sport *the sport*
le sport nautique *the water sport*
sportif, sportive *sporty*
la station *the (tourist) resort*
la station de montagne *the mountain resort*
la station service *the petrol station*
le style *the style*
le succès *the success*
le sucre *the sugar*
suffit
 il suffit de … *all you have to do is …*
suis, je suis *I am,* see **être**
la suite *the continuation*
suivant(e) *following*
suivre *to follow*
si vous voulez bien me suivre *if you would please follow me*
le sujet *the subject*
 au sujet de *on the subject of, about*
la supérette *a small self-service store*
le supplément *the extra charge*
sur *on*
la surface *the surface (area)*
surmonté(e) *surmounted, topped*
surtout *above all*
surveillé(e) *supervised*
survivre *to survive*
le syndicat d'initiative *the tourist information office*

la table *the table*
le tableau des départs *the departures board, display*
la taille *the size*
le talent *the talent*
taper *to type, to key in*
la tapisserie *the tapistry*
tard *late*
le tarif *the rate, the price, the list of rates*
le tarif forfaitaire *an all-in price, all in rate*
le taux de change *the exchange rate*
la technique *the technique*
la télé, la télévision *the television*
la télécarte *the phonecard*
la télécopie *the fax*
le télécopieur *the fax machine*
le téléphone direct *the direct line telephone*
la télévente *the telesales*
témoigne de *marking, showing*
la température *the temperature*
la température est de 25° *it's 25°*
le temps *the weather*
 quel temps fait-il? *what is the weather like?*
tendre *tender*
tenez! *there you are (handing something over)*
le tennis *the tennis court*
terminé(e) *finished*
terminer *to finish*
tester *to test*
la tête *head*
le thé *tea*
tiède *warm*
Tiens! *Well! Fancy that!*
le timbre, le timbre poste *the stamp*
TLJ, tous les jours *every day*
toi *you*
 et toi? *and you*
le toit *the roof*

la tomate *the tomato*
la tonalité *the tone*
torride *very hot*
le total *the total*
la touche *the key*
toujours *still, always*
la Tour Eiffel *the Eiffel Tower*
le tourisme *the tourism*
le tourisme vert *holidays in the country*
la tournée *the round (of drinks)*
tous les jours *every day*
tout *any, all*
tout à fait *absolutely*
toute l'année *all the year*
tout confort *every comfort*
tout le monde *everybody*
toutes les nuits *every night*
pas du tout *not at all*
en tout *in all*
traduire *translate*
le train *the train*
le service traiteur *the catering service*
le transfert *the transfer*
le travail *the work*
travailler *to work*
traverser *to cross*
très *very*
trop *too*
trouver *to find*
se trouver *to be found*
truffé(e) *with truffles*
la truite *trout*
TTC, Toutes taxes comprises *VAT inclusive*
tu *you (informal)*
la tuile *the tile, the rooftile*

un *one, a (with a masculine noun)*
une *a (with a feminine noun)*
l'université (f.) *the university*
l'usine (f.) *the factory*
utilisé(e) *used*

les vacances (f. pl.), en vacances *on holiday*
la vague *the wave*
valable *valid*
la vanille *the vanilla*
le vélo *the bike*
venir *to come*
Je viens de *I come from*
le vendeur, la vendeuse *the salesman, the saleswoman*
vous vendez ...? *do you sell ...?*, see **vendre**
vendre *to sell, a regular -re verb*
vendre par correspondance *sell by mail order*
le vent *the wind*
la vente ambulante *the trolley (drinks etc.)*
la vente par catalogue *mail order sales*
le ventre *the tummy*
vérifier *to check*
le verre *the glass*
vers *towards, in the direction of*
verser *pour*
vert(e) *green*
la veste *the jacket*
veuillez *please (correspondence)*
la viande *the meat*
la vie *the life*
vieux, vieille *old*
le village *the village*
la ville *the town*
le vin *the wine*
le virus *the virus*
visiter *to visit*
vite *quick*
la vitesse *the speed*
vivifiant(e) *invigorating*
voici *here is*
la voie *the way, the thoroughfare*
voilà *there you are, there, there is*
la voile *sailing*
vois, tu vois *you see!* see **voir**
le voisin, la voisine *the neighbour*
la voiture *the carriage, the car*
la voiture-lits *the sleeping car*
la voix *the voice*
le vol *the flight*
la volaille *the poultry*
le volleyball *the volleyball*
volontiers *with pleasure, thank you*
vont de ... à ... *range from ... to ...*
vos *your (plural)*
votre *your (sing.)*
je voudrais *I would like*
vous *you (polite and plural)*
le voyage *the journey*
voyager *to travel*
vrai(e) *true*
vraiment *truly, really*
la vue *the view*

les WC (m. pl.) *the toilets*

les yeux (m. pl.) *eyes*

la zone d'activités *the industrial estate (small)*